内河航道整治建筑物可靠性与使用寿命

王平义 韩林峰 刘怀汉 等著

科学出版社
北京

内 容 简 介

本书对内河航道整治建筑物在服役过程中的可靠性及使用寿命问题进行了研究，主要从整治建筑物可靠度及使用寿命分析基本原理、服役状态演化规律等方面展开。在前期研究工作的基础上，通过物理模型试验、理论分析、原型观测等手段，对丁坝、软体排等整治建筑物在非恒定流条件下的可靠性与使用寿命及服役演化规律进行分析，以提前对整治建筑物服役状态及整治功能退化情况进行预判，适时采取相关修护措施。

本书介绍的内河航道整治建筑物可靠性及使用寿命研究成果对于延长整治建筑物使用寿命、提高航道整治效果具有重要作用，对内河航道整治建筑物设计、施工及维护具有借鉴意义。本书可供相关专业大专院校、科研单位及工程设计和管理部门相关人员参考使用。

图书在版编目(CIP)数据

内河航道整治建筑物可靠性与使用寿命/王平义等著. -- 北京：科学出版社, 2025.1. -- ISBN 978-7-03-081139-4

Ⅰ. U697.31；TU311.2

中国国家版本馆 CIP 数据核字第 2025BK2070 号

责任编辑：刘 琳 / 责任校对：彭 映
责任印制：罗 科 / 封面设计：墨创文化

科学出版社 出版

北京东黄城根北街16号
邮政编码：100717
http://www.sciencep.com

成都锦瑞印刷有限责任公司 印刷
科学出版社发行 各地新华书店经销

*

2025 年 1 月第 一 版　　开本：787×1092 1/16
2025 年 1 月第一次印刷　　印张：12 3/4
字数：300 000

定价：198.00 元
(如有印装质量问题，我社负责调换)

本 书 作 者

王平义　　韩林峰　　刘怀汉　　任晶轩

郭根庭　　王梅力　　喻　涛　　张　帆

前　言

　　内河航道作为国家交通网络的重要组成部分，对于促进区域经济发展、提高交通运输效率具有重要意义。随着航运需求的不断增长和自然环境的不断变化，内河航道的整治与维护面临着诸多挑战。其中，整治建筑物的可靠性与使用寿命问题日益突出，直接关系到航道的通行能力和安全水平。

　　本书旨在深入探讨内河航道整治建筑物在服役过程中的可靠性及使用寿命问题，以期为航道的整治与维护提供科学依据和技术支持。全书内容基于当前内河航道整治建筑物的理论研究成果及相关航道维护经验，系统地阐述了航道整治建筑物可靠性及使用寿命分析的基本原理，重点针对抛石丁坝及护滩软体排等整治建筑物在使用过程中的结构失效机理进行了详细介绍。

　　在可靠性分析方面，本书引入了建立在不确定性概念基础上的可靠性分析方法，以弥补传统定值方法在考虑模型和参数不确定性方面的不足。通过对整治建筑物稳定性的科学化、精确化评价，本书旨在提高航道整治工程的实际效果和经济、社会及生态效益。

　　同时，本书还深入探讨了整治建筑物的使用寿命问题。使用寿命作为评价航道整治工程结构在一定基准期内是否稳定、效果是否正常发挥的关键性参数，其确定方法的建立必须基于对建筑物失稳破坏机理的清楚认识。在此基础上，本书建立了一套考虑各个不确定因素影响下的整治建筑物可靠性计算理论及安全性判别方法，并通过建立目标可靠度指标来预测其设计使用年限。

　　此外，本书还总结了当前内河航道整治建筑物可靠性与使用寿命研究的最新进展，介绍了多种预测方法和技术手段，包括经验预测法、基于材料或构件性能比较的预测法、快速试验法、可靠度方法与随机过程方法等。这些方法为整治建筑物的使用寿命预测提供了多样化的选择，有助于提高预测的准确性和可靠性。

　　综上所述，本书是一部集理论性、实用性和前瞻性于一体的著作，旨在为推动内河航道整治与维护工作的科学化、规范化进程贡献力量。希望本书的出版能够为相关领域的研究人员、工程师和管理人员提供有益的参考和借鉴，但限于作者水平，书中难免有疏漏和不妥之处，敬请读者批评指正。

目　　录

第1章　绪论 ... 1
1.1 长江干线航道整治建筑物现状 ... 1
1.2 内河航道治理技术 ... 2
1.2.1 丁坝 ... 2
1.2.2 护滩建筑物 ... 3
1.2.3 平顺护岸工程 ... 4
1.3 国内外研究现状 ... 4
1.3.1 可靠度理论及使用寿命研究进展 ... 4
1.3.2 可靠度理论在航道整治建筑物中的应用现状 ... 7
1.3.3 航道整治建筑物使用寿命研究现状 ... 8
1.4 本书主要内容 ... 9
第2章　航道整治建筑物可靠度及使用寿命分析基本原理 ... 10
2.1 结构可靠度基本理论 ... 10
2.1.1 功能状态描述 ... 10
2.1.2 可靠度的参数表示 ... 10
2.2 结构可靠度分析方法 ... 12
2.2.1 一次二阶矩法 ... 12
2.2.2 蒙特卡罗模拟法 ... 17
2.3 使用寿命常用预测方法 ... 21
2.3.1 经验预测法 ... 22
2.3.2 基于材料或构件性能比较的预测法 ... 22
2.3.3 快速试验法 ... 22
2.3.4 可靠度方法与随机过程方法 ... 23
2.4 航道整治建筑物可靠度分析基本原理 ... 23
2.4.1 失效概率 ... 23
2.4.2 可靠度指标的定义及其几何解释 ... 24
2.4.3 航道整治建筑物稳定可靠度分析 ... 26
第3章　丁坝可靠度及使用寿命分析 ... 34
3.1 非恒定流条件下丁坝可靠性模型试验 ... 34
3.1.1 水槽概化模型设计 ... 34
3.1.2 试验方案制定 ... 39

3.2 假设检验···43
 3.2.1 流量过程的假设检验··44
 3.2.2 实际流量过程日均流量的假设检验···46
 3.2.3 纵向瞬时流速的假设检验···48
 3.2.4 脉动压强的假设检验··50
 3.2.5 模型流量和脉动压强的概率密度函数···55
3.3 基于流量过程和最大冲深的丁坝可靠性及使用寿命分析·······················58
 3.3.1 流量过程经验频率推求···58
 3.3.2 丁坝失效准则···60
 3.3.3 基于可靠性的抛石丁坝寿命预测···61
 3.3.4 流量过程和最大冲深的关系分析···65
3.4 基于流量过程和脉动压强的可靠性分析···69
3.5 基于流量过程和纵向瞬时流速的可靠性分析·······································73

第4章 基于疲劳可靠性理论的丁坝可靠性分析···78
4.1 基于洪水循环冲击作用的可靠度计算···78
 4.1.1 疲劳可靠性分析方法的可行性分析···78
 4.1.2 常幅流量洪水循环冲击的可靠性分析··79
 4.1.3 多种变幅流量洪水循环作用下丁坝失效概率公式推导··················83
4.2 丁坝剩余使用寿命预测··85
4.3 丁坝可靠度分析算例···86
4.4 延长丁坝使用年限的探讨···87

第5章 基于水毁体积比的抛石丁坝安全性判别分析···································89
5.1 抛石丁坝水毁体积比公式的确定···89
5.2 水毁体积比公式的应用与抛石丁坝安全性判别模型······························93
 5.2.1 水毁体积比公式在长江中游河段的应用·····································93
 5.2.2 抛石丁坝安全性判别模型··94

第6章 非恒定流条件下护滩软体排可靠度及使用寿命分析··························95
6.1 非恒定流量过程模拟···95
 6.1.1 随机水文学自回归模型简介···95
 6.1.2 非恒定流过程模拟新方法···97
6.2 非恒定流条件下护滩软体排可靠性模型试验·····································107
 6.2.1 水槽概化模型设计··107
 6.2.2 模型设计依据··109
 6.2.3 模型各项比尺的确定···111
 6.2.4 非恒定随机流量过程模拟··112
 6.2.5 试验方案设计··113
6.3 试验结果分析··117
 6.3.1 边滩附近的水流流态···117

    6.3.2 水面线分布规律 ·· 118
    6.3.3 平均流速分布规律 ·· 122
    6.3.4 X 型排系结条荷载分析 ·· 128
6.4 X 型排使用寿命计算研究 ·· 134
    6.4.1 使用寿命定义 ·· 134
    6.4.2 系结条荷载的表达形式 ·· 134
    6.4.3 使用寿命的计算分析 ·· 139
    6.4.4 使用寿命计算实例 ·· 139

第 7 章　内河航道整治建筑物服役状态演化规律 ····························· 141
7.1 丁坝服役期间水毁演化规律研究 ·· 141
    7.1.1 定流量过程丁坝水毁演化规律 ·· 141
    7.1.2 变流量过程丁坝水毁演化规律 ·· 150
7.2 丁坝损伤引起的航道断面流速特征变化特点 ······························· 166
7.3 基于深度学习的多因素损伤条件航道流场生成 ··························· 168
    7.3.1 原理介绍 ·· 168
    7.3.2 数据准备与预处理 ·· 169
    7.3.3 深度学习模型设计 ·· 170
    7.3.4 模型训练与验证 ·· 171
    7.3.5 模型评估与预测效果分析 ·· 172
    7.3.6 生成流场实例演示 ·· 174
7.4 丁坝损伤条件下航道流速特征响应的量化评价指标 ··················· 176
7.5 单变量损伤条件下航道断面流速特征的变化规律 ······················· 178
    7.5.1 坝头坍塌不同程度 ·· 178
    7.5.2 坝身冲断不同程度 ·· 179
    7.5.3 坝根冲蚀不同程度 ·· 180
    7.5.4 坝顶侵蚀不同程度 ·· 181
7.6 多因素损伤航道流态响应规律的回归分析 ·································· 182
    7.6.1 各变量相关性分析 ·· 182
    7.6.2 航道断面流速变化率线性回归 ·· 183
    7.6.3 拟合结果残差分析 ·· 184
    7.6.4 回归模型显著性检验 ·· 185
7.7 丁坝整治功能退化评价 ·· 186
    7.7.1 丁坝整治功能的界定与功能退化指标 ······························ 186
    7.7.2 多因素损伤条件下的丁坝功能退化评价 ·························· 186

参考文献 ··· 189

第1章 绪 论

1.1 长江干线航道整治建筑物现状

长江横贯东西，是连通东、中、西部地区的水运主动脉，是我国最重要的内河水运主通道，也是世界上运量最大、运输最繁忙的通航河流，对促进流域经济协调发展发挥了重要作用，素有"黄金水道"之称。随着我国国民经济和对外贸易的快速发展，提升长江黄金水道通过能力已成为支撑沿江经济社会发展的必然要求和迫切需要。2011年1月21日，国务院颁布了《国务院关于加快长江等内河水运发展的意见》（国发〔2011〕2号），将加快建设长江等内河高等级航道上升为国家级战略，并进一步提出加快推进长江干线航道系统治理，打造畅通、高效、平安、绿色黄金水道的要求。

随着中国经济的崛起，长江经济带在中国经济发展中起到重要的战略意义，其中航运对流域经济发展具有重大影响。而航道连续性差、通达性差和航运设施落后是目前制约长江运能释放的"三大难题"。为了让长江航运发挥其最大能量，就要求对航道等级进行提高，因此必须对碍航河段进行整治，目前长江干线及其主要支流都在重点整治当中。航道整治建筑物是在航道整治过程中用于提高或改善通航条件不可或缺的重要航道设施。随着长江干线航道宜宾合江门至江苏太仓浏河口段系统治理不断加快，航道整治建筑物越来越多。受自然条件变化、建筑物使用年限增长及人为因素的共同影响，航道整治建筑物在发挥改善通航条件作用的同时，其自身会发生变形或者损毁，当损毁达到一定程度，就会影响其功能的发挥。为此，航道维护单位需要投入大量人力、物力对航道整治建筑物进行观测、维修，以保障其结构稳定和功能正常发挥。

目前我国内河航道整治工程中已建整治建筑物受损或破坏的问题较为突出，直接影响整治效果并增加了航道维护的难度。以长江上游宜宾至重庆共372km长河段为例，在整治工程实施后，受坡陡流急和水沙动力因素急剧变化的影响，每年都造成整治建筑物及航道设施受损严重。根据长江航道局2008~2018年的统计，整个长江水道已建整治建筑物中有70%都出现了不同程度的水毁破坏现象，其中以坝体类整治建筑物及护滩软体排损坏程度最为严重。

航道整治的成败关键在于治理效果，而整治建筑物的稳定性是确保治理效果的重要基础。通过以往的经验，借用物理模型试验及数学模型进行模拟研究，能够为整治建筑物的水毁机理及水沙运动规律等问题的研究提供有效手段，并取得一定成果。但对于整治建筑物结构受力稳定及水毁程度量化计算方面的研究相对较少，相应的一些规范中对整治建筑物的稳定性计算公式都是在总结以往的一些设计与整治经验的基础上提出的，在很多方面不是很具体。目前，对整治建筑物稳定性分析一般是基于经验的安全系数法，它建立在确定性概念之上，应用时间长、使用范围广泛，并在实践中积累了丰富的经验。但这种方法最大的缺点是没有考虑模型和参数的不确定性，而这些不确定性，特别是参数的不确定性(即参数的变异性)对整治建筑物稳定性分析的灵敏度影响是相当大的。

在对整治建筑物水毁进行风险评价的过程中，传统定值方法无法给出水毁破坏的准确程度和风险评估预测，对防灾、减灾无法提供可靠的依据。对于水毁防治的多方案优选，传统的定值方法也无能为力。在整治建筑物水毁防御的多方案决策分析中，不同的保证率意味着不同的效益和损失，往往将那些效益大且承担的风险较小的方案作为最优设计方案。但在实际整治工程中，传统的定值方法由于没考虑方案的不确定性，计算出来的结果常出现以下两种错误：一种是计算出来的安全系数大于1，但实际中建筑物结构不稳定，发生破坏，造成重大损失；另一种是计算出来的安全系数小于1，但实际中建筑物结构保持稳定，没发生破坏，导致整治建筑物稳定性评价过于保守，造成巨大的浪费。

随着国际和国内建筑结构可靠性设计理论的日趋完善，可靠性设计方法已成为国际工程领域的一个共同发展趋势，而航道整治建筑物可靠性设计理论相对滞后。为了解决上述问题，本书作者结合近年来的研究成果，将建立在不确定性概念基础上的可靠性分析方法引入到整治建筑物的稳定性评价之中，将定值方法和可靠性方法进行有机结合，使两种方法互为补充，使整治建筑物稳定性评价更加科学化、精确化，更好地解决实际问题。

1.2 内河航道治理技术

内河航道整治工程常采用疏浚与整治相结合的措施进行治理，而整治所采取的建筑物按形式可分为丁坝、顺坝、锁坝、护滩软体排、导堤、鱼嘴、护岸、护底、溪口导石栏石建筑物等。

1.2.1 丁坝

早在20世纪50年代初期，国外就已开始对丁坝绕流和冲刷问题进行理论研究和试验。然而由于丁坝附近水流流动具有强烈的三维特性，直至20世纪70年代仍未能从理论上或实验上准确地描述丁坝绕流的一些细节问题。因此在解决治河工程中的丁坝问题时，常常借助于模型试验。近几十年来，丁坝绕流和冲刷研究取得了较大的进展，这些进展主要表现在对坝后回流区长度、宽度的认识，对丁坝绕流机理的揭示，对丁坝上、下游平面流场的理论探讨，丁坝局部水头损失，丁坝作用下河床演变规律以及丁坝绕流的数值模拟等。

丁坝的存在使得周围水流状况变得复杂。但目前，国内外对丁坝附近水流紊动特性及压力分布研究极少，更无水流紊动和压力脉动与丁坝周围冲刷关系的研究成果。

丁坝冲刷的研究是一个非常复杂的课题，由于产生局部水流的水力学问题异常复杂，在这个问题上研究者的观点也不一致，目前对丁坝坝头冲刷机理的认识，与桥墩局部冲刷的机理基本相同。由于研究方法和试验条件的差异，虽然目前已经取得了一定的研究成果，但研究者的观点与所得到的结果都存在着很大的差异,且由于现场测量丁坝坝头局部冲刷资料比较困难,目前用于计算丁坝坝头的计算公式大多数都是由试验资料推导得到的,因而需要从理论上对丁坝冲刷的机理、影响冲刷的因素、冲刷坑范围及体积的确定方法等开展深入系统的研究。

为了提高丁坝的稳定性,国内外对丁坝平面布置和结构形式进行了设计研究,采取了各种各样的丁坝防护措施,以防止水毁的发生。但由于不同国家、不同地区、不同河流在水文、泥沙、地质、地理、气象及设计水平、工程材料、施工工艺等方面的差异,丁坝水毁现象仍然很严重。当坝体损毁达到一定程度,就会影响其功能的发挥。为此,航道维护单位需要投入大量人力、物力、财力对整治建筑物进行观测、维修,以保障其结构稳定和功能正常发挥。为了对长江干流航道丁坝进行合理、适时的修复及维护,需要对丁坝的可靠度、使用寿命和防护措施等开展深入、系统的研究。

1.2.2 护滩建筑物

20世纪90年代,长江中下游航道整治工程拉开序幕,护滩工程开始出现,国内外护滩建筑物应用情况的调研资料表明,以护滩为目的的整治建筑物在国外研究较少,没有可供借鉴的理论和经验。由于密西西比河实现了全线渠化,除了堤防建设外,少见有护滩建筑物。而莱茵河的治理与开发方略为:兴利除弊,航运为先,因段制宜,多方兼顾,河流整治与流域经济开发、港口城市建设与产业布局紧密结合、融为一体。因此在内河航道网建设方面,从1895年基尔运河通航,到1938年终运河竣工,前后历时40余年,天然河流基本实现渠化。基尔、易北-吕贝克和中部三大人工运河沟通了易北河、威悉河和埃姆斯河,奥得-哈弗尔运河连接了中部运河与柏林水网,脉络遍布全德国的内河航道网已经初具规模,把各大工业区域与出海门户汉堡港连接了起来。莱茵河与密西西比河相类似,也少见有护滩建筑物。

国内的航道整治工程(尤其是长江中下游)中护滩建筑物应用较为广泛,现有的护滩结构大致可分为四大类。一是散抛块体护滩工程。散抛块体护滩主要是指抛石护滩,即在滩面上散抛直径50~80cm的块石进行护滩,它主要用于水深较浅(一般小于3m)、流速不大(一般小于1.5m/s)、河床变形缓慢、地质条件较好的河段,如卵石滩或沙卵石滩。二是现体护滩工程。通过建设现体(现体群)达到护滩的效果,现体形式有丁坝、顺坝、鱼骨坝等,主要应用在黄河、闽江、西江等河流治理中,长江上也有一定应用。根据资料表明,近年来护滩坝体的水毁现象非常严重,其中丁坝、顺坝主要用于守护边滩,鱼骨坝主要用于守护心滩。三是软体排护滩带工程。软体排护滩(护滩带)是一种新型航道整治建筑物,其主要作用是保护较为高大完整的边滩、心滩在水流作用下免遭破坏,进而达到稳定枯水航槽的目的。四是四面六边透水框架工程。这种整治建筑物也是近年来长江航道整治中发展起来的,为了解决护滩带边缘冲刷变形、局部破坏问题,在东流水道整治、周天航道整治控导、牯牛沙航道整治等工程中均采用了四面六边透水框架来保护护滩带边缘,取得了较好的效果。

各种护滩结构一般均能满足此水域河床稳定防护要求,但是它们的效果有较大差异。

其中，抛石整体性较差，同时对局部水流的扰动较大，容易流失沉陷。抛枕易被来往船舶划破损坏，在阳光照射下易老化。因此，在长江中下游河床覆盖层较厚且颗粒很细的情况下，床沙流失量较大，一般均需辅以沉系接混凝土块压载软体排方式护底。铰链排应用较少，目前仅进行了少量试验性使用。系沙袋软体排由于压载较轻，且沙袋易刺破失稳，现较少使用，长江中下游目前应用较广泛的为 X 型系混凝土块软体排。

软体排护滩结构形式是近十几年结合长江中下游航道治理工程，在实践中逐渐探索出来的一种新型整治建筑物结构形式，由于使用时间较短，对其的研究也较少，对排体在复杂水沙条件下的可靠性与使用寿命的认识也比较有限。因此，对软体排护滩结构形式的研究需要从自身结构、平面布置、破坏机理及其对可靠度的影响等方面进行深入分析。

1.2.3 平顺护岸工程

长江中下游护岸工程始于 15 世纪中叶，历史悠久。随着护岸工程技术进步与社会经济发展，护岸工程类型目前多采用平顺护岸工程形式，结构形式则根据工程的技术和经济等条件选定。

20 世纪 60 年代以前，受技术水平和工程投资等方面的限制，护岸工程仅被视为防止局部河岸崩塌的工程措施，没有从全河段和控制河势的角度进行护岸工程规划和设计。原水利部长江水利委员会主任林一山 1964 年首先提出长江中下游河势规划问题。经过多年来的工程实践，对河势规划问题的认识逐步加深，积累了丰富的河势控制工程经验。

50 多年来，长江中下游建成的护岸工程总长度达 1200km 以上，占长江中下游总长度的 70%，1998 年以前总抛石量达 6700 万 m^3，沉排 410 万 m^3，修建丁坝 685 座，顺坝 19km。1998 年大洪水后对重点堤防护岸险工段进行了加固和扩建。

1.3 国内外研究现状

1.3.1 可靠度理论及使用寿命研究进展

可靠度理论的用途现在是越来越广，城市路网的畅通性也可用可靠度来表述；混凝土结构、空调系统等都可用可靠度来表征其可靠性。结构可靠度是对结构可靠性的数量描述，它包括安全性、适用性和耐久性。在可靠度理论推广应用以前，结构设计方面经历了容许应力法和安全系数法。这两种方法都有其自身巨大的弱点，而可靠度理论却带来了巨大优势。20 世纪 30 年代，可靠度理论最初是应用在飞机失效方面；20 世纪 50 年代，美国国防部门专门建立了可靠度研究机构对一系列可靠度方面的问题进行研究。

将可靠度理论应用在结构设计领域是从 20 世纪 40 年代才开始的，1946 年，弗罗伊登塔尔（Freudenthal）发表了论文《结构安全度》，开始集中研究可靠度在结构工程方面的应用，提出了在随机变量荷载作用下结构安全度的基本问题；同时期，苏联的尔然尼钦提出了一次二阶矩理论和计算失效概率的方法及可靠度指标计算公式；这时期以前的研究都是局限于古典可靠度理论,即这些公式对于正态分布的随机变量来讲是精确的,但生活中遇到的很多问题不是正态分布类型;后来,1969 年,美国学者康奈尔(Cornell)提出了与结构失效概率相联系的可靠度指标作为衡量安全度的标准,同时也建立了结构安全度的二阶矩模式;1971 年,加拿大的林德(Lind)将二阶矩模式通过分离函数的形式将可靠度指标表达成分项系数的形式,这些工作都加速了可靠度理论的实用化进程;美国伊利诺伊大学洪华生提出了广义可靠度概率法,致力于结构体系可靠度的研究;1973 年,国际标准化组织设计基础委员会(ISO/TC98)提出了《结构安全度验证的总原则》(ISO2394),该文后期经多次修改于 1986 年公布了修订本,正式更名为《结构可靠性总原则》,在 2015 年更新了第四版,这个国际性文件提出了概率极限状态设计法和确定分项系数的方法,为世界各国推广以可靠度为基本理论的设计规范起到了积极作用。1976 年,国际结构安全性联合委员会(International Joint Committee on Structural Safety,JCSS)采用拉克维茨(Rackwitz)和菲斯莱(Fiessler)等提出的"当量正态法"来考虑随机变量实际的概率分布的二阶矩模式。到这个时候,二阶矩模式的可靠度表达式与设计方法才正式进入了实用阶段,这就是 JC 法。

中华人民共和国成立之初,当时没有条件对可靠度展开研究,所以,结构工程设计中采用可靠度理论的研究工作开展较晚。在当时的历史背景下全盘套用苏联的"三系数"极限状态设计方法,后来,结合国际上对可靠度研究的思路和方法,在 20 世纪 70 年代开始进行了"结构安全度与荷载组合"的课题研究,并把半经验半概率的方法用于有关结构设计规范。20 世纪 80 年代以来,借鉴国外先进经验,同时以国内实测统计资料为基础,立足国内大规模建设经验,形成了以可靠度理论为基础的概率极限状态设计方法,并编制了属第一层次的《工程结构可靠度设计统一标准》(GB 50153—2008)。此后各行业各部门基于第一层次为标准,编制适合对应行业的第二层次可靠度标准,全部采用随机可靠度理论为基础,以分项系数表达的概率极限状态设计法,以此来作为我国房建、公路、桥梁、水利等结构工程方面的规范。

目前,国内关于结构可靠度方面的书籍种类很多,其中大连理工大学赵国藩院士于 1996 年出版的《工程结构可靠性理论与应用》一书,比较全面地反映了我国结构可靠度的发展历程,并为我国可靠度统一标准的制定提供了很大帮助。另外,吴世伟先生编写的《结构可靠度分析》通俗易懂,适合初学者应用;余建星主编的《工程结构可靠性原理及其优化设计》针对可靠性设计原理、分析方法以及优化设计方法都提出了详细的讲述;张伟主编的《结构可靠性理论与应用》针对可靠性分析中的灵敏度因子计算也提供了方法,同时对厚壁筒结构的可靠性灵敏性也作出了分析。他们对结构可靠度的分析研究都发挥了重要作用。

在可靠度计算方法方面,孙中泉和赵建印(2010)通过退化失效分析对退化失效产品(如某型金属化膜脉冲电容器)进行可靠性统计推断,为描述产品的退化,给出了随机伽马(Gamma)过程模型,通过求解该过程的首达时分布即可获得产品的失效分布,并通过 MATLAB 软件仿真对其失效概率进行计算研究;唐夕茹等(2011)提出考虑各等级道路影响的路网畅通可靠度的近似算法并分析其影响因素——路网饱和度和路网密度,以北京市五环以内路网为例,利用浮动车数据及近似算法计算路段畅通可靠度及交通小区路网畅通可靠度；刘宁和罗伯明(2000)较系统地介绍随机有限元法在地基沉降概率分析和可靠度计算中的应用情况；张道兵等(2013)针对目前多失效模式相关下结构系统可靠度计算采用近似估算法计算结果存在的误差，建立了含单一极限状态方程和含多极限状态方程的多失效模式相关下结构系统可靠性一般模型，并分别给出可靠度表达式，还提出用 MATLAB 软件通过蒙特卡罗法精确计算多失效模式相关下结构系统可靠度的方法；李典庆等(2014)基于 Copula 函数提出了并联系统失效概率计算方法，研究了 Copula 函数类型对结构并联系统可靠度的影响规律；郑淳(2013)从断裂力学角度出发对公路钢桥的疲劳可靠度及疲劳使用寿命进行了研究；陈昌富等(2008)基于响应面法，在构造响应面函数时，采用摩根斯特恩-普赖斯(Morgenstern-Price)法取代传统费时的有限单元法进行抽样点计算，将工作量大大降低；彭泽(2010)在结构可靠度分析中首次引入 Metamodel 建模理念，并建立了模拟模型的 Metamodel 建模和基于 Metamodel 的可靠度分析的方法；刘月飞(2015)在应用实时监测的荷载效应信息前提下，采用 Copula 理论和贝叶斯动态模型(Bayesian dynamic models，BDMs)理论，对结构体系的时变可靠度修正和预测分析进行了系统的研究；刘佩(2010)对线性结构高维小失效概率动力可靠度、非线性结构高维小失效概率动力可靠度、随机结构动力可靠度计算等进行了关于计算方法方面的研究；唐朝晖等(2013)在可靠度分析原理的基础上对填土边坡的不确定性进行了讨论，然后建立了多变量影响下填土边坡可靠度分析的基本流程；杨绿峰等(2012)利用预处理 Krylov 子空间法研究建立了结构可靠度分析的向量型层递响应面法。当然，以上这些研究只是一部分，在可靠度理论蓬勃发展的今天，目前还有很多方面需要对其进行研究。

在使用寿命研究方面，用在机械和混凝土方面的研究理论很多，随着可靠度理论越来越成熟，结构设计中的"耐久性"越来越得到保证，而使用寿命往往意味着可靠性失效，所以使用寿命研究大都是基于可靠度基本理论而展开的。也可以说，可靠度的研究从某种程度上来讲就是使用寿命的研究。万臻等(2006)对拟采用维修或加固措施以延长剩余寿命的桥梁，提出了基于体系可靠度并考虑最优维修方案组合的寿命预测方法，并建立了优化数学模型；蔺石柱(2011)充分考虑结构自然老化、钢筋锈蚀、砼碳化、冻融循环等因素，然后综合这些因素得到维修措施，从而得到寒冷地区在役钢筋混凝土结构物的剩余寿命；刘志勇等(2006)运用蒙特卡罗模拟法对海工混凝土使用寿命进行了预测研究；史波和赵国藩(2007)提出了基于结构性能的使用寿命预测模型，由实测过程的结构响应，采用可靠度方法确定了在役结构使用寿命；Chan 和 Melchers(1995)根据结构抗力衰减的规律提出了承受一个或多个随机荷载过程的结构系统可靠度经时变化的关系；Tao 等(1995)应用马尔可夫决策过程和结构失效概率理论，建立使用过程结构的概率基础模型，该模型比较系统地反映了结构使用的全过程；在英国的结构物耐久性标准中，提出了不同层次的寿命概率，即提出要求使用寿命、预期使用寿命、设计寿命的概念；王旭亮(2009)提出采用模糊数学中的隶属函数对疲劳寿命预测模糊性进行定量描述的方法，同时还研究了灰色系统理论在疲劳寿命预测中的应用等内容。

1.3.2 可靠度理论在航道整治建筑物中的应用现状

可靠度理论在结构工程、混凝土、机械工程等领域的应用十分广泛，现在也是一种主流的研究和应用方向。研究丁坝可靠性，就必然要研究水毁和非恒定流，丁坝局部冲刷的研究基本都是根据丁坝模型试验得来，在航道工程里面，可靠度在航道整治建筑物上的应用研究还十分滞后。这主要和航道整治建筑物的服役形式以及其服役环境有关，航道整治建筑物(如抛石丁坝、顺坝、护滩带等)的结构型式比较简单，但是其工作环境条件复杂。正因为其结构型式太过简单，因此，往往很难从结构可靠度、受力角度精确应用可靠度理论知识去解决问题。目前，对航道整治建筑物的研究主要还是采用物理模型和数值模拟并行的方法。航道整治建筑物长期处于水流环境中，长期经受不同流量的水流冲击，这是其主要的荷载来源。由于建筑物自身多数属于散抛结构，因此对于它的受力稳定性方面的研究较少，一些用于计算稳定性的公式依然是根据整治经验得来，对于很多方面的研究还不够具体，给人模棱两可的感觉。另一方面，由于航道整治建筑物所在的工作环境，其基础是未经处理的泥沙或卵石带，在修建丁坝时常用卵石护底，坝体也为散抛石块，但是其所受荷载却是常年的天然水流环境。所以它的破坏因素较多且复杂，相互影响：第一，不论是抛石丁坝还是护滩，这些航道整治建筑物自身结构强度都较低，空隙率较大，结构基础部位基本属于未处理状态，极易被淘刷；第二，航道整治建筑物的工作环境均涉及水下，在天然河流流量陡涨陡落情况下，使其所处水流环境紊动强度大，环境恶劣，在水流的紊动和冲击状态下，坝体极易被综合因素联合作用从而被冲毁。

迄今为止，国内外在航道领域针对抛石丁坝等航道整治建筑物还未建立有效的水毁失稳破坏模型，而对水毁机理进行了大量研究，关于丁坝局部冲刷的研究都是基于丁坝模型试验得来，例如，王平义(2016)对航道整治建筑物水毁理论及稳定性进行了研究；高贵景(2006)对丁坝的水力特性和冲刷机理进行了分析和研究；张秀芳(2012)通过一维一阶概率模型确定流量过程，对非恒定流条件下的丁坝水毁进行了试验研究；苏伟等(2012)对不同结构型式的丁坝水毁过程进行了对比分析；喻涛(2013)利用两变量 Gumbel-logistic 模型和自回归马尔可夫过程模型对非恒定流进行模拟，并通过水槽试验对丁坝的水力特性及冲刷机理进行了深入研究；张帆(2014)对非恒定流条件下丁坝的水沙特性及水毁机理进行了数值模拟研究。前人大量的试验研究已经明确在何种工况下坝体上的危险点在哪里，以及水流环境如何变化。但尚未对水毁各种因素进行量化的统计分析，这是研究滞后的很重要的原因。

目前，将可靠度理论应用到航道整治建筑物上的研究十分稀少，《航道整治工程技术规范》(JTJ 312—2003)对抛石丁坝的坝型设计、材料、施工等方面做了规定，但很多规定还不够具体，人们在施工和管理过程中常常还需要借助经验来进行建设，因此，其可操作性不强。将可靠度理论应用到抛石丁坝上，近年来才做了一些探索：王平义等(2005)采用模糊数学的方法对航道整治建筑物的安全稳定性进行了分析，并给出了模糊综合评定模型；刘胜(2007)对抛石丁坝的坝体结构构建了"坝体结构可靠度模型"，给出了丁坝结构稳定性分析函数；韩林峰(2014)对恒定流作用下抛石丁坝的可靠度和使用年限进行了深入研究，并提出了基于水毁体积比 30%为标准的失效准则；牟萍等(2015)对可靠度理论在丁坝稳定性分析中的应用做了探讨。

1.3.3 航道整治建筑物使用寿命研究现状

目前，国内外学者对整治建筑物的研究很少涉及整治建筑物的具体使用年限，也没有对其水毁程度进行划分。航道整治建筑物的维护与管理主要是从以下几个方面着手：对航道整治建筑物全程各阶段进行认真审查；加强日常的维护、检查工作；采取合理精确的手段方法，了解航道整治建筑物的水毁状况；做好相关资料的收集、整理工作，并进行总结归纳。

目前对航道整治建筑物破坏机理已经有众多的学者进行了研究，对常见的几大类整治建筑物的破坏机理有了较为统一的结论。然而，业内对于航道整治建筑物可靠性的研究存在较多难题，众多学者从不同方面对这一问题进行了探索：王平义和高桂景(2006)总结了实际工程中航道整治建筑物损毁的几大主要因素，认为规范提到的荷载组合和上述几大因素均具有一定的模糊随机性，将模糊综合评判法应用到了航道整治建筑物抗水毁能力的研究上，并建立了评定模型，为研究评定航道整治建筑物的安全稳定性提供了新的理论方法，但没有提出完善的可靠性理论。解中柱(2014)总结了现行的《航道整治工程技术规范》等诸多规范，认为规范对整治建筑物没有可量化的可靠性指标，缺乏具体可操作性。他提出先建立单一安全系数法，并详细规定荷载的计算公式和组合情况，在一定程度上靠近可靠性指标，还提出了如何进行航道整治建筑物基于可靠性理论以分项系数表达概率极限状态设计方法的研究思路。丁坝作为航道整治建筑物中最为常见的一类，在其可靠性和使用寿命方面已有学者作出了探索性研究。韩林峰等(2013)整理总结了原型观测，结合水槽试验分析结果，将不同洪峰流量的洪水交替作用的次数作为反映丁坝水毁的参数，提出了三参数韦布尔丁坝水毁可靠度分析模型；并以水毁体积比作为可靠度指标，推导出了受洪水作用后丁坝剩余寿命计算式。此外，韩林峰等(2014)还提出了坝体临界破坏水毁体积比的概念，总结了抛石丁坝的主要水毁因素并通过水槽清水冲刷试验和量纲分析法建立了水毁体积比的计算公式，进而建立了较为简便和精确的可定量分析抛石丁坝安全稳定性的判别公式，为抛石丁坝的设计及维修工作提供了一定依据。

近年来，许多学者对航道整治工程中应用广泛的软体排护滩带进行了研究。主要对软体排护滩带的破坏机理、周围水流结构、稳定性等方面进行了研究，但对于其可靠性和使用寿命方面的研究却几乎没有。刘晓菲(2008)通过模型试验对比分析了有、无护滩建筑物守护时滩体冲刷变形情况及 X 型排水毁机理，给出了确定边滩周围冲刷坑范围的方法，并推导出了冲刷坑的计算公式。梁碧(2009)总结分析了长江中游心滩类滩体的特性、已有心滩保护建筑物的类型等，利用水槽概化试验对三类主要护心滩建筑物的破坏机理和稳定性进行了分析研究。从平面布置型式、水流条件等方面阐述了心滩护滩带的破坏机理，并从护滩带排体的抗掀起稳定性(临界流速)、混凝土强度验算、排体顺坡下滑核算(抗滑系数)等方面进行分析，给出了相应的指标和计算公式。2011~2014 年，交通运输部建设科技项目"长江中游荆江河段航道系统治理关键技术研究"对"整治建筑物的可靠度和设计使用年限"进行了专题研究,给出了基于时变可靠性和水毁面积比的软体排可靠度判别方法。韩林峰等(2015)总结了荆江河段新水沙条件和护滩建筑物损毁影响因素及其损毁原因,建立了排体稳定性模型,为保障长江干线航道的通航水深、改善航行条件奠定了一定的理论基础。

护滩带可靠性和使用寿命的研究尚处于起步阶段,许多方面需要进一步完善。如由于其受力复杂、影响因素较多,一些参数并未确定具体的表达形式及分布特征,直接进行可靠度计算仍有一定的困难。基于上述研究现状,从护滩带的破坏机理出发,找到水毁的主要影响因素,并且在充分考虑荷载和抗力随机性的基础上得到护滩带的可靠度模型,研究护滩带使用寿命,这对推动护滩带在实际工程中的设计、维护工作尤为重要。

1.4 本书主要内容

本书是在当前内河航道整治建筑物理论研究成果及相关航道维护经验的基础上编著而成的。全书共 7 章,系统地阐述了航道整治建筑物可靠性及使用寿命分析基本原理,其中重点针对航道整治工程中应用最为广泛的抛石丁坝及护滩软体排在使用过程中的结构失效机理进行了详细介绍,建立了一套在考虑各个不确定因素影响下的整治建筑物可靠性计算理论及安全性判别方法,通过建立目标可靠度指标来预测其设计使用年限,确保工程质量达到预期的整治要求,保持航道畅通,降低工程维护成本。本书阐述了目前最新的内河航道整治建筑物,内容丰富,资料翔实。

第 2 章 航道整治建筑物可靠度及使用寿命分析基本原理

2.1 结构可靠度基本理论

2.1.1 功能状态描述

结构可靠度理论中认为某一工程结构在运行期间会有一个临界失效状态，也称作阈值，它又叫作极限状态。极限状态就是区分结构状态可靠与不可靠的一个标志。结构所存在的状态分为三种：可靠状态、极限状态、失效状态。

假定用 $Z=g(X)$ 来表示结构的功能函数，对于一个工程结构来讲，影响其可靠性状态的随机变量有很多，用 X_1，X_2，X_3，$\cdots$，X_n 来表示，可以用功能函数来描述结构的三种状态，如下：

(1) 若 $Z=g(X_1, X_2, X_3, \cdots, X_n)>0$，则结构处于可靠状态；
(2) 若 $Z=g(X_1, X_2, X_3, \cdots, X_n)<0$，则结构处于失效状态；
(3) 若 $Z=g(X_1, X_2, X_3, \cdots, X_n)=0$，则结构处于极限状态。

功能函数是一种抽象表达，在分析问题的时候常将影响结构状态的随机因素分成两类，一类为强度 $R(X_1, X_2, X_3, \cdots, X_n)$，另一类为荷载 $S(X_1, X_2, X_3, \cdots, X_n)$，这样就变成了二维随机变量的问题，即 $Z=f(R, S)$。对于该式，根据实际情况选定不同的关系表达。

2.1.2 可靠度的参数表示

可靠性是对可靠状态的定性描述，可靠度是对可靠状态的定量描述。其表示参数有三种：①失效概率 P_f；②可靠度 P_r；③可靠度指标 β。

大多数情况下，可靠度方面的随机变量为连续性随机变量，故功能函数或者说构成功能函数的随机变量也为连续性随机变量。根据概率论知识可知，可靠和失效两个相互对立的事件满足 $P_f+P_r=1$，如房建、桥梁等结构安全性尤为重要，因此，可靠度一般都很高，而对应的失效概率值一般都较小，当然，这里所说的失效是首次失效，并不是指服役期结构的失效概率。在可靠性的理论范畴内没有绝对的可靠，可靠和失效是相对的关系，由对丁坝可靠度的定义可知，可靠度就是一个描述结构安全、功能性的概率值。丁坝作为一种阻水建筑物，相对工民建、桥梁等来讲，它几乎不会产生危害人民生命财产安全的因素，所以对于工程技术人员来说，更关心的应该是丁坝功能可靠性。

显然，可以发现，P_f 和 P_r 具有相互对立的关系。这里考虑 R 和 S 为连续性随机变量，可通过应力-强度干涉理论进行求解。这里给出求解 P_f 和 P_r 的一般积分公式：

假设 R 和 S 相互独立，则

$$P_r = \int_{-\infty}^{\infty} f_S(S)[\int_S^{\infty} f_R(r)\mathrm{d}r]\mathrm{d}S \quad \text{或} \quad P_r = \int_{-\infty}^{\infty} f_R(r)[\int_{-\infty}^{r} f_S(S)\mathrm{d}S]\mathrm{d}r \tag{2.1}$$

相应地，若已知两个随机变量中的一个为概率密度函数，另一个为分布函数，则失效概率为

$$\begin{aligned} P_f &= 1 - P_r = 1 - \int_{-\infty}^{\infty} f_S(S)\left[\int_S^{\infty} f_R(r)\mathrm{d}r\right]\mathrm{d}S \\ &= 1 - \int_{-\infty}^{\infty} f_S(S)[1 - F_R(S)]\mathrm{d}S \\ &= \int_{-\infty}^{\infty} F_R(S)f_S(S)\mathrm{d}S \end{aligned} \tag{2.2}$$

或

$$\begin{aligned} P_f &= 1 - P_r = 1 - \int_{-\infty}^{\infty} f_R(r)\left[\int_{-\infty}^{r} f_S(S)\mathrm{d}S\right]\mathrm{d}r \\ &= 1 - \int_{-\infty}^{\infty} f_R(r)F_S(r)\mathrm{d}r \\ &= \int_{-\infty}^{\infty} [1 - F_S(r)]f_R(r)\mathrm{d}r \end{aligned} \tag{2.3}$$

可靠度指标 β 也是描述结构或者部件可靠性的一个常用参数，当功能函数的表达形式为 $Z=R-S$ 时，则 $\mu_Z = \mu_R$、$\sigma_Z^2 = \sigma_R^2$（假设 R 和 S 相互独立），常令 $\beta = \dfrac{\mu_R - \mu_S}{\sqrt{\sigma_R^2 + \sigma_S^2}} = \dfrac{\mu_Z}{\sigma_Z}$。令 $V_R = \sigma_R/\mu_R$，$V_R = \sigma_R/\mu_R$，则 $\beta = \dfrac{(\mu_R/\mu_S - 1)}{\sqrt{(\mu_R/\mu_S)^2 V_R^2 + V_S^2}}$，$V_R$ 和 V_S 称为强度和应力的变异系数。在无充分数据统计作为依据的情况下，对于一般金属及其他一些材料，$V_R=0.1$，而 V_S 在大多数情况下取 0.2。

当强度 R 和荷载 S 都服从正态分布时，

$$P_r = \frac{1}{\sqrt{2\pi}} \int_{-\infty}^{\beta} \mathrm{e}^{-\frac{1}{2}x^2} \mathrm{d}x = \Phi(\beta) \tag{2.4}$$

$$P_f = 1 - P_r = \Phi(-\beta) \tag{2.5}$$

$$\beta = \frac{(\mu_R/\mu_S - 1)}{\sqrt{(\mu_R/\mu_S)^2 V_R^2 + V_S^2}} \tag{2.6}$$

当强度 R 和荷载 S 都服从对数正态分布时，因为 V_S 和 V_R 都很小甚至基本相等，所以，可靠度指标公式可简化为

$$\beta = \frac{\ln\mu_R - \ln\mu_S}{\sqrt{V_R^2 + V_S^2}} \tag{2.7}$$

P_r 和 P_f 的表达式不变。在标准化坐标系里面，坐标原点到失效界面 $U_R\cos\theta_{U_S} -$

$U_S\cos\theta_S-\dfrac{\mu_R-\mu_S}{\sqrt{\sigma_R^2+\sigma_S^2}}=0$ 的最短距离为 $|OP|=\dfrac{\mu_R-\mu_S}{\sqrt{\sigma_R^2+\sigma_S^2}}=\beta$（具体推导可参考中国建筑工业出版社出版的《工程结构可靠性原理及其优化设计》），P 点为设计验算点。β 的几何意义是自原点至失效界面的垂直距离。利用这个特性，哈索弗和林德对 β 做出了新的定义：在标准化坐标系中，从原点到失效界面的最短距离为可靠度指标。

正态分布和对数正态分布是相对简单的分布类型，自然界中的事物还有很多是服从如指数分布、极值 I 型分布等其他的分布，但可靠度计算的原理是不变的。并且，当不知道随机变量的分布类型时，按照正态分布计算出来，也是可以接受的，正态分布模式相较对数正态或其他分布模式有较小的失效率，但依然是在可接受范围内。在实践中经验表明，当不能准确确定出随机变量的分布类型时，可假定其服从正态分布进行理论计算。

2.2 结构可靠度分析方法

结构可靠度的计算方法是可靠度理论中的一个重要研究内容，它直接关系到结构可靠度理论在工程中的应用。由上节论述可知，结构可靠度分析的前提在于首先确定结构所要满足的特定功能。对于工程结构，它是由结构参数、外部环境作用和内在力学机制所组成的一套复杂系统。对于指定的结构所必须满足的功能，它必定和结构系统的参数有关。如果把结构模型化为随机系统，则结构功能必定为包含结构参数的函数，在实际工程问题中，不能通过如式(2.1)所示数值积分方法计算结构可靠度，并且结构功能函数一般是非线性函数且不服从正态分布，也不能通过如式(2.7)所示直接计算结构可靠度指标，此时可以采用蒙特卡罗模拟法，在结构功能函数已知的情况下，常见的基本可靠度计算方法有均值一次二阶矩法和改进一次二阶矩法等。本节将详细论述在结构可靠度分析计算中的几种基本方法。

2.2.1 一次二阶矩法

在通常情况下，随机变量的统计信息中一阶矩（均值）和二阶矩（方差和协方差）最容易得到。一次二阶矩法（first-order second-moment method，FOSM）就是只利用随机变量的前二阶矩去求解结构可靠度的方法。这类方法需要将功能函数在某点用泰勒（Taylor）级数展开并仅取其常数项和一次项，然后通过数理统计直接计算结构的可靠度，故称为一次二阶矩法。

设结构功能函数为基本随机向量 $\boldsymbol{X}=[X_1,X_2,\cdots,X_n]^{\mathrm{T}}$ 的函数，表示为

$$Z=G(\boldsymbol{X}) \tag{2.8}$$

相应的极限状态方程为

$$G(\boldsymbol{X})=0 \tag{2.9}$$

将功能函数在某点 $\boldsymbol{x}_0=[x_{10},x_{20},\cdots,x_{n0}]^{\mathrm{T}}$ 用 Taylor 级数展开，得

$$Z = G(\pmb{x}_0) + \sum_{i=1}^{n} \frac{\partial G}{\partial \pmb{X}}|_{\pmb{x}_0} (X_i - x_{i0}) + \sum_{i=1}^{n} \frac{\partial^2 G}{\partial X_i^2}|_{\pmb{x}_0} \frac{(X_i - x_{i0})^2}{2} + \cdots \quad (2.10)$$

为了获得线性方程，近似地只取到一次项，得

$$Z \approx G(\pmb{x}_0) + \sum_{i=1}^{n} \frac{\partial G}{\partial \pmb{X}}|_{\pmb{x}_0} (X_i - x_{i0}) \quad (2.11)$$

因此，极限状态方程为

$$G(\pmb{x}_0) + \sum_{i=1}^{n} \frac{\partial G}{\partial \pmb{X}}|_{\pmb{x}_0} (X_i - x_{i0}) = 0 \quad (2.12)$$

式中，$\frac{\partial G}{\partial \pmb{X}}|_{\pmb{x}_0}$ 表示 G 在某点 $\pmb{x}_0$ 处关于随机变量 X_i 的偏导数。

根据线性化点 $\pmb{x}_0$ 的不同选择，一次二阶矩法又分为均值一次二阶矩法和改进一次二阶矩法。

1. 均值一次二阶矩法

顾名思义，均值一次二阶矩法就是将结构功能函数的线性化点取为均值点 $\pmb{\mu_X} = [\mu_{X_1}, \mu_{X_2}, \cdots, \mu_{X_n}]^T$。由式(2.11)得到结构功能函数为

$$Z \approx G(\pmb{\mu_X}) + \sum_{i=1}^{n} \frac{\partial G}{\partial X_i}|_{\pmb{\mu_X}} (X_i - \mu_{X_i}) \quad (2.13)$$

通过式(2.13)求得 Z 的均值与标准差，当各随机变量相互独立且服从正态分布时

$$\mu_Z = G(\pmb{\mu_X}) \quad (2.14)$$

$$\sigma_Z = \left[\sum_{i=1}^{n} (\frac{\partial G}{\partial X_i}|_{\pmb{\mu_X}} \sigma_{X_i})^2 \right]^{\frac{1}{2}} \quad (2.15)$$

式中，σ_{X_i} 为 X_i 的标准差（$i=1,2,\cdots,n$）。

由可靠度指标的定义，可靠度指标近似为

$$\beta \approx d = \frac{\mu_Z}{\sigma_Z} = \frac{G(\pmb{\mu_X})}{\left[\sum_{i=1}^{n} (\frac{\partial G}{\partial X_i}|_{\pmb{\mu_X}} \sigma_{X_i})^2 \right]^{\frac{1}{2}}} \quad (2.16)$$

均值一次二阶矩法的优点是计算简便，具有明确的物理概念。当结构的可靠度指标较小时，计算精度能满足工程实际的需要。其缺点是功能函数线性化会产生误差，并随着均值点到失效边界距离的增大而增大。另外，均值一次二阶矩法有一个致命的缺陷：由相同力学含义但数学表达式不同的极限状态方程，求得的可靠度指标值不同。

2. 改进一次二阶矩法

为了克服均值一次二阶矩法解答非唯一性的问题，很多学者提出了改进的方法。由可靠指标 β 的几何意义知，可靠度指标 β 为标准正态坐标系中原点到线性的极限状态平面的最短距离，因此人们将一次二阶矩法的线性化点选为极限状态曲面距原点最近的点，通常把这一点称为设计验算点。依此得到的方法称为改进一次二阶矩法，它是结构可靠度最

基本的计算方法。当选择设计验算点 $\boldsymbol{x}^* = [x_1^*, x_2^*, \cdots, x_n^*]^T$ 作为线性化点时，由式(2.11)可得线性化后的功能函数为

$$Z \approx G(\boldsymbol{x}^*) + \sum_{i=1}^{n} \frac{\partial G}{\partial X_i}\bigg|_{\boldsymbol{x}^*} (X_i - x_i^*) \qquad (2.17)$$

Z 的均值为

$$\mu_Z \approx G(\boldsymbol{x}^*) + \sum_{i=1}^{n} \frac{\partial G}{\partial X_i}\bigg|_{\boldsymbol{x}^*} (\mu_{X_i} - x_i^*) \qquad (2.18)$$

因设计验算点在失效边界上，即

$$G(\boldsymbol{x}^*) = 0 \qquad (2.19)$$

如果各随机变量相互独立且服从正态分布，其均值和标准差分布表示为

$$\mu_Z = \sum_{i=1}^{n} \frac{\partial G}{\partial X_i}\bigg|_{\boldsymbol{x}^*} (\mu_{X_i} - x_i^*) \qquad (2.20)$$

$$\sigma_Z = \left[\sum_{i=1}^{n} \left(\frac{\partial G}{\partial X_i}\bigg|_{\boldsymbol{x}^*} \sigma_{X_i}\right)^2\right]^{\frac{1}{2}} \qquad (2.21)$$

通过数学变换，引入分离函数 α_i，令

$$\alpha_i = \frac{\dfrac{\partial G}{\partial X_i}\bigg|_{P^*} \sigma_{X_i}}{\left[\sum\limits_{i=1}^{n}\left(\dfrac{\partial G}{\partial X_i}\bigg|_{P^*} \sigma_{X_i}\right)^2\right]^{\frac{1}{2}}} \quad (i=1,2,\cdots,n) \qquad (2.22)$$

α_i 表示第 i 个随机变量对整体标准差的相对影响，因此可称为灵敏系数。式(2.21)可变换为

$$\sigma_Z = \sum_{i=1}^{n} \frac{\partial G}{\partial X_i}\bigg|_{\boldsymbol{x}^*} \alpha_i \sigma_{X_i} \qquad (2.23)$$

根据可靠度指标的定义，得

$$\beta \approx d = \frac{\mu_Z}{\sigma_Z} = \frac{\sum\limits_{i=1}^{n} \dfrac{\partial G}{\partial X_i}\bigg|_{\boldsymbol{x}^*} (\mu_{X_i} - x_i^*)}{\sum\limits_{i=1}^{n} \dfrac{\partial G}{\partial X_i}\bigg|_{\boldsymbol{x}^*} \alpha_i \sigma_{X_i}} \qquad (2.24)$$

整理得

$$\sum_{i=1}^{n} \frac{\partial G}{\partial X_i}\bigg|_{\boldsymbol{x}^*} (\mu_{X_i} - x_i^* - \alpha_i \sigma_{X_i} \beta) = 0 \qquad (2.25)$$

即

$$\mu_{X_i} - x_i^* - \alpha_i \sigma_{X_i} \beta = 0 \quad (i=1,2,\cdots,n) \qquad (2.26)$$

由此解得设计验算点为

$$x_i^* = \mu_{X_i} - \alpha_i \sigma_{X_i} \beta \quad (i=1,2,\cdots,n) \qquad (2.27)$$

式(2.27)代表 n 个方程，未知数有 x_i^* 和 β 共 $n+1$ 个，另外，设计验算点 $\boldsymbol{x}^*$ 需满足式(2.19)。这样，就有 $n+1$ 个方程对应于 $n+1$ 个未知数。一般情况下，通过联立方程组求解未知数

比较困难，所以通常采用迭代法求解。在给定均值和标准差时，可以用式(2.19)、式(2.22)和式(2.27)组合进行迭代计算。

这里介绍一种收敛较快的迭代方法，其步骤如下：①选取设计验算点坐标的初值，一般取 $x_i^* = \mu_{X_i}$；②由式(2.22)计算灵敏系数 α_i 的值；③将式(2.27)代入式(2.19)解出 β；④将该 β 值代回式(2.27)求出 x_i^* 的新值；⑤以新的 x_i^* 重复进行第②步至第③步的计算过程，如果所得的 β 值与上一次的 β 值之差小于允许误差值，则计算结束，最后一次求得的 β 值即为所求的可靠度指标，x_i^* 即为所确定的设计验算点坐标；如果前后两个 β 值之差大于允许误差值，则进行第④步后，再进行第②步至第④步的循环迭代，直至求得合乎要求的结果为止，在实际计算中，β 的允许误差值一般要求在 ±0.01 之内。

通过上述讨论可以看出，改进一次二阶矩法将线性化点选在设计验算点，不仅算法稳定，而且从可靠度指标的几何意义来看也是合情合理的，这明显优于均值一次二阶矩法。因此，工程实际可靠度计算中，改进一次二阶矩法已作为求解可靠度指标的基础。不过，这种可靠度计算方法要求各随机变量为统计独立的正态分布，而工程结构中的随机变量并非都是正态分布的，如风、雪等荷载一般不是正态分布，而是极值Ⅰ型分布或Γ型分布。要解决这个问题，就需要通过数学变换将非正态分布随机变量当量化或映射变换为正态分布随机变量，下面介绍这两种变换方法——当量正态化法和映射变换法。

1) 当量正态化法

当量正态化法是拉克维茨和菲斯莱(Rackwitz-Fiessler)、哈索弗尔和林德(Hasofer-Lind)等先后提出来的。该方法被国际结构安全性联合委员会(JCSS)推荐采用，故称 JC 法。它适用于随机变量为任意分布的结构可靠度指标的求解，原理通俗易懂，计算精度一般情况下能满足工程实际需要。我国 1984 年颁布的《建筑结构设计统一标准(试行)》(GBJ 68—84)和 1999 年颁布的《公路工程结构可靠度设计统一标准》(GB/T 50283—1999)中都规定采用 JC 法计算结构的可靠度。

JC 法的基本原理是：首先将随机变量原来的非正态分布当量化为正态分布，然后用改进一次二阶矩法求解结构的可靠度指标。当量正态化的条件如图 2-1 所示。

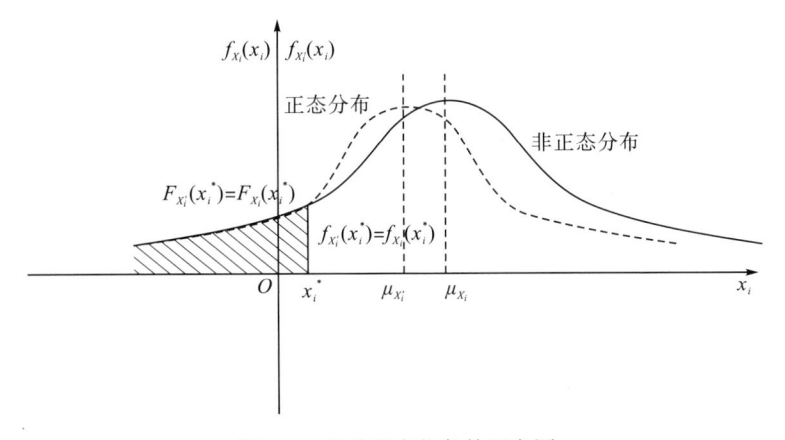

图 2-1 当量正态化条件示意图

(1) 在设计验算点 $\boldsymbol{x}^*$ 处，当量正态变量 X_i'（其均值为 $\mu_{X_i'}$，标准差为 $\sigma_{X_i'}$）的分布函数值 $F_{X_i'}(x_i^*)$ 与原非正态变量 X_i（其均值为 μ_{X_i}，标准差为 σ_{X_i}）的分布函数值 $F_{X_i}(x_i^*)$ 相等。

(2) 在设计验算点 $\boldsymbol{x}^*$ 处，当量正态变量 X_i' 的概率密度函数值 $f_{X_i'}(x_i^*)$ 与原非正态变量 X_i 的概率密度函数值 $f_{X_i}(x_i^*)$ 相等。

由条件(1)得

$$F_{X_i'}(x_i^*) = F_{X_i}(x_i^*) \text{ 或 } \Phi\left(\frac{x_i^* - \mu_{X_i'}}{\sigma_{X_i'}}\right) = F_{X_i}(x_i^*) \quad (i=1,2,\cdots,n) \tag{2.28}$$

式中，$\Phi(\cdot)$ 为标准正态分布函数。当量正态分布的均值 $\mu_{X_i'}$ 为

$$\mu_{X_i'} = x_i^* - \Phi^{-1}[F_{X_i}(x_i^*)]\sigma_{X_i'} \tag{2.29}$$

式中，$\Phi^{-1}(\cdot)$ 为标准正态分布函数的反函数。由条件(2)得

$$f_{X_i'}(x_i^*) = f_{X_i}(x_i^*) \text{ 或 } \varphi\left(\frac{x_i^* - \mu_{X_i'}}{\sigma_{X_i'}}\right)/\sigma_{X_i'} = f_{X_i}(x_i^*) \quad (i=1,2,\cdots,n) \tag{2.30}$$

式中，$\varphi(\cdot)$ 为标准正态分布函数的概率密度函数。当量正态分布的标准差 $\sigma_{X_i'}$ 为

$$\sigma_{X_i'} = \varphi\{\Phi^{-1}[F_{X_i}(x_i^*)]\}/f_{X_i}(x_i^*) \quad (i=1,2,\cdots,n) \tag{2.31}$$

随机变量分布当量正态化后，即可与改进一次二阶矩法的计算过程一样，用迭代法来求解结构的可靠度指标。

JC 法具有可以处理非正态随机变量问题的优点，计算简便，对于非线性程度不高的结构功能函数具有较好的收敛精度，因而得到较为广泛的应用。然而，由于功能函数采用了一阶泰勒(Taylor)展开，对于非线性程度较高的情况会产生较大误差，且迭代次数较多。

2) 映射变换法

对于结构可靠度分析中的非正态随机变量，当量正态化法将非正态随机变量"当量"为正态随机变量，从而应用正态随机变量可靠度的计算方法计算结构的可靠度指标。如果采用数学变换的方法将非正态随机变量变换为正态随机变量，问题同样也可以得到解决。映射变换法(或称全分布变化法)的原理就是利用累积分布函数值相等的映射，将非正态分布随机变量变换为正态分布随机变量。

作映射变换，使随机变量 X 映射成标准正态向量 $\boldsymbol{Y} = [Y_1, Y_2, \cdots, Y_n]^\mathrm{T}$，过程如下：

$$F_i(X_i) = \Phi(Y_i) \quad (i=1,2,\cdots,n) \tag{2.32}$$

则

$$\left.\begin{array}{l} X_i = F_i^{-1}[\Phi(Y_i)] \\ Y_i = \Phi^{-1}[F_i(X_i)] \end{array}\right\} \tag{2.33}$$

式中，X_i、Y_i 分别为 X_i 的概率分布函数和概率密度函数；$F_i^{-1}(\cdot)$ 和 $\Phi^{-1}(\cdot)$ 分别是 $F_i(\cdot)$ 和 $\Phi(\cdot)$ 的反函数。

将式(2.33)代入式(2.8)，可得到由随机向量 $\boldsymbol{Y}$ 表示的结构功能函数 Z_Y，即

$$Z_Y = g\{F_1^{-1}[\Phi(Y_1)], F_2^{-1}[\Phi(Y_2)], \cdots, F_n^{-1}[\Phi(Y_n)]\} = G(\boldsymbol{Y}) \tag{2.34}$$

由式(2.34)出发，就可用改进一次二阶矩法求解结构可靠度指标 β。

2.2.2 蒙特卡罗模拟法

蒙特卡罗模拟(Monte Carlo simulation，MCS)法又称随机抽样法、概率模拟法、数值模拟法或统计试验法，是通过随机模拟和统计试验来求解结构可靠度的数值方法。由于它以概率论和数理统计理论为基础，故被人们以闻名世界的赌城蒙特卡罗命名，以突显其随机性的特征。在目前的结构可靠度计算方法中，蒙特卡罗模拟法被认为是一种相对精确的方法，常用于结构可靠度其他近似方法计算精度的检验。

从数学意义上讲，结构的失效概率就是结构参数的随机性变化导致结构失效的概率。由概率的定义可知，某事件发生的概率可以用大量试验中该事件发生的频率来估算。因此，可以先对影响结构可靠度的随机变量进行大批随机抽样，然后把这些抽样值一组一组地代入结构功能函数中，统计出令结构失效的样本数目，从而求得结构失效的频率。由频率的稳定性可知，当随机抽样数目足够大时，该频率将以概率 1 收敛于失效概率，这就是蒙特卡罗模拟法的理论基础。从理论思路上看，蒙特卡罗模拟法的应用范围极其广泛，几乎没有什么限制，并且使结构可靠度分析有可能通过计算机数值模拟试验来实现。

用蒙特卡罗模拟法求解结构失效概率的步骤如下：

(1) 设结构功能函数为 $Z = G(\boldsymbol{X})$，其中 $\boldsymbol{X} = [X_1, X_2, \cdots X_n]^\mathrm{T}$ 为任意分布随机向量。

(2) 对随机向量 $\boldsymbol{X}$ 进行 N 次随机抽样，得到 N 组样本点 $\boldsymbol{x}_j = [x_{j1}, x_{j2}, \cdots, x_{jn}]^\mathrm{T}$ ($j=1,2,\cdots,N$)。

(3) 将第 j 组样本 x_{ji} 代入结构功能函数表达式，得到 N 个功能函数值 Z_j ($j=1,2,\cdots,N$)；

(4) 设在 N 个 Z_j 值中存在 N_f 个 $Z_j < 0$（即结构失效），当 N 充分大时，结构的失效概率为 $P_f = \dfrac{N_f}{N}$。

用蒙特卡罗模拟法计算结构失效概率时，必须先解决两个基本问题，即怎样才算大批抽样和如何进行随机抽样。

从蒙特卡罗模拟法的理论思路可以看出，该法计算结构失效概率的精度与其所抽取的随机样本的数量密切相关。只有在随机抽样的数量足够大时，计算得到的失效频率才以概率 1 收敛于失效概率。因此，怎样才算大批抽样这个问题实际上等价于为保证计算精度而规定的最低抽样数的问题。

工程结构的失效概率可以表示为

$$P_f = P[G(\boldsymbol{X}) < 0] \tag{2.35}$$

其相应的结构可靠度指标为

$$\beta = \Phi^{-1}(1 - P_f) \tag{2.36}$$

当用蒙特卡罗模拟法计算失效概率时，结构失效频率可以表示为

$$\hat{P}_f = \frac{1}{N} \sum_{j=1}^{N} I[G(\boldsymbol{x}_j)] \tag{2.37}$$

式中，N 为抽样模拟总数；x_j 为第 j 组样本；$I[G(\boldsymbol{x}_j)]$ 为示性函数，当 $G(\boldsymbol{x}_j) < 0$ 时，$I[G(\boldsymbol{x}_j)] = 1$，反之，则 $I[G(\boldsymbol{x}_j)] = 0$。$\hat{P}_f$ 的方差为

$$\sigma_{\hat{P}_f}^2 = \frac{1}{N} P_f (1-P_f) \tag{2.38}$$

通常，我们可以用一定的置信度来保证抽样误差。所谓置信度，是指人们对测量结果判断的可信程度，假设我们指出测量结果的准确性有 95%的可靠性，这个 95%就称为置信度。因此，蒙特卡罗模拟法的抽样误差可用置信度表示为

$$\left| \hat{P}_f - P_f \right| = Z_{\alpha/2} \cdot \sigma_{\hat{P}_f} \tag{2.39}$$

式中，$Z_{\alpha/2}$ 为给定置信水平 $1-\alpha$ 后的截尾界限坐标值；α 为一给定的很小的常数。常见的几组对应值见表 2-1。

表 2-1 标准正态分布下的 $Z_{\alpha/2} \sim 1-\alpha$ 关系

$Z_{\alpha/2}$	1	1.96	2	3	4
$1-\alpha$	0.6826	0.9500	0.9544	0.9973	0.9999

由表 2-1 可知，当选取 95.44%置信度时，$Z_{\alpha/2}=2$。式(2.39)可写为

$$\left| \hat{P}_f - P_f \right| = 2\sqrt{\frac{P_f(1-P_f)}{N}} \tag{2.40}$$

或者以相对误差 ε 来表示，有

$$\varepsilon = \frac{\left| \hat{P}_f - P_f \right|}{P_f} = 2\sqrt{\frac{1-P_f}{NP_f}} < \varepsilon_{\text{err}} \tag{2.41}$$

化简式(2.41)得

$$N > \frac{1-P_f}{P_f} \cdot \frac{4}{\varepsilon_{\text{err}}^2} \tag{2.42}$$

当 $P_f=10^{-3}$，$\varepsilon_{\text{err}}=0.2$ 时，$N>99900$。实际工程中，P_f 通常是一个很小的值，当 $\varepsilon_{\text{err}}=0.2$ 时，式(2.42)可简化为

$$N \geqslant \frac{100}{P_f} \tag{2.43}$$

式中，P_f 为预先估计的失效概率。从式(2.43)可以看出抽样数目 N 与 $\hat{P}_f$ 成反比。因此，要达到一定的精度，N 必须取足够大。

由于失效概率 P_f 一般是一个比较小的数，这就要求计算次数很多。例如，工程结构的失效概率一般在 0.1%以下，这样，需要计算的次数将达十万次以上，在结构较为复杂时，用计算机分析不是遇到困难，就是花费相当多的时间。这一缺点使蒙特卡罗模拟法在实际应用中受到了限制。

用蒙特卡罗模拟法计算结构失效概率的另一关键问题是如何进行随机抽样。为了快速、高精度地产生随机数，通常要分两步进行。首先在开区间(0, 1)上产生均匀分布随机数，然后在此基础上再变换成给定分布变量的随机数。产生均匀分布随机数的方法有随机数表法、物理方法、数学方法等，其中，数学方法以其速度快、计算简单和可重复性等优

点被人们广泛使用。目前，人们已提出了很多种数学方法，较典型的有取中法、加同余法、乘同余法、混合同余法、组合同余法等。当然，数学方法也有缺点，因此其产生的随机数还算不上是真正意义上的随机数，只能算是伪随机数。要判断所得的伪随机数能否当作真正的随机数来使用，一般还得进行统计检验，主要是检验其均匀性和独立性。关于这方面的内容可参考相关文献。

产生了(0，1)上的均匀分布随机数以后，还需要将其变换为给定分布形式的随机数。结构可靠度计算中一般常涉及正态分布、对数正态分布以及极值Ⅰ型分布随机变量。对于服从诸如此类分布形式的随机变量 X，在已知其数字特征和有关参数的条件下，可以采用反函数法，通过在(0，1)区间内均匀分布的随机数 r 来产生给定分布形式的随机数。下面首先介绍一下反函数法。

设给定的概率分布函数为 $F(x)$，令

$$X = F^{-1}(R) \tag{2.44}$$

式中，R 是(0，1)上均匀分布的随机变量，其概率分布函数为

$$F_R(r) = r \tag{2.45}$$

由式(2.44)得到的随机变量 X 所服从的概率分布函数为

$$F_X(x) = P \tag{2.46}$$

可见由式(2.44)得到的随机变量 X 服从给定的分布，这意味着如果 $r_i(i=1,2,\cdots,n)$ 是 R 的 n 个样本值，则相应得到的 n 个值

$$x_i = F^{-1}(r_i) \ (i=1,2,\cdots,n) \tag{2.47}$$

是具有分布 $F(x)$ 的 X 的 n 个样本值。这就是反函数法的计算原理。反函数法无论对连续型分布还是离散型分布都是适用的。

采用反函数法并利用 R 与变量 X 之间存在严格单调关系的特点，可以在给定区间内产生各种分布类型的随机数，具体方法如下：

(1) X 服从正态分布 $X \sim N(\mu,\sigma^2)$，X 的概率分布函数为

$$F(x) = \frac{1}{\sqrt{2\pi}\sigma}\int_{-\infty}^{x} \exp\left[-\frac{(t-\mu)^2}{2\sigma^2}\right]\mathrm{d}t = R \tag{2.48}$$

由反函数法可得

$$X = F^{-1}(R) = \mu + \sigma\Phi^{-1}(R) \tag{2.49}$$

①在区间 $(-\infty,+\infty)$ 上的随机数可由下列关系式产生：

$$X = \mu + \sigma\Phi^{-1}[\mathrm{rand}(0,1)] \tag{2.50}$$

②在子区间 (a,b) 上的随机数可由下列关系式产生：

$$X = \mu + \sigma\Phi^{-1}\left\{\Phi\left(\frac{a-\mu}{\sigma}\right) + \left[\Phi\left(\frac{b-\mu}{\sigma}\right) - \Phi\left(\frac{a-\mu}{\sigma}\right)\right]\mathrm{rand}(0,1)\right\} \tag{2.51}$$

(2) X 服从对数正态分布 $X \sim LN(\mu,\sigma^2)$，令 $Y = \ln X$，则 Y 服从正态分布，其概率分布函数为

$$F(y) = \frac{1}{\sqrt{2\pi}\xi}\int_{-\infty}^{y} \exp\left[-\frac{(t-\lambda)^2}{2\xi^2}\right]\mathrm{d}t = R \tag{2.52}$$

式中，$\lambda = E(Y) = \ln(\frac{\mu^2}{\sqrt{\mu^2+\sigma^2}})$，$\xi = \sigma(Y) = \sqrt{\ln(\frac{\mu^2+\sigma^2}{\mu^2})}$，由反函数法可得

$$X = \exp(Y) = \exp[F^{-1}(R)] = \exp[\lambda + \xi \Phi^{-1}(R)] \tag{2.53}$$

①在区间 $(0,+\infty)$ 上的随机数可由下列关系式产生：

$$X = \exp\{\lambda + \xi \Phi^{-1}[\text{rand}(0,1)]\} \tag{2.54}$$

②在子区间 (a,b) 上的随机数可由下列关系式产生：

$$X = \exp\{\lambda + \xi \Phi^{-1}\{\Phi[\frac{\ln(a-\lambda)}{\xi}] + \{[\Phi[\frac{\ln b - \ln a}{\xi}]\}\text{rand}(0,1)\}\} \tag{2.55}$$

(3) X 服从极值 I 型分布 $X \sim G(\mu, \sigma^2)$，X 的概率分布函数为

$$F(x) = \exp\{-\exp[-\alpha(x-k)]\} = R \tag{2.56}$$

式中，参数 α 和 k 由下式近似确定

$$\begin{cases} \alpha = 1.2825/\sigma \\ k = \mu - 0.5772/\sigma \end{cases} \tag{2.57}$$

由反函数法可得

$$X = k - \frac{1}{\alpha}\ln(-\ln R) = \mu - 0.4501\sigma - 0.7797\sigma\ln(-\ln R) \tag{2.58}$$

①在区间 $(0,+\infty)$ 上的随机数可由下列关系式产生：

$$X = \mu - 0.4501\sigma - 0.7797\sigma\ln\{-\ln[\text{rand}(0,1)]\} \tag{2.59}$$

②在子区间 (a,b) 上的随机数可由下列关系式产生：

$$X = \mu - 0.4501\sigma - 0.7797\sigma\ln\{-\ln(XX)\} \tag{2.60}$$

式中，$XX = 0.57035^{\exp(\frac{\mu-a}{0.7797\sigma})} + [0.57035^{\exp(\frac{\mu-b}{0.7797\sigma})} - 0.57035^{\exp(\frac{\mu-a}{0.7797\sigma})}]\text{rand}(0,1)$。

解决了大批抽样和随机抽样这两个基本问题，就可以用蒙特卡罗模拟法来求解结构的失效概率了。

蒙特卡罗模拟法求解结构可靠度的优点是回避了结构可靠度分析中的数学困难，并且不受随机变量分布形式和功能函数形式的影响，原理简单，在抽取的样本数足够多时其计算结果可以认为是精确的，并因此常被用于各种近似方法计算结果的校核。该法的缺点是计算量大，当缺乏功能函数的显式表达式而需借助数值模拟试验(如借助有限元计算等)时，计算量大的缺点尤为突出，这大大限制了其实际应用的范围和程度。

为了减少计算工作量，各种改进的蒙特卡罗模拟法在过去的几十年中有了较大发展。为了减少抽样次数，出现了一种改进的数值模拟技术，即拉丁超立方抽样(Latin hypercube sampling，LHS)方法，与直接抽样法相比，LHS 方法避免了重复抽样，能以较小的样本量反映总体的变异规律。所以抽样的次数可以大大减少。

LHS 方法由麦凯(McKay)和康诺弗(Conover)等在 1979 年提出，是对分层抽样法的改进。已知概率分布函数的值域为 0 到 1，若要求生成的样本点数量为 k，将随机变量 X 概率分布函数的值域均匀划分为 k 段后，由概率分布反函数可得到随机变量 X 定义域范围的 k 个等概率区间。在每个定义域范围的等概率区间中各取一点，作为随机变量 X 的 k 个取值样本，这就是 LHS 法生成样本点的基本思想。当有 n 个相互独立的随机变量组成随机

向量 $X=[X_1,X_2,\cdots,X_n]^T$ 时，采用 LHS 法生成向量样本需要经过以下两个步骤。

(1) 将每一个随机变量 $X_i(i=1,2,\cdots,n)$ 的分布函数领域在概率上等分为 k 个区间，即每一等分区间都具有相同的概率 $1/k$，在每个概率等分区间所对应的定义区间内随机抽取一个值 $X_i^j(j=1,2,\cdots,k)$ 作为样本代表值。由文献可知，如果抽样次数 k 大于随机变量个数 n，则可取每个概率等分区间中点对应的定义域值作为变量的一个样本代表值 $X_i^j(j=1,2,\cdots,k)$，即

$$F(X_i^j) = (j-1/2)/k \quad (j=1,2,\cdots,k) \tag{2.61}$$

(2) 对每一个随机变量的样本代表值 $X_i^j(j=1,2,\cdots,k)$ 在 1 到 k 之间随机编号后按编号顺序排列，形成一个 $k \times n$ 的设计矩阵。设计矩阵的每一行即为一个样本点 $X^j = [X_1^j, X_2^j, \cdots, X_n^j]^T$。

蒙特卡罗模拟法对随机结构进行静力分析的突出优点是可以回避结构功能函数分析中的数学困难，不受随机变量分布形式和结构功能函数形式复杂性的影响，原理简单并易于理解，计算也较方便。该方法的缺点是计算量大，虽然 LHS 法比直接抽样法需要更少的样本数，但还是不能从根本上解决计算量大的这个问题。当缺乏结构功能函数的显式表达式而需借助数值模拟试验(如借助有限元计算)时，计算量大的缺点更为突出。随着电子计算技术的发展，这一缺点逐渐得到克服，但该法仍未达到实用阶段。

2.3 使用寿命常用预测方法

所谓使用寿命，是一个与时间有关的过程。Rostam(2003)认为，混凝土劣化过程几乎都会经过两个阶段：初始阶段和扩展阶段。在初始阶段，材料退化或结构功能衰退现象不显著，表现为某些保护层被侵蚀介质破坏；而在扩展阶段，将出现主动性的损伤并加速发展，如钢筋锈蚀。

Beeby(1983)提出了混凝土使用寿命的 3 种定义：Rostam 提出的两阶段劣化过程所经历的时间为技术性使用寿命，结构功能失效时所经历的时间为混凝土的功能性使用寿命，拆除重建比维持原结构更有利时所经历的时间为经济性使用寿命。可以认为，技术性使用寿命和功能性使用寿命均包含在经济性使用寿命中。但无论如何定义，使用寿命都必须包含设计几个方面：建筑物所处环境、破坏的判断准则、从概率的角度描述等。使用寿命是与时间有关的过程，受构筑物自身材料性能、所受荷载、所处的具体环境多方面共同影响。使用寿命是未发生的过程，故各研究方法均是对其时长的预测。

关于构筑物使用寿命的预测研究主要集中在岩土、工民建、水利行业的钢筋混凝土上，总结已有混凝土使用寿命预测方法的研究成果，可归纳为 5 种预测方法，即经验预测法、基于材料或构件性能比较的预测法、快速试验法、可靠度方法与随机过程方法。

2.3.1 经验预测法

该法是基于现场试验或具有深厚工程经验的专家对构筑物使用寿命进行半定量预测，认为严格按照规范、标准进行设计与施工，构筑物的使用寿命便可达到设计的使用年限。该方法根据经验和定性估计，其中人为因素的影响太大，局限性明显，故不能成为使用寿命预测的可靠方法。陈艾荣(2012)在研究中给出了达到设计使用年限的使用寿命简化计算公式，对影响参数进行了区分及取值讨论，并基于专家调查的构件设计使用寿命给出了建议值，通过确定某跨海工程的桥梁结构构件设计使用寿命，系统地演示确定流程。

2.3.2 基于材料或构件性能比较的预测法

该法假定某一种材料(或构件)具有一定时长的耐久性，且在相同环境条件下材料(或构件)具有相同的使用寿命。然而不同性能的材料、构件的不同尺寸及施工工艺等因素使得使用寿命的长短不同。陈艾荣(2012)还根据不同构件在设计过程中需考虑的维修、养护等设计目标及准则，将一般桥梁构件按耐久性特征归纳为四种类型，依据构件的类型制定相应的寿命方案，通过计算各方案的寿命周期成本，选择经济上最合理的方案。

2.3.3 快速试验法

该法假设快速试验与长期试验下构筑物具有相同的损毁机理，通过快速试验加快构筑物的损坏进程，确定快速系数，帮助预测构筑物使用寿命。快速系数 k 可以表达为：$k = v_{at} / v_{lt}$，式中，v_{at} 为构筑物在快速试验条件下的损毁速率；v_{lt} 为构筑物在长期试验条件下的损毁速率。然而，v_{at} 与 v_{lt} 之间通常为非线性关系，需要用数学模型模拟。该方法在应用时常常由于缺乏长期的工程应用数据，难以确定 k 值。王浩伟等(2018)以电连接器的接触电阻作为性能参量，通过控制温度、湿度两大影响因素进行加速退化试验，获取接触电阻的退化数据。利用伽马(Gamma)过程对电连接器退化规律进行数值模拟，并用模型描述了电连接器退化率与温度、湿度之间的关系，在以上基础上建立了某型导弹电连接器寿命预测模型。

RILEM TC71-PSL[马斯特(Master)于1981年提出]建材与结构构件使用寿命预测条例中系统地指出了由快速试验和退化试验的对比分析来预测构件使用寿命的方法。Ahmad 和 Bhattacharjee(2017)基于损伤累积理论，在现场钻取钢筋已锈蚀构件的芯样，通过劈裂试验和快速锈蚀试验对结构构件的使用寿命进行了预测。Tseng 等(2009)探索了基于伽马过程的加速退化建模方法及最优加速退化试验设计，并通过该方法分析研究了碳膜电阻的退化过程。

2.3.4 可靠度方法与随机过程方法

实际工程中建材和结构构件的使用环境及荷载出现均有较大的不确定性,可靠度方法和随机过程方法在不确定问题上具有较好的适用性,因而已有不少学者利用可靠度方法和随机过程方法对使用寿命的预测进行了探索。刘志勇等(2006)在研究中选取韦布尔(Weibull)分布作为预制混凝土使用寿命的分布函数,将由蒙特卡罗模拟法计算得到的混凝土使用寿命T_l按Weibull分布进行拟合,得到2个参数的Weibull分布,并计算出其概率密度函数、累积分布函数、可靠度函数、失效率函数,进一步由Weibull分布计算出中位寿命、特征寿命与可靠寿命,最终实现使用寿命预测。

史波和赵国藩(2007)研究了钢筋混凝土结构在一般大气环境下的锈蚀问题,提出了基于结构性能的包括4个阶段的使用寿命预测模型,由各阶段的时变可靠度模型确定各阶段历时。万臻等(2006)按基于临界可靠度的方法对既有桥梁结构构件使用寿命的预测进行研究,在介绍基于动态可靠度、半经验半理论预测方法的基础上,对需通过除险加固来延长使用寿命的桥梁,基于体系可靠度和最优维修方案组合提出了使用寿命预测方法。

在钢筋混凝土构筑物中的钢筋锈蚀是一个渐进的时变过程,钢筋锈蚀对构筑物抗力的影响也是一个时变过程,故构筑物的可靠度是时变动态值。国内外学者考虑服役过程中耐久性损伤对构筑物抗力的影响,对构筑物抗力的动态可靠度进行了探索。Chan(1961)考虑钢筋锈蚀引起的构筑物抗力退化,将抗力看作高斯(Gaussian)随机变量,将荷载看作Gaussian随机过程,给出了结构体系的可靠度时变模型。Enright(1998)研究了锈后钢筋混凝土的时变可靠度。

使用寿命是评价航道整治工程结构在一定基准期内是否稳定,效果是否正常发挥的关键性参数,其确定方法的建立必须首先对建筑物的失稳破坏机理有清楚的认识,在此基础上建立相应的极限状态计算模式。

2.4 航道整治建筑物可靠度分析基本原理

2.4.1 失效概率

广义地讲,对任何一个结构的可靠性分析包括了研究其"抗力"和"荷载"之间的关系。分别以X和Y来代表这两个因素,那么当$X>Y$时,结构处于安全状态;当$X<Y$时,结构处于失效状态;当$X=Y$时,结构处于极限状态,处于极限状态的自变量组合构成了该问题的状态边界面。

$$M = X - Y = 0 \tag{2.62}$$

以抛石丁坝为例,作用在其上的抗力和荷载分别可用X和Y表示。由于丁坝自身结构的抗力和所承受荷载的不确定性,将X和Y假设为随机变量,则两者的概率密度函数分布形式如图2-2所示。如果抗力X小于荷载Y,丁坝就会受外力的作用而发生损毁,导致结构失效。坝体失效的概率 P_F 可用 X 和 Y 的概率密度函数 $f_X(X)$ 和 $f_Y(Y)$ 相重叠的部分表示。从图 2-2 可以看出，失效概率 P_F 通常由以下两个方面决定。

(1) X 和 Y 的概率密度分布函数的相对位置。$f_X(X)$ 和 $f_Y(Y)$ 位置越远，重叠越少，失效概率 P_F 越小，反之失效概率 P_F 越大。两者相对位置通常用 X 和 Y 的均值的比值 μ_X/μ_Y（也称为安全系数）或者安全裕度（$\mu_X - \mu_Y$）来衡量。

(2) X 和 Y 的概率密度分布函数的分散度。$f_X(X)$ 和 $f_Y(Y)$ 分布越分散，重叠越多，失效概率越大（图 2-2 中虚线代表的曲线）。$f_X(X)$ 和 $f_Y(Y)$ 的分散度，通常用 X 和 Y 的标准差 σ_X 和 σ_Y 来描述。

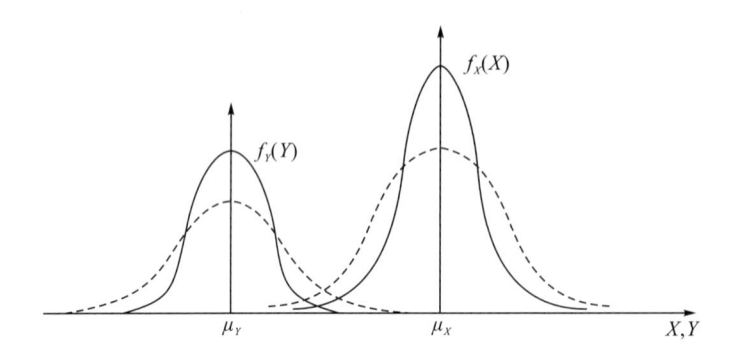

图 2-2　抗力 X 和荷载 Y 的概率密度函数

2.4.2　可靠度指标的定义及其几何解释

假设 X，Y 服从 $N(\mu_X, \sigma_X)$，$N(\mu_Y, \sigma_Y)$ 的正态分布，且统计上相互独立。则极限状态方程 $M = X - Y$ 的概率密度分布函数同样服从 $N(\mu_M, \sigma_M)$ 的正态分布，其中：

$$\begin{aligned} \mu_M &= \mu_X - \mu_Y \\ \sigma_M^2 &= \sigma_X^2 + \sigma_Y^2 \end{aligned} \quad (2.63)$$

对于一个服从正态分布的状态方程，研究的目标是确定 $M<0$ 的概率，即图 2-2 所示的重叠区的面积。显然有

$$P_F = P(M = X - Y < 0) = \int_{-\infty}^{0} N(M) \mathrm{d}M \quad (2.64)$$

可以得出，这一积分可以唯一地表示为 $\dfrac{\mu_M}{\sigma_M}$ 的函数，即

$$P_F = P(M = X - Y < 0) = 1 - \Phi\left(\frac{\mu_M}{\sigma_M}\right) \quad (2.65)$$

可靠度理论称该数值为可靠度指标，用 β 表示，即

$$\beta = \frac{\mu_M}{\sigma_M} \quad (2.66)$$

有了可靠度指标后，即可通过表 2-2 确定结构的失效概率。

表 2-2　可靠度指标与失效概率的关系

失效概率	0.5	0.25	0.1	0.05	0.01	0.001	0.0001	0.00001
可靠度指标	0	0.67	1.28	1.65	2.23	3.1	3.72	4.25

为进一步阐述可靠度指标的几何意义，引入标准化变量：

$$X' = \frac{X - \mu_X}{\sigma_X} \tag{2.67}$$

$$Y' = \frac{Y - \mu_Y}{\sigma_Y} \tag{2.68}$$

将式(2.67)和式(2.68)代入极限状态方程(2.62)，即得

$$M = \sigma_X X' - \sigma_Y Y' + \mu_X - \mu_Y \tag{2.69}$$

在图 2-3 所示的标准化变量空间中，安全状态和失效状态被状态边界面 $M=0$ 分开，从图中所示的几何关系可知：

$$a = \frac{\mu_X - \mu_Y}{\sigma_X} \tag{2.70}$$

$$b = \frac{\mu_X - \mu_Y}{\sigma_Y} \tag{2.71}$$

$$c = \frac{\mu_X - \mu_Y}{\sigma_X \sigma_Y} \sqrt{\sigma_X^2 + \sigma_Y^2} \tag{2.72}$$

因此，整治建筑物的安全程度或可靠度可以用极限状态线的最短距离 d 来衡量。根据几何知识：

$$d = \left| \frac{ab}{c} \right| = \frac{\mu_X - \mu_Y}{\sqrt{\sigma_X^2 + \sigma_Y^2}} = \frac{\mu_M}{\sigma_M} = \beta \tag{2.73}$$

通过式(2.73)以及可靠度指标的定义可以看出，可以用标准化变量空间中原点到极限状态线的最短距离来衡量。

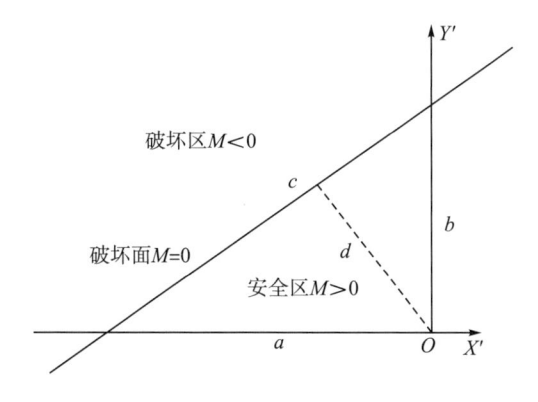

图 2-3　标准化变量空间上的极限状态面

2.4.3　航道整治建筑物稳定可靠度分析

1. 抛石丁坝稳定性分析

由于水流或坝体本身的原因，护面块体受水流作用局部流速加大，比降增加，容易造成局部失稳并产生连锁反应，坝体产生大规模水毁。因此研究丁坝坝面块石的起动与止动是十分必要的。

天然河道中的坝体块石除了受有效重力 W'、拖拽力 F_D、动水冲击力、上举力 F_L 的作用，还受渗透力 F_S 的作用，在这些力的共同作用下，块石表现为失稳起动、运移、沉积。

1) 拖拽力和上举力

拖拽力和上举力为液相水流对固相颗粒的作用力。水流和块石表面接触时将产生摩擦力 P_1，当坝体表面上的水流雷诺数稍大时，颗粒顶部流线将发生分离，从而在块体前后产生压力差，形成形状阻力 P_2，P_1 和 P_2 的合力为拖拽力 F_D。

在水流流动时，床面颗粒顶部与底部的流速不同，前者为水流的运动速度，后者则为颗粒间渗水的流动速度，比水流的速度要小得多。根据伯努利方程，顶部的流速大，压力小，底部流速小，压力大。这样所造成的压力差产生了一个方向向上的上举力 F_L。

拖拽力和上举力的一般表达形式为

$$F_D = C_D a_1 d^2 \rho u_0^2 \mu_0 / 2 \tag{2.74}$$

$$F_L = C_L a_2 d^2 \rho u_0^2 / 2 \tag{2.75}$$

式中，ρ 为水的密度，1000kg/m³；μ_0 为水流底部速度，m/s；d 为块体粒径，mm；C_D 为阻力系数；C_L 为上举力系数；a_1，a_2 为面积系数，对于球体，a_1，a_2 均等于 $\pi/4$。

通过综合分析在某些特定区域内水流作用力垂向变化情况的研究成果，当块体抛掷入水后，其拖拽力系数 C_D 和上举力系数 C_L 随相对位置的变化关系，大致可表述为：从接触水面开始至 $0.66H$ 处，C_D、C_L（绝对值）都不断增大；但是在块体进一步下沉至 $0.5H$ 过程中，C_D、C_L（绝对值）又开始不断减小；然后块体继续下沉，但作用力系数垂向变化不大，与相对位置的关系在图中近似表现为直线；当块体下沉到床面附近时，随块体靠近床面，床面影响逐渐显著，垂线流速梯度变大，上举力系数则迅速增大，而拖拽力系数迅速减小。因此，在受力分析以计算石块抛掷位移时，应考虑水流流动作用力垂向不断变化的特点。

2) 动水冲击力

动水冲击力与水流拖拽力不同，水流拖拽力是水流对块体的摩擦和使其背后产生负压而产生的力，动水冲击力是运动中水流正向撞击泥沙颗粒而形成的动量交换，且二者矢量方向有区别，水流拖拽力方向与水流相同，动水冲击力的方向与石块的几何形状关系密切，与水流撞击石块表面的法线方向平行，见图 2-4。这主要是针对较大石块而言的，因为大的石块暴露出来的部位较大，水流速度值由近底向上成对数增长，这样暴露的部位越大受水流的冲击力也就越大，见图2-5。坝体护石一般颗粒比较大，石块相互间隙较大，水流在流过石块与石块间都会产生漩涡，紊动的水流产生脉动压力，当脉动压力的峰值与动水冲击压力成同方向时就加大了水流对石块暴露部位的冲击力度。各石块的暴露度不同对水流的阻力不同，暴露较大的石块对水流的阻力越大，受水流的冲击力也就越大。

动水冲击力的表达式与水流拖曳力和上举力的形式相同：

$$F_{D'} = a_3 C_{D'} d^2 \rho u_0^2 / 2 \tag{2.76}$$

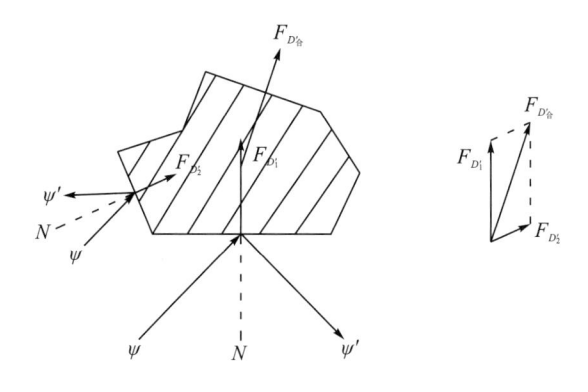

图 2-4 块石所受水流冲击力矢量图

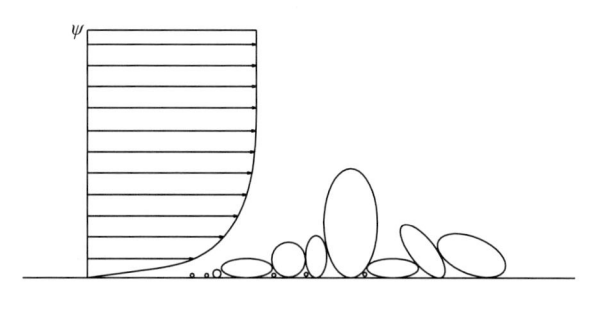

图 2-5 块石暴露位置与水流流速大小对应图

图 2-4 与图 2-5 中，ψ 为水流冲击石块流速；ψ' 为反射水流流速；N 为法线；$F_{D'_i}$ 为石块 i 面上所受的水流冲击力。$F_{D'_合}$ 为石块所受水流冲击力的合力。

3) 块体的水下重力

$$W = (\rho_s - \rho)V \tag{2.77}$$

式中，ρ_s 为块体密度；ρ 为水的密度；V 为块体的体积。

2. 坡面块石受力分析

丁坝坝体几何形态一般都是以梯形截面为主。当洪水漫过丁坝坝顶时，丁坝背水坡面护石就成了丁坝坝体结构的一个软肋。护面块石往往在过坝水流与坝后水面相交处被掀起发生水毁，该处水流流态比较紊乱，脉动压力比较大。

丁坝坝体坡面一般比降较陡,所以要考虑块石自重沿水流方向的分力。假设有一倾角为 α 的斜坡面,水流沿着斜面水平的方向流动,石块在坡面上的受力如图2-6所示。

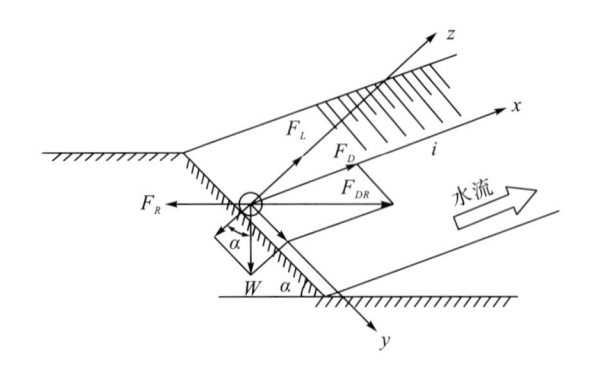

图2-6 坡面上块石受力示意图

作用在块石上的阻力 F_R:

$$F_R = (W\cos\alpha - F_L)\text{tg}\phi \tag{2.78}$$

推移力 F_{DR}:

$$F_{DR} = (W^2\sin^2\alpha + F_D^2)^{1/2} \tag{2.79}$$

式中,W 为块石在水中的重量;α 为护坡边坡角度;F_L 为上举力;ϕ 为堆石的休止角;F_D 为水流作用在块石上的拖拽力。

如果考虑水流与斜坡水平轴所成的角度 θ,则拖拽力 F_D 与重力在斜面上的分力 $W'\sin\alpha$ 的合力为

$$F = \sqrt{(F_D\sin\theta + W'\sin\alpha)^2 + F_D^2\cos^2\alpha} \tag{2.80}$$

斜坡上块石的起动条件为

$$F = (W'\cos\alpha - F_L)\tan\phi \tag{2.81}$$

3. 抛石丁坝可靠度计算模型

丁坝的水毁主要是坝头、坝顶(包括背水坡)及坝根的破坏,为了对丁坝进行可靠度分析,首先必须建立坝体稳定可靠性分析功能函数,在定值法分析计算的基础上,选定某些参数为基本变量,令按定值法计算得到的安全系数 $K=1$,则可得到相应于各种分析方法的功能函数及极限状态方程。可靠性分析是建立在极限平衡分析的基础上进行的,应用何种分析方法将十分关键。由于丁坝大多采用抛石结构,所以本书对丁坝坝坡的稳定性分析拟参考无黏性土坡稳定分析方法,并结合有渗流作用时的无黏性土坡稳定计算公式,此种方法计算不是很复杂,且精度较高。

库区蓄水或洪水期水位上涨,都会使抛石丁坝受到一定的渗流力作用,对坝体稳定性带来不利影响。此时在坝坡背水面上渗流溢出处以下取一单元体,它除了受本身重力外,还受到渗流力 J 的作用。因渗流方向与坡面平行,渗流力的方向也与坡面平行,此时块石下滑的剪切力 T 为

$$T + J = W' \sin\alpha + J \tag{2.82}$$

考虑到上一节坝面块体稳定性分析中提到的上举力与水流推力，将其与块石剪切力联系起来可得到块石沿斜坡下滑所受到的合力为

$$F_{合} = T + J + F_D + F_L = (W' - F_L)\sin\alpha + J + F_D \cos\alpha \tag{2.83}$$

其中，$F_L = C_L \dfrac{\pi}{4} d^2 \rho \dfrac{u_0^2}{2}$；$F_D = C_D \dfrac{\pi}{4} d^2 \rho \dfrac{u_0^2}{2}$。

而单元体所能发挥的最大抗剪力为 $T_f = W' \cos\alpha \operatorname{tg}\varphi$，则安全系数为

$$F_s = \frac{T_f}{F_{合}} = \frac{W' \cos\alpha \operatorname{tg}\varphi}{(W' - C_L \dfrac{\pi}{4} d^2 \rho \dfrac{u_0^2}{2})\sin\alpha + J + C_D \dfrac{\pi}{4} d^2 \rho \dfrac{u_0^2}{2}\cos\alpha} \tag{2.84}$$

其中，α 为背水坡坡角；φ 为块石内摩擦角；J 为渗流力；W' 为单元体水下有效重力。

对于抛石块体来说，当直接用渗流力来考虑渗流影响时，单位体积的块体自重就是浮重度 γ'，而单位体积的渗流力 $j = i\gamma_w$，式中 γ_w 为水的重度，i 则是考虑点的水力梯度。因为是顺坡出流，$i = \sin\alpha$，于是式(2.84)可写成为

$$F_s = \frac{T_f}{F_{合}} = \frac{\gamma' \cos\alpha \operatorname{tg}\varphi}{(\gamma' - C_L \dfrac{\pi}{4} d^2 \gamma_w \dfrac{u_0^2}{2})\sin\alpha + \gamma_w \sin\alpha + C_D \dfrac{\pi}{4} d^2 \gamma_w \dfrac{u_0^2}{2}\cos\alpha} \tag{2.85}$$

化简后得

$$F_s = \frac{\gamma' \operatorname{tg}\varphi}{\gamma \tan\alpha + (C_D - \tan\alpha C_L)\dfrac{\pi}{4} d^2 \gamma_w \dfrac{u_0^2}{2}} \tag{2.86}$$

由式(2.86)所示的有渗流作用时的丁坝坝体稳定性计算公式，假定边坡属于极限平衡状态，令 $F_s = 1$，于是得到极限状态方程：

$$g(X) = \sum \gamma' \operatorname{tg}\varphi - \sum \left[\gamma \tan\alpha + (C_D - \tan\alpha C_L)\dfrac{\pi}{4} d^2 \gamma_w \dfrac{u_0^2}{2}\right] \tag{2.87}$$

其中，γ 为块石的重度，可靠度理论应用于丁坝稳定性问题时应首先确定基本随机变量，这些基本变量可以是几何尺寸、材料性能指标和作用荷载等。式(2.87)中，α、γ 和 γ_w 等可视为常数，因此我们只要知道参数 C_D、C_L、φ 的分布模型，就可以通过式(2.87)对抛石坝坝体可靠度进行计算。而影响坝体稳定性的不确定因素众多，其中主要表现在物理力学性质参数的变异性上。目前，工程上一般通过大型三轴仪及大型直剪仪来研究堆石体材料的力学性能指标，但对于在水下工作的抛石丁坝来说，不仅受到水流剪切力和涡流的作用，其坝基处泥沙运动对坝体的稳定性也有重大影响，因而通过目前的试验仪器还无法确定抛石丁坝的水下力学参数，再者抛石丁坝坝体稳定性极限状态方程本身就具有不确定性，因而通过建立坝体稳定性方程来计算抛石丁坝的可靠性尚有一定的困难。

4. 设计可靠度指标的选择

设计可靠度是设计规范规定的或设计取用的作为设计依据的可靠度,它表示设计所预期达到的工程可靠度。可靠度是相对的,丁坝工程可接受的风险水平是由破坏概率和破坏后果决定的,它反映决策者的风险态度,既要结合主观判断,又要考虑工程性质和重要程度,实际破坏的经验数据及所承担风险与可能得到的经济收益之间的权衡。故丁坝工程的可靠度并不是越高越好,因为可靠度越高所需要的费用就越多。如何在安全和费用上做出合理的权衡,是可靠度设计中最重要的问题。然而在不同的工程条件下确定设计可靠度或可以接受的风险值并非易事,因为至今尚没有一个统一的标准,丁坝可靠度设计还处于刚刚起步的阶段,缺乏实际经验。这里结合国外和国内一些规范的规定谈谈设计可靠度的选择。

自20世纪80年代以来,世界许多国家相继颁布了结构可靠度规范,北欧五国颁布了《承载结构荷载及安全规定》NKB Report No.55E(如表2-3所示),英国的建筑工业研究和情报协会(Construction Industry Research and Information Association,CIRIA)颁布了《结构规范中安全及正常使用状态系数合理化》(Report63)(如表2-4所示)。美国、日本、加拿大等国也分别颁布了可靠度规范。

表2-3 北欧五国结构承载能力目标可靠度指标

安全等级	低	一般	高
目标可靠度指标	3.71	4.26	4.75

表2-4 CIRIA 结构承载能力目标可靠度指标

安全等级	一般的	重要的	很重要的
目标可靠度指标	3.09	3.71	>4.26

我国的《水利水电工程结构可靠度设计统一标准》(GB 50199—2013)按照建筑物重要性等级和破坏类型确定水利水电工程的目标可靠度指标。该标准规定,持久状态结构的可靠度指标如表2-5所示,表中一类破坏指非突发性破坏,破坏前能看到明显征兆,破坏过程缓慢;二类破坏指突发性破坏,破坏前无明显征兆,结构一旦发生事故难以补救或修复。

表2-5 水工规范规定的持久结构承载能力允许可靠度设计指标

结构安全级别		I 级	II 级	III 级
破坏类型	一类破坏	3.7	3.2	2.7
	二类破坏	4.2	3.7	3.2

比较表 2-3～表 2-5,北欧五国结构承载力目标可靠度指标最高,偏保守。CIRIA 的结构承载能力目标可靠度指标跟我国水工规范规定的二类破坏允许可靠度设计指标基本

一致，对破坏类型没有加以区分，比较笼统。相比较而言，我国水工可靠度设计指标内容详尽，指标适中，所以在设计丁坝可靠度指标时以我国规范规定为准。

根据表 2-5，河道中的丁坝工程安全级别属于Ⅲ级航道整治建筑物，坝坡失稳破坏属于一类破坏，由于有关部门还没有对这方面进行相关规范，不妨将其可靠度指标定在 2.7～3.0 范围内。

5. 护滩软体排抗滑稳定性分析

在护滩带破坏形式中，由于边缘形成陡坡使周围边缘排体发生滑落，从而导致局部变形较大，使系结条松开，砼块移动或滑落以至于排体撕裂破坏，这种破坏形式在护滩建筑物中经常见到，因此我们可以通过研究排体的抗滑稳定性来推导出 X 型排的功能函数，进一步得出极限状态方程，进行可靠度计算。

由图 2-7 排体受力分析可知，排体与坡面之间的抗滑稳定安全系数 k 为

$$k = \frac{G_1 \cos \alpha f}{G_1 \sin \alpha} = f / \tan \alpha \tag{2.88}$$

式中，G_1 为排体有效重力；f 为混凝土铰链排与坡面的摩擦系数；α 为岸坡坡角。从式 (2.88) 可看出，排体在岸坡上的抗滑稳定安全系数主要与坡角大小及摩擦系数有关。实际工程中，采取水平阻滑盖重或有系排梁的情况下，将会增加稳定性。

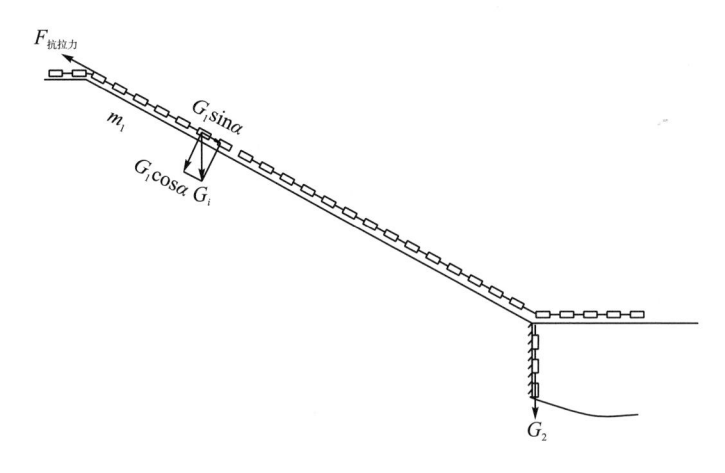

图 2-7 X 型排冲刷前后及受力分析示意图

注：G_2 为滑落排体的有效重力。

有水平阻滑盖重或有系排梁与冲刷下悬的情况下排体与坡面之间的抗滑稳定安全系数为

$$k = \frac{F_{抗拉力} + G_1 \cos \alpha f}{G_1 \sin \alpha + G_2} \tag{2.89}$$

若 $G_2=0$，则有

$$k = \frac{F_{抗拉力}}{G_1 \sin \alpha} + c \tan \alpha f \tag{2.90}$$

由式(2.90)可知，对于有水平阻滑盖重或有系排梁与冲刷下悬的情况，其抗滑稳定安全系数还与 $F_{抗拉力}$、G_2 有关，$F_{抗拉力}$ 越大越安全，G_2 越大越不安全，因此，对于河床冲淤幅度较大的情况，需考虑坡脚的冲刷变形或控制排体前沿的冲刷下悬，以增强排体的稳定性。

6. 护滩软体排时变可靠性分析

将软体排抗滑稳定性公式(2.89)通过进一步转化，可以得到排体的功能函数为

$$Z(t) = g(R_0, S_{QT}, S_G) = F_{抗拉力} + G_1 \cos\alpha f - G_1 \sin\alpha - G_2 - S_{QT} \tag{2.91}$$

软体排在发生破坏时往往是由于排体扭曲变形，使系结条的拉应力大于其抗拉强度。这里需要强调的是在混凝土软体排结构中，混凝土块体中往往加了钢筋，这使得混凝土块体的抗拉强度大大提高，而且块体与块体间的连接是靠系结条铰接，因此我们认为在一定的水流泥沙条件下，系结条的抗拉失效是导致软体排发生变形破坏的主要原因。所以，这里我们将 $F_{抗拉力}$ 看作是未滑落排体与滑落排体间的拉应力，则 $F_{抗拉力} = A_s f_{y0} \varphi_y(t)$，其中 A_s 为系结条截面积；f_{y0} 为系结条及排布初始屈服强度，为40kN/m；$\varphi_y(t)$ 为其衰减系数。现在通过前面的理论来建立排体的可靠度公式。

X 型砼软体排的抗力表达式为

$$R(t) = F_{抗拉力} + G_1 \cos\alpha f = A_s f_{y0} \varphi_y(t) + G_1 \cos\alpha f \tag{2.92}$$

将结构使用期 $t_1 = Na$ 分为 m 个时段，每个时段的长度为 $\tau = Na/m = \dfrac{N}{m}a$。这时砼软体排的抗力离散化为

$$R(t_i) = A_s f_{y0} \varphi_y(t_i) + G_1 \cos\alpha f \tag{2.93}$$

其中，$t_i = (i-0.5)\tau, i = 1,2,\cdots,m$。

由于目前还没有找出系结条随时间变化的衰减函数 $\varphi_y(t)$，如果参考钢筋的衰减系数形式 $\varphi_y(t) = 1.0 - a \times 10^{-6} t^3$，可分别求出每一时段内系结条的衰减系数 $\varphi_y(t_1), \varphi_y(t_2), \cdots, \varphi_y(t_m)$，进而求出每一时段内系结条的屈服强度，通过可靠度计算得出在使用期内每一段的失效概率。

S_{QT} 为软体排在使用期内可能出现的最大可变荷载，但由于天然河道中水流、环境因素的复杂性让作用在软体排上的可变荷载难以确定，目前还不能确定 S_{QT} 的具体表达形式及分布特征，但通过对排体间的受力情况进行分析，可以找出作用于排体可变荷载的分布区间。

这里需要说明的是：随着水流对滩体的冲刷，岸坡坡角也是随时间变化的，因此，如果考虑坡角 α 随时间的变化，则软体排功能函数可表示为

$$Z(t) = g(R_0, S_{QT}, S_G) = A_s f_{y0} \varphi_y(t) + G_1 \cos\alpha(t) f - G_1 \sin\alpha(t) - G_2 - S_{QT} \tag{2.94}$$

混凝土铰链排与坡面的摩擦系数要考虑土体的性质以及排体布置方式及面积等；而永久荷载效应是以砼块体有效重量为主，因为砼压载体是批量生产的，可以认为其服从正态分布。

在求出排体可靠度指标后,判断排体是否可靠,需要与设计可靠度指标进行比对,但目前在航道工程中尚没有做这一方面的规定,可以参考水工结构规范对每一级别的建筑物所制定的设计可靠度指标,并结合整治建筑物在实际工程中的重要程度来建立整治建筑物目标可靠度指标的有关规范。

上面讨论的是结构在$[0, t_1]$时间段内可靠度指标的计算方法。如果砼软体排已经使用了t_1年,且在t_1年内正常工作,需要评价在其后$[t_1, t_2]$时间段内的可靠度,即结构继续使用期为$T_c = t_2 - t_1$时的可靠度指标。下面做进一步分析。

由于砼软体排在时段$[0, t_1]$是正常工作的,即$[0, t_1]$时段内的功能函数$Z(0, t_1) > 0$,所以软体排在$[t_1, t_2]$时段内的可靠度是以$Z(0, t_1) > 0$为条件的条件概率,即

$$P_s(t_1, t_2) = P[Z(t_1, t_2) > 0 / Z(0, t_1) > 0] = \frac{P[Z(t_1, t_2) > 0, Z(0, t_1) > 0]}{P[Z(0, t_1) > 0]}$$

$$= \frac{P[Z(0, t_1) > 0] - P[Z(0, t_2) > 0]}{P[Z(0, t_1) > 0]} = 1 - \frac{P[Z(0, t_2) > 0]}{P[Z(0, t_1) > 0]} \quad (2.95)$$

$$= 1 - \frac{\Phi[\beta(0, t_2)]}{\Phi[\beta(0, t_1)]}$$

所以软体排在$[t_1, t_2]$时间段内的可靠度指标:

$$\beta(t_1, t_2) = \Phi^{-1}[p_s(t_1, t_2)] \quad (2.96)$$

如果实际需要 X 型排在$[t_1, t_2]$时间段内的可靠度指标为$\beta_{T_c}(t_1, t_2)$,$\beta(t_1, t_2) \geqslant \beta_{T_c}(t_1, t_2)$,则软体排可靠度满足要求;如果$\beta(t_1, t_2) < \beta_{T_c}(t_1, t_2)$,则不满足要求。如果实际要求软体排继续使用的可靠度指标为β_{T_c},根据式(2.96),可计算$\beta(t_1, t_2) = \beta_{T_c}$时的$t_2$,这样可确定软体排的继续使用期为$T_c = t_2 - t_1$。

第3章　丁坝可靠度及使用寿命分析

丁坝作为一种散抛结构体，坝面各点位的脉动压强(荷载)随时间的变化可以得到，但抗力无法获得，由于对影响"抗力"的因素研究得还不够充分，并且其失效模式有多种，不仅仅只有抗力-荷载这一种模式，目前还不能完全按照结构可靠度理论的方式对其建立传统的功能函数 $Z=R-S$ 进行代数求解。因此，通过构建概率模型的方法来研究其可靠情况就成了一种理论可行的方法。

3.1　非恒定流条件下丁坝可靠性模型试验

目前无论是基于恒定流还是非恒定流，针对丁坝的研究成果都十分丰富，大部分研究都是基于物理模型和理论分析相结合的研究方法。近些年随着计算机技术的发展，不论是恒定流还是非恒定流作用下，均产生了通过计算机技术进行丁坝附近水沙运动及水毁机理、坝体结构周围三维水流结构的研究等成果。

但是，针对丁坝可靠度及使用寿命的预测研究却只是基于恒定流条件下，而在非恒定流作用下这一最接近天然情况的研究却是空白。因此，本书在实验室前期对非恒定流作用下丁坝水力特性及水毁机理的研究基础上，基于前期试验数据，对非恒定流作用下丁坝的可靠度及使用寿命预测开展进一步的研究，本小节将对试验设计和试验内容进行简单的介绍。

3.1.1　水槽概化模型设计

模型试验进行正态概化设计，模型试验地点是在重庆交通大学国家内河航道整治工程技术研究中心航道整治试验大厅的矩形玻璃水槽中，该矩形玻璃水槽长30m，宽2m，高1m，如图3-1。

图 3-1　模型试验水槽图片

1. 模型设计主要依据

非恒定流是最接近天然河流的一种情形,因此,为了更好地将研究成果推广到天然河流的实际航道应用中去,必须考虑水槽和实际河道的比尺、模型丁坝和实际丁坝的比尺、模型水流和天然河流的水文要素的比尺。本次试验主要是以长江上游航道为研究对象,故所有的试验要素如坝型设计、河流流速等均参照长江上游的实际状况进行设计。经查阅资料显示,长江上游已建丁坝绝大部分为抛石结构。

1) 上游丁坝结构形式调查

抛石丁坝主体结构分为坝头、坝体、坝根以及护底四大部分,研究人员关心的丁坝坝体方面的要素是坝长、坝高、坝顶宽度、迎水坡坡度、背水坡坡度、向河坡坡度等要素。通过查阅资料与实际调查发现,长江上游原型丁坝横断面为梯形断面,一般设计最低水位至坝顶距离为 2m,距离江床地面平均约为 2m。河道中的原型丁坝坝顶长度与平均河宽比值为 0.25~0.40,坝高平均约为 4m,坝顶宽度为 3m,迎水坡坡度为 1∶1.5,背水坡坡度为 1∶2,向河坡坡度为 1∶2.5。以长江上游叙渝段为例,列举该段丁坝坝型特征值如表 3-1。

表 3-1 长江上游叙渝段丁坝特征值汇总表

坝号	坝长/m	坝头高程/m	坝顶宽度/m	纵坡坡度	迎水坡坡度	背水坡坡度	最大坝高/m
金钟碛 1#	290	225.6	3	1∶500	1∶1.5	1∶2	5
金钟碛 2#	390	225.6	3	1∶500	1∶1.5	1∶2	6
神背嘴 1#	52	215.5	3	1∶250	1∶1.5	1∶2	2.25
神背嘴 2#	43	215.5	3	1∶250	1∶1.5	1∶2	2.25
神背嘴 3#	50	215.5	3	1∶250	1∶1.5	1∶2	2.25
神背嘴 4#	146	215.5	3	1∶250	1∶1.5	1∶2	2.25
关刀碛 1#	160	186.1	3	1∶250	1∶1.5	1∶2	5
关刀碛 2#	165	186.1	3	1∶250	1∶1.5	1∶2	5.5
关刀碛 3#	205	186.1	3	1∶250	1∶1.5	1∶2	5.3

2) 长江上游日均流量

天然河流实际流量资料选用 1954~2008 年长江上游寸滩水文站的日均流量数据资料。寸滩水文站属于国家一级水文站,位于长江与嘉陵江交汇处下游,控制长江上游 80%的流量,是长江上游重要的水沙控制站,也是三峡水库的干流入库控制站。

该试验所用流量过程的模拟采用喻涛(2013)的流量模拟过程。该流量模拟过程是采用自回归马尔可夫模型对天然河流日均流量过程这一非平稳随机过程进行模拟,可靠性高,为模型试验研究奠定基础。12 个模型流量过程如图 3-2。

(a) 50年一遇(Q30T7.5)

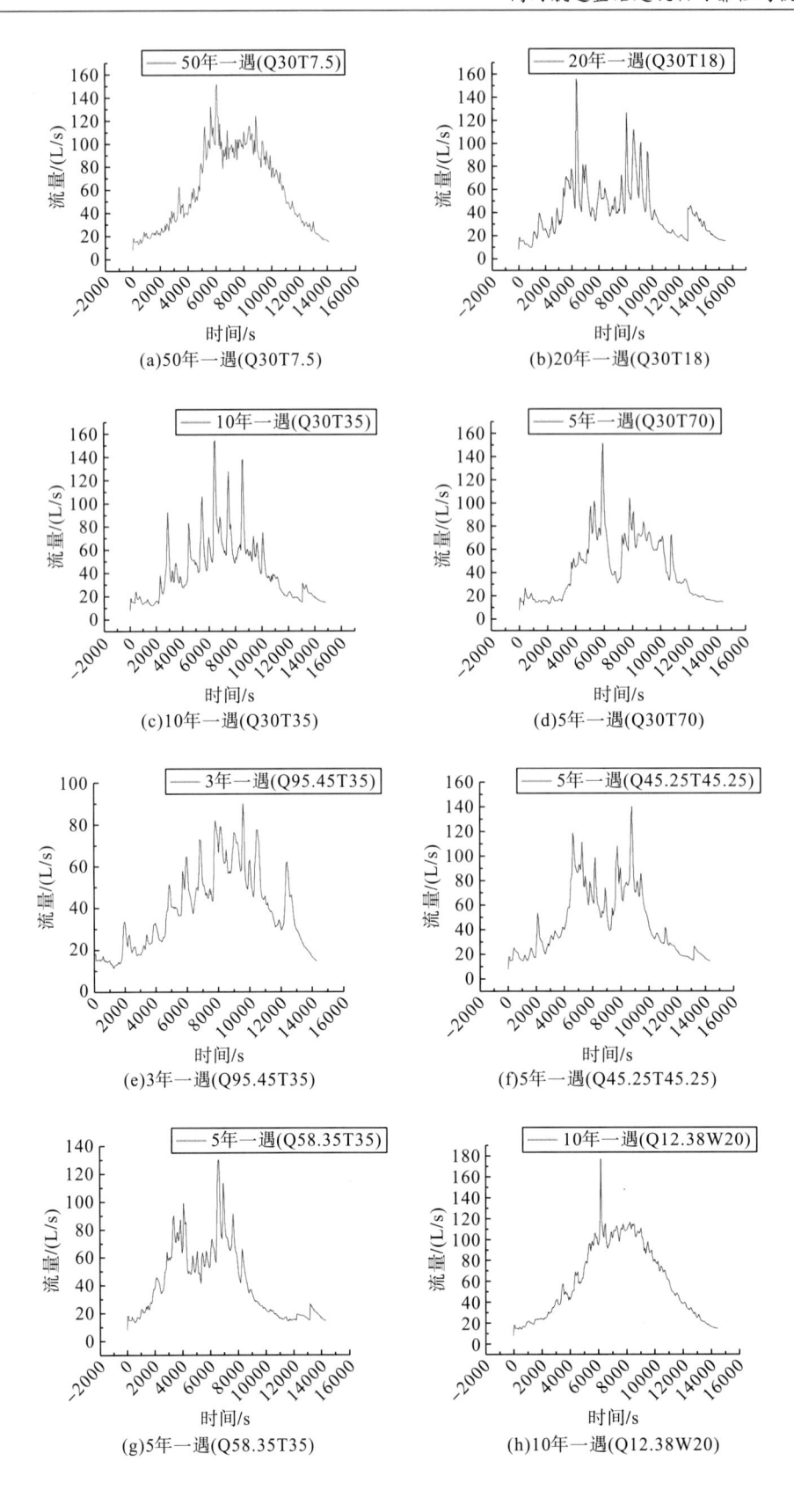

(b) 20年一遇(Q30T18)

(c) 10年一遇(Q30T35)

(d) 5年一遇(Q30T70)

(e) 3年一遇(Q95.45T35)

(f) 5年一遇(Q45.25T45.25)

(g) 5年一遇(Q58.35T35)

(h) 10年一遇(Q12.38W20)

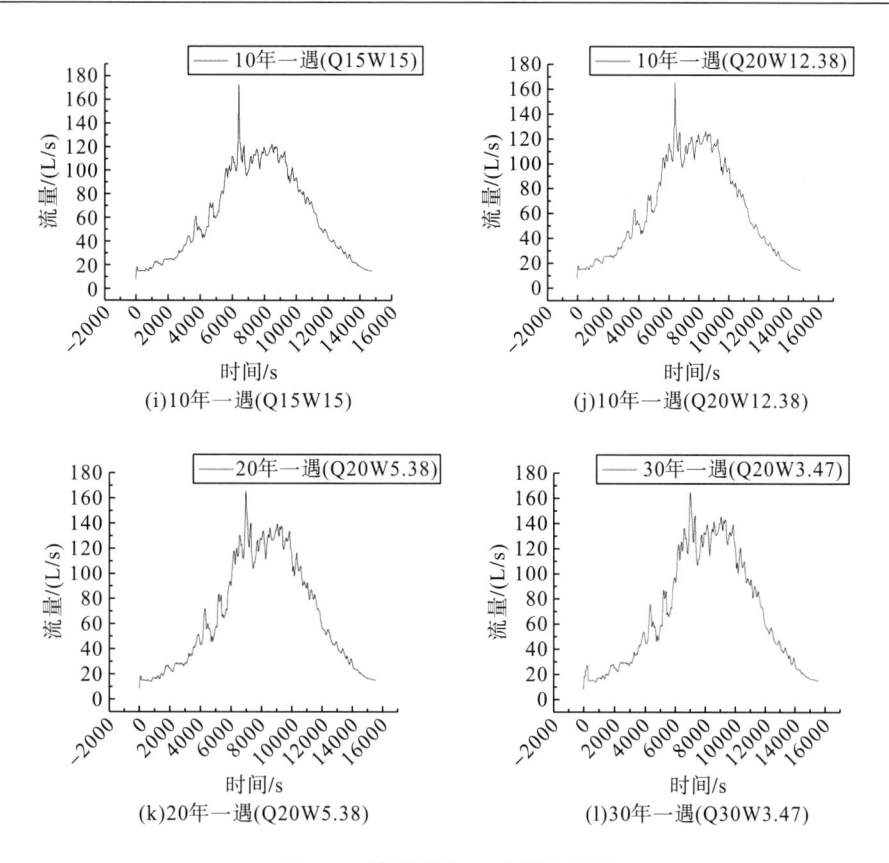

第3章 丁坝可靠度及使用寿命分析

(i) 10年一遇(Q15W15)

(j) 10年一遇(Q20W12.38)

(k) 20年一遇(Q20W5.38)

(l) 30年一遇(Q30W3.47)

图 3-2 模型试验 12 个流量过程

注：Q307T.5 为年最大洪峰与洪水有效周期遭遇组合，其余同理；Q30W3.47 为年最大洪峰与半日最大流量组合，其余同理。

2. 模型丁坝结构设计及比尺确定

长江上游大部分河段属于山区性河流，河段多曲折，落差较大，实际中的丁坝工程尺度较大，一般建于边滩来稳定航槽，提高过船能力，还可以束水攻沙。水槽概化模型没有必要模拟具体的某一河段或具体某一实际工程，丁坝所在位置的某一小段河段，用微观思维来看都可以视作一顺直河段，因此可将其概化为丁坝位于顺直河段边滩的情形。为了能将研究成果运用到实际工程当中，并且提高试验效率，减少不必要的重复，水槽概化模型按照局部正态模型设计。

1) 坝长确定

模型坝长根据实际河流水面压缩比(丁坝坝顶长度与河道宽度之比)和模型的相等来确定，即满足下述公式：

$$\left(\frac{L}{B}\right)_\text{P} = \left(\frac{L}{B}\right)_\text{M} = \mu \quad (3.1)$$

式中，L 为丁坝坝顶长度，m；B 为河道宽度，m。

长江上游河宽 500~1000m，根据实际调查统计的丁坝坝顶长度结果，暂取坝长为

200m，则丁坝引起的压缩比为

$$\mu_1 = \frac{L}{B_1} = \frac{200}{500} = 0.4$$

$$\mu_2 = \frac{L}{B_2} = \frac{200}{1000} = 0.2$$

由于水槽宽度为2m，故丁坝坝顶长度 L_{min}=40cm、L_{max}=80cm，综合考虑各种因素，模型丁坝坝顶长度采用50cm和70cm两种尺度做对比研究。

2）坝高确定

水槽概化模型按照局部正态模型设计，考虑到水槽宽度和高度及供水的实际情况，取长度比尺和垂直几何比尺相等，即 $\lambda_L=\lambda_H=40$。由于原型丁坝高度平均为4m，故模型丁坝高度为10cm。

3）丁坝结构其他要素确定

根据原型丁坝结构参数，取模型丁坝迎水坡坡度1∶1.5，背水坡坡度1∶2，向河坡坡度1∶2.5，如图3-3。

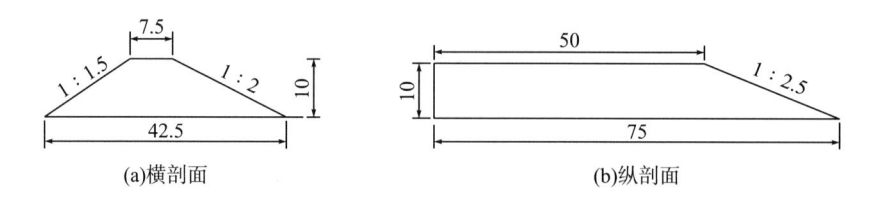

图3-3 坝体断面布置图（单位：cm）

山区河流的丁坝布置一般采用正挑和下挑，故模型试验采用挑角为90°和120°。对不同的坝头形状做对比研究，取三种坝头形状：圆弧直头、圆弧勾头、扇形勾头，如图3-4。

图3-4 坝头形状示意图

4）坝体材料粒径确定

实际工程中坝体材料粒径的确定是依据《航道整治工程技术规范》（JTJ285—90）中的式(9.6.2)块石粒径计算公式计算的，即

$$d = 0.04v^2 \tag{3.2}$$

式中，d 为块石的等容粒径，m；v 为建筑物处表面流速，m/s。

模型丁坝需保证和原型起动相似，故采用天然材料，模型坝体块石粒径将根据流速比尺公式 $\lambda_u = \lambda_l^{1/2}$ 确定出模型坝体块石的起动流速后，由公式(3.2)确定。经计算粒径范围为 0.6～1.2cm。

5) 材料及粒径确定

通过前期的研究成果对比分析表明，对于动床试验，天然石英砂作为模型沙能够更好地应用到动床试验当中来模拟床面变形。因此，为了使试验结果和天然情况符合度较好，在原型沙基础上对其进行概化，概化前原型沙中值粒径 40mm，概化后模型沙中值粒径为 1mm，模型沙级配曲线大体呈现"S"形状。

6) 比尺确定

综合考虑模型等因素，本次模型试验主要比尺如表 3-2 所示。

表 3-2 模型试验主要比尺

比尺类型	数值	计算依据
平面几何比尺 λ_l	40	试验条件及场地条件
垂直几何比尺 λ_h	40	试验条件及场地条件
流速比尺 λ_v	6.325	重力相似准则
时间比尺 λ_t	1600	阻力相似-内摩擦力相似准则
流量比尺 λ_Q	341420	流速作为控制因素计算得出
糙率比尺 λ_n	1.85	阻力相似-紊动相似准则
泥沙粒径比尺 λ_d	40	泥沙满足阻力相似和起动相似
压强比尺 λ_F	40.005	压力相似准则
压力比尺 λ_p	64008	压力相似准则

3.1.2 试验方案制定

根据以前对丁坝水毁的研究成果，这种散抛石坝的水毁是水流、泥沙等外部环境因素综合作用的结果。本次试验分为两大部分：清水定床试验和清水动床试验。清水定床试验意在得出丁坝周围水动力场环境，揭示当坝体水毁前作用在坝面上的作用力分布。在此基础上，进行动床试验，意在模拟实际河流中丁坝水毁随时间变化情况。

1. 清水定床试验

1) 试验方案

(1) 流量过程：选取 4 个流量过程，分别为年最大洪峰与洪水有效期遭遇时 50 年一遇 (Q30T7.5)、20 年一遇 (Q30T18)、10 年一遇 (Q30T35)、5 年一遇 (Q30T70)。如图 3-2 中 (a)、(b)、(c)、(d)。

(2) 坝顶长度：选取坝顶长度 50cm 和 70cm 两种情况做对比研究。

(3) 挑角：根据实际山区河流卵石滩整治过程中多采用正挑和下挑两种情况，在模型试验中选取正挑即挑角为 90°和下挑且挑角为 120°两种情况做对比。

(4) 坝头形状：采用长江上游抛石丁坝常用的三种形状类型，即圆弧直头、圆弧勾头和扇形勾头，示意图见图 3-4。

(5) 清水定床试验工况为 14 种，详见表 3-3。

表 3-3 清水定床试验工况

工况	坝头高程/m	坝长/cm	挑角/(°)	坝头形状	测试内容
1	5 年一遇 (Q30T70)	50	90		流速、水位、紊动、压力
2	5 年一遇 (Q30T70)	50	90		流速、水位、紊动、压力
3	5 年一遇 (Q30T70)	50	90		流速、水位、紊动、压力
4	5 年一遇 (Q30T70)	50	90		流速、水位、紊动、压力
5	5 年一遇 (Q30T70)	70	90		紊动、压力
6	5 年一遇 (Q30T70)	70	90	圆弧直头	流速、水位、紊动、压力
7	5 年一遇 (Q30T70)	70	90		紊动、压力
8	5 年一遇 (Q30T70)	70	90		紊动、压力
9	5 年一遇 (Q30T70)	50	120		紊动、压力
10	5 年一遇 (Q30T70)	50	120		流速、水位、紊动、压力
11	5 年一遇 (Q30T70)	50	120		紊动、压力
12	5 年一遇 (Q30T70)	50	120		紊动、压力
13	5 年一遇 (Q30T70)	50	90	圆弧勾头	流速、水位、紊动
14	5 年一遇 (Q30T70)	50	90	扇形勾头	流速、水位、紊动

注：表中"5 年一遇 (Q30T70)"表示最大洪峰流量发生频率为 30%和洪水有效周期发生频率为 75%遭遇时，洪水重现期为 5 年一遇，其余流量过程同理。

(6) 平均流速测点及测试断面、水位测点及测试断面布置如图 3-5；旋桨仪用于测平均流速，如图所示 7 个横断面，每个横断面上布置 7 个旋桨仪，旋桨位置在距离床面 5cm 处，间距具体见图示；超声波水位探头选取 7 个纵断面，每个纵断面上取 6 个点放置水位探头，断面间距 25cm。

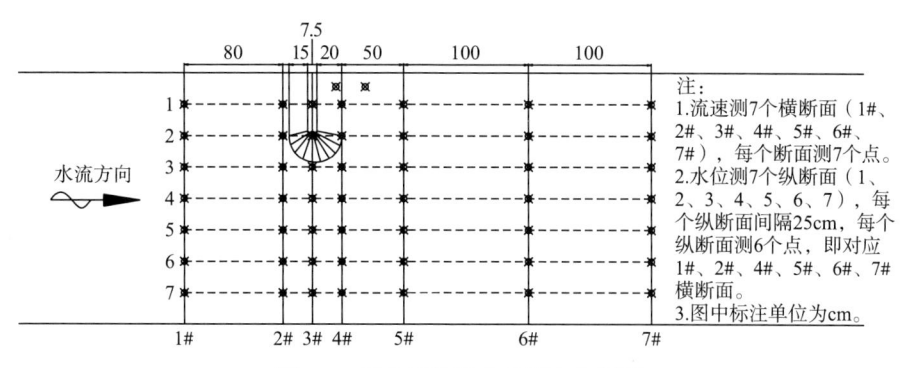

第 3 章 丁坝可靠度及使用寿命分析

图 3-5 平均流速及水位测点布置图

(7) 瞬时流速及紊动强度测点布置图如图 3-6；在丁坝周围布置共 8 个测点，每个测点具体位置为距离坝面或者床面 1cm。

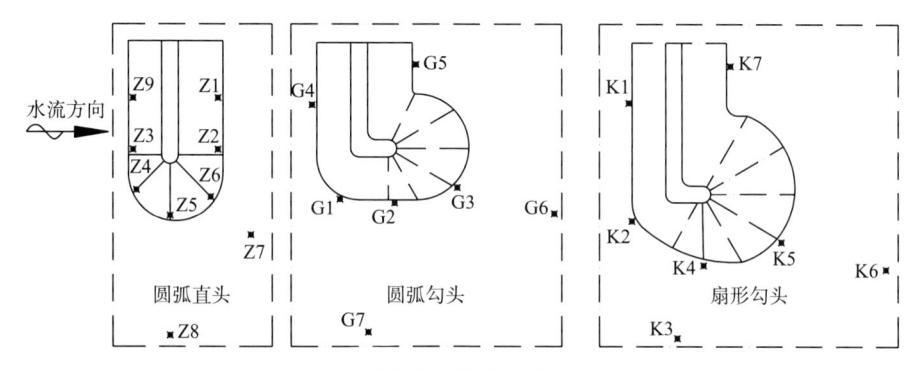

图 3-6 瞬时流速及紊动强度测点布置图

(8) 丁坝坝体受力测点布置图如图 3-7。坝面受力只测圆弧形直头这一种情况，共设置 23 个测点，分别在丁坝的坝头、背水坡和迎水坡。

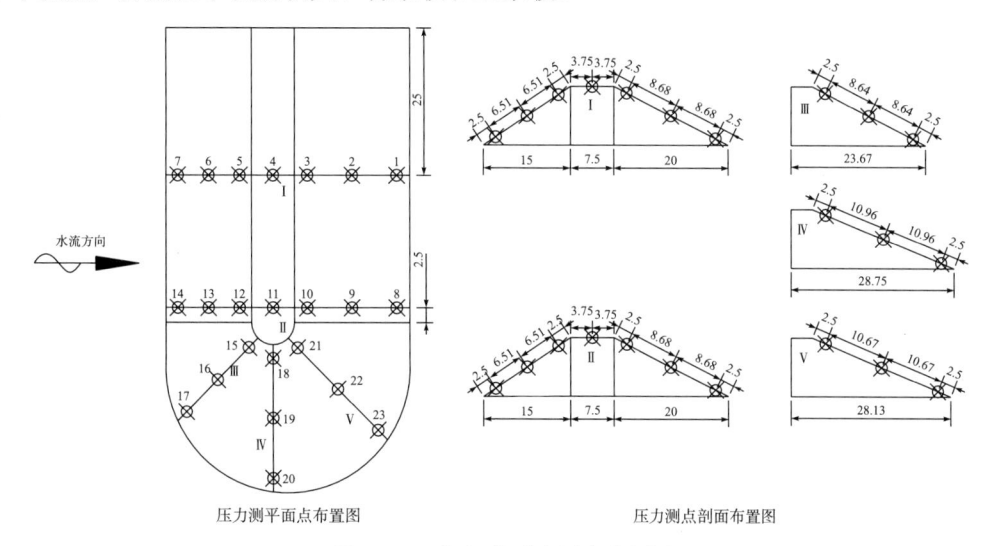

图 3-7 丁坝坝体受力测点布置图

注：图中标注单位为 cm。

2)试验内容

(1)平均流速观测:通过图3-5的7个横断面共49个测点位置,观测各流量过程下不同坝长、不同挑角的平均流速分布变化。

(2)水面线分布:通过图3-5的7个纵断面共42个测点位置,观测各流量过程下不同坝长、不同挑角对应的各点的水位变化。

(3)瞬时流速及紊动强度变化观测:运用声学多普勒流速仪(acaustic Doppler velocimetry,ADV)根据图3-6在丁坝周围布置的8个测点,测量在不同流量过程下,不同坝长、不同挑角、不同坝头形状对应的各点位置的瞬时流速。

(4)坝面动水压力及脉动压力测量:根据图3-7测量各流量过程作用下,不同坝长、不同挑角圆弧直头丁坝坝面所受动水压力和脉动压力。

(5)丁坝周围涡流观测:观测各流量过程情况下丁坝周围涡流的发展变化。

2. 清水动床试验

1)试验方案

(1)模型沙参数:本次试验所用模型沙为天然石英砂,中值粒径根据不同的试验工况分为三种,d_{50}=1mm,d_{50}=1.5mm,d_{50}=2mm,重度为γ=2650kg/m³,经筛分按照选用的级配配比制成。

(2)动床床沙厚度确定:本次试验,设置动床段为8m,即在水槽中部铺沙长度为8m。根据在实际工程中的观测,丁坝的最大冲深为6m左右,冲刷深度为4m左右。本次试验中模型的几何比尺$\lambda_L=\lambda_H$=40,所以综合考虑,在水槽底部丁坝周围铺沙厚度取0.22m,其他动床区域铺沙厚度取0.1m。

(3)流量过程:流量过程选择两种组合方式,一种是年最大洪峰与半月最大洪量组合,如50年一遇(Q30T7.5)、20年一遇(Q30T18)、10年一遇(Q30T35)等7个流量过程,另一种是年最大洪峰和洪水有效周期遭遇组合,如30年一遇(Q30W3.47)、20年一遇(Q20W5.38)、10年一遇(Q20W12.38)等5个流量过程。一共12个流量过程,如图3-2。

(4)坝体材料:试验中丁坝模型为散抛石坝,由粒径为6~12mm的碎石制成。

(5)坝顶长度:坝顶长度拟采用50cm和70cm两种情况,目的是对比不同压缩比条件下丁坝周围局部冲刷的不同。

(6)挑角:与定床试验相同,在模型试验中选取正挑即挑角为90°和下挑且挑角为120°两种情况做对比。

(7)坝头形状:采用长江上游抛石丁坝常用的三种形状类型,即圆弧直头、圆弧勾头和扇形勾头,示意图见图3-4。

(8)清水动床试验工况详见表3-4。

表 3-4 清水动床试验工况

工况	坝头高程/m	坝长/cm	挑角/(°)	d_{50}/mm	坝头形状	备注
M1	3 年一遇 (Q95.45T35)	50	90	1		
M2	5 年一遇 (Q58.35T35)	50	90	1		
M3	5 年一遇 (Q30T70)	50	90	1		
M4	5 年一遇 (Q45.25T45.25)	50	90	1		
M5	10 年一遇 (Q30T35)	50	90	1	圆弧直头	
M6	20 年一遇 (Q30T18)	50	90	1		
M7	50 年一遇 (Q30T7.5)	50	90	1		年最大洪峰与洪水有效周期遭遇组合
M8	10 年一遇 (Q30T35)	70	90	1		
M9	10 年一遇 (Q30T35)	50	120	1		
M10	20 年一遇 (Q30T18)	50	90	1	圆弧勾头	
M11	20 年一遇 (Q30T18)	50	90	1	扇形勾头	
M12	20 年一遇 (Q30T18)	50	90	1.5	圆弧直头	
M13	10 年一遇 (Q30T35)	50	90	1.5	圆弧直头	
M14	10 年一遇 (Q30T35)	50	90	1.5	圆弧勾头	
M15	10 年一遇 (Q30T35)	50	90	1.5	扇形勾头	
M16	20 年一遇 (Q30T18)	50	90	2	圆弧直头	
M17	10 年一遇 (Q12.38W20)	50	90	1		
M18	10 年一遇 (Q15W15)	50	90	1		
M19	10 年一遇 (Q20W12.38)	50	90	1	圆弧直头	年最大洪峰与半月最大洪量组合
M20	20 年一遇 (Q20W5.38)	50	90	1		
M21	30 年一遇 (Q30W3.47)	50	90	1		
M22	20 年一遇 (Q20W5.38)	70	90	1		

2) 试验内容

(1) 水毁时变观测：对相应的流量过程条件下对应的坝头和坝体的水毁程度进行观测，并且还需要观测坝头和坝体的冲刷随时间的变化。

(2) 冲刷坑：在各流量过程作用下重点跟踪观测坝头下游冲刷坑的形成及发展，在试验过程中记录冲刷坑的几何尺寸，以及最大冲深随时间的变化情况。

(3) 坝体块石的观测：观测在各流量过程条件下坝体块石滚落特点和坝体塌陷特点，观测相应流量过程条件下丁坝的水毁部位。

(4) 水位观测：不同工况条件下的丁坝上下游水位随着水流不断冲刷的变化特点。

(5) 最终冲刷地形：观测各个工况下整个动床段经过冲刷的最终冲刷地形。

3.2 假设检验

对于流量过程、脉动压强和纵向瞬时流速，目前还不知道它们具体服从于何种分布，因此需要对其进行假设检验，确定其对应的分布类型，关于假设检验的方法有很多种，比如，χ^2 拟合检验法、科尔莫戈罗夫-斯米尔诺夫(Kolmogorov-Smirnov)检验法等，这是检验一般分布常用的方法，在客观实际当中有许多随机变量，它们由大量相互独立的随机因素综合影响产生，而其中每一个别因素在总的影响中所起作用都是微小的，这种随机变量往往近似服从正态分布，这种现象就是中心极限定理的客观背景。根据实际生活经验同样发现，正态分布是最常用的一种分布类型。相应地，对于随机变量的正态性检验也有多种方法，比如，偏度、峰度检验法；正态概率纸法；夏皮罗-威尔克(Shapiro-Wilk)检验法(在 1965 年提出，又称为 W 检验法，适用于样本数 $n<50$)；达戈斯提诺(D'Agostino)卡方检验法(在 1971 年提出，又称为 D 检验法，适用于 $50\leqslant$ 样本数 $n\leqslant 1000$)。

3.2.1 流量过程的假设检验

1. 流量的频数分布直方图

根据概率论知识可知，频数分布直方图的外轮廓线形状可以近似为该随机变量总体的概率密度曲线，一共 12 个流量过程，画出相应的原型值和对数值的频数分布直方图后，可以发现，流量过程大致服从对数正态分布。以 M1、M4、M6 工况为例，如图 3-8～图 3-13。

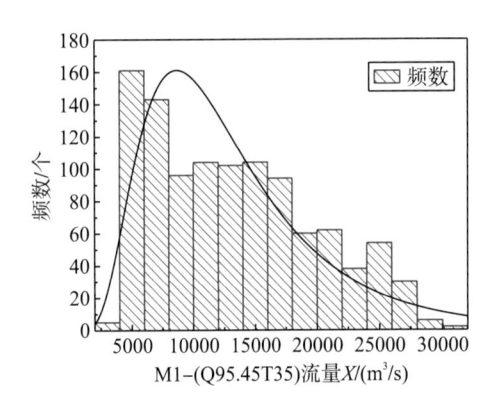

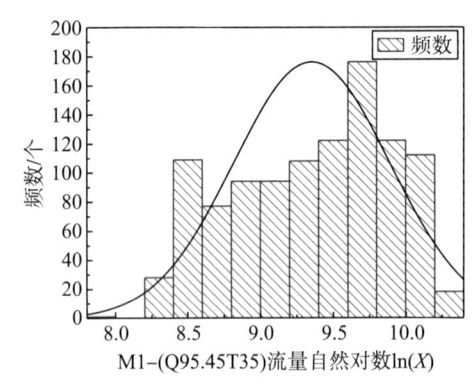

图 3-8　M1 工况流量原型值频数分布直方图　　图 3-9　M1 工况流量对数值频数分布直方图

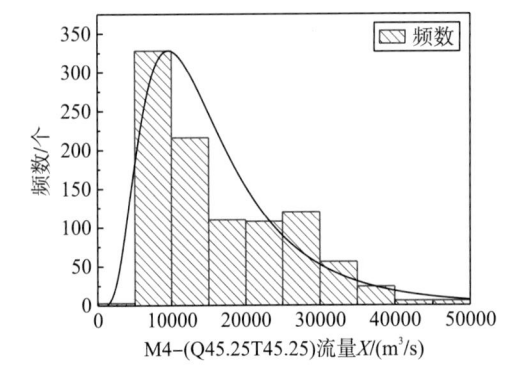

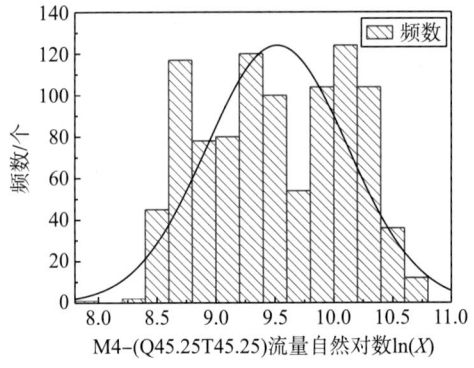

图 3-10　M4 工况流量原型值频数分布直方图　　图 3-11　M4 工况流量对数值频数分布直方图

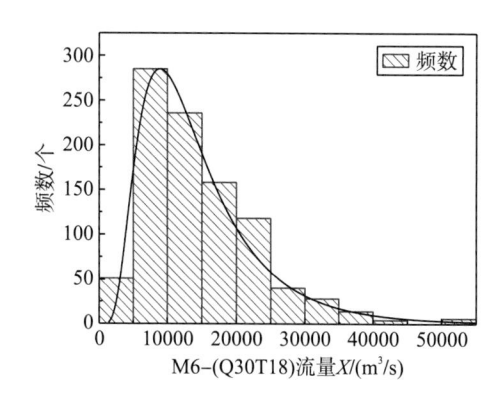

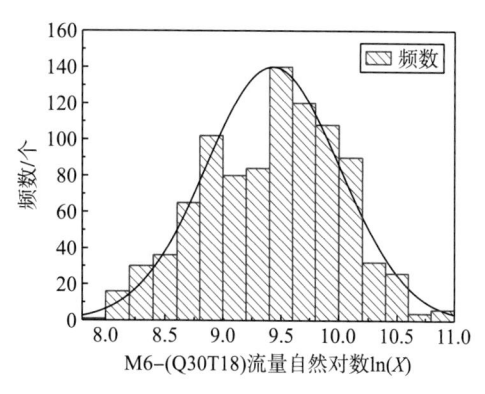

图 3-12 M6 工况流量原型值频数分布直方图　　图 3-13 M6 工况流量对数值频数分布直方图

2. 偏度、峰度检验法检验流量过程

通过频数分布直方图可知，随机变量大致服从于对数正态分布，可以对流量值取对数后，再对其进行正态性检验即可。根据《概率论与数理统计》(盛骤，2001)第二章可知偏度、峰度检验法步骤，这里以 M4、M5、M6 工况为例，经过计算可得

M4 工况中 ($\alpha=0.1$)：

$$|u_1| = \left|\frac{g_1}{\sigma_1}\right| = 0.29067 \leqslant z_{\alpha/4} = 1.96$$

$$|u_2| = \left|\frac{g_2-\mu_2}{\sigma_1}\right| = 2.3857 \geqslant z_{\alpha/4} = 1.96$$

M5 工况中 ($\alpha=0.1$)：

$$|u_1| = \left|\frac{g_1}{\sigma_1}\right| = 0.95641 \leqslant z_{\alpha/4} = 1.96$$

$$|u_2| = \left|\frac{g_2-\mu_2}{\sigma_1}\right| = 2.5617 \geqslant z_{\alpha/4} = 1.96$$

M6 工况中 ($\alpha=0.05$)：

$$|u_1| = \left|\frac{g_1}{\sigma_1}\right| = 2.04 \leqslant z_{\alpha/4} = 2.24$$

$$|u_2| = \left|\frac{g_2-\mu_2}{\sigma_1}\right| = 2.54 \geqslant z_{\alpha/4} = 2.24$$

$|u_2|$ 的计算结果落在拒绝域里面，但从数值来看相差不大，且从频数分布直方图来看，都已经十分接近于正态分布，原型值十分接近对数正态分布，再加上对流量资料模拟过程中存在的误差，综合考虑，认为流量过程工况 M4(5 年一遇 Q45.25T45.25)，M5(10 年一遇 Q30T35)，M6(20 年一遇 Q30T18) 的流量过程服从对数正态分布。由此，可推广至其他流量过程，认为流量过程服从对数正态分布。

3.2.2 实际流量过程日均流量的假设检验

为了使流量过程的研究更加贴近于实际情况,对 55 年的原型流量过程进行检验。因为考虑到"流量"是一个随时间变化的时变量,因此不能直接对一年的数据进行检验,下面研究 55 年中同一日期的日均流量的分布类型,从 12 个月中每个月任意抽出一天共 12 天,其中有 9 天较好服从正态分布,有 3 天有少许偏离。从较好服从正态分布概率密度曲线的 9 天中,选出 1 月 5 日、2 月 21 日、8 月 15 日、9 月 19 日、10 月 21 日、12 月 14 日这 6 种情况,其余情况类似。其频数分布直方图如图 3-14~图 3-19。

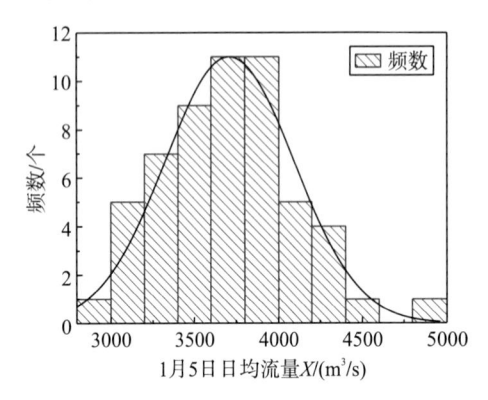

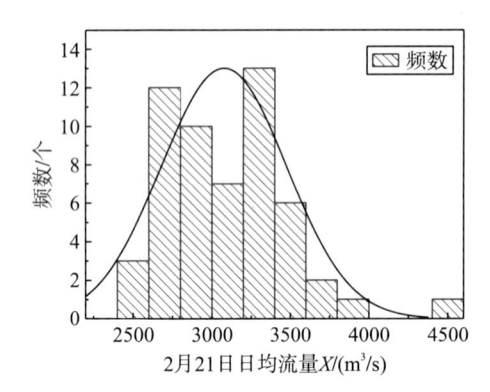

图 3-14　1 月 5 日日均流量频数分布直方图　图 3-15　2 月 21 日日均流量频数分布直方图

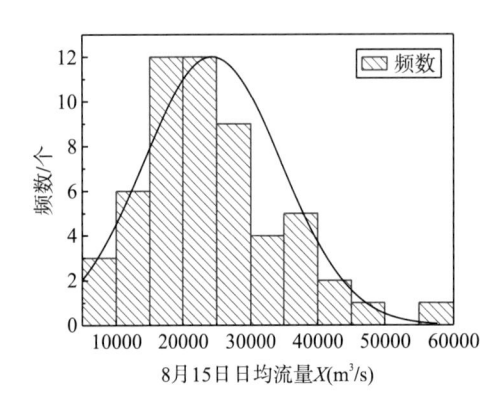

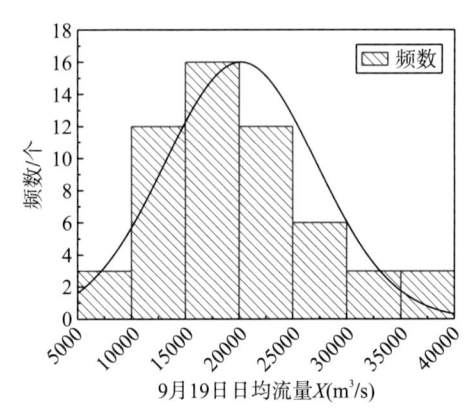

图 3-16　8 月 15 日日均流量频数分布直方图　图 3-17　9 月 19 日日均流量频数分布直方图

在 origin 软件中用描述统计中的正态性检验功能,通过夏皮罗-威尔克(Shapiro-Wilk)检验法、科尔莫戈罗夫-斯米尔诺夫(Kolmogorov-Smirnov)检验法、达戈斯提诺(D'Agostino)卡方检验法共三种检验方法,得出上述 6 天的数据显著地来自正态总体,置信水平满足 95%。

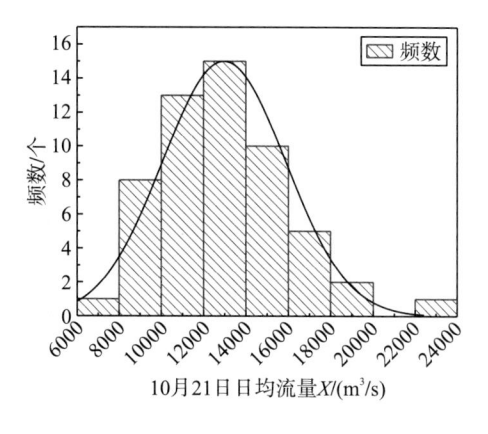

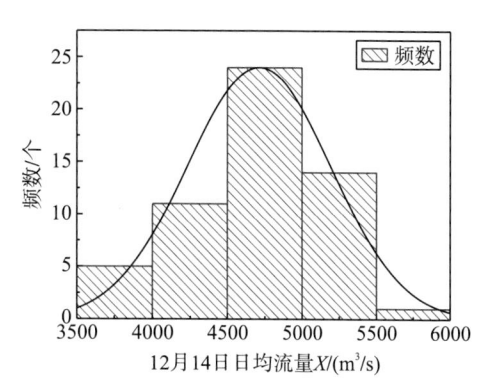

图 3-18　10 月 21 日日均流量频数分布直方图　图 3-19　12 月 14 日日均流量频数分布直方图

而剩下三天有偏态的为：3 月 20 日、4 月 16 日、5 月 18 日。其频数分布直方图如图 3-20、图 3-21 和图 3-22。

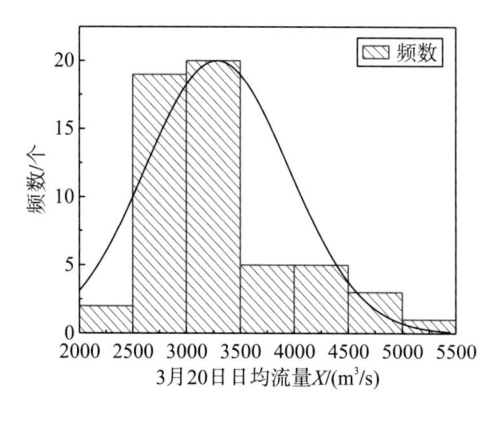

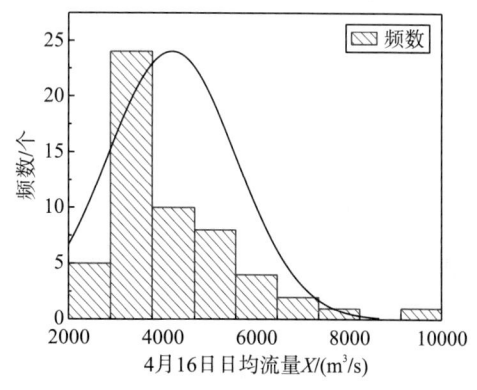

图 3-20　3 月 20 日日均流量频数分布直方图　图 3-21　4 月 16 日日均流量频数分布直方图

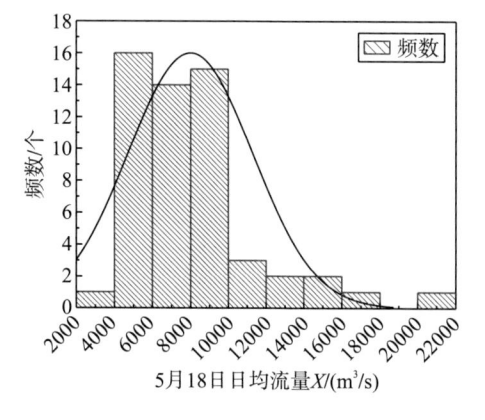

图 3-22　5 月 18 日日均流量频数分布直方图

在 Origin 软件中用描述统计中的正态性检验功能，通过 Shapiro-Wilk 检验法、Kolmogorov-Smirnov 检验法、D'Agostino 卡方检验法共三种检验方法，得出的结论有少许差异，比如，对于 5 月 18 日的数据，Shapiro-Wilk 检验法得出的结论是不能显著来自正态总体，但 Kolmogorov-Smirnov 检验法得出的结论为来自正态总体，检验报告如图 3-23。

正态性检验(2018/1/8 18:32:20)
正态检验
Shapiro-Wilk检验法

	DF	统计值	p值	在0.05水平下的结论
B	55	0.87993	5.34777×10^{-5}	排除正态性

注：在0.05水平下，数据并不是显著地来自生态分布总体

Kolmogorov-Smirnov检验法

	DF	统计值	p值	在0.05水平下的结论
B	55	0.15149	0.14433	不能排除正态性

注：在0.05水平下，数据显著地来自生态分布总体

D'Agostino卡方检验法

		统计值	p值	在0.05水平下的结论
	D'Agostino综合	23.71297	7.09243×10^{-6}	排除正态性
B	D'Agostino Skewness	3.96085	7.46845×10^{-5}	排除正态性
	D'Agostino 峰度	2.83278	0.00461	排除正态性

注：在0.05水平下，数据并不是显著地来自生态分布总体

图 3-23 5 月 18 日流量数据的正态性检验报告

另外，从直方图上观察可以发现，其外轮廓线和正态分布概率密度函数线相比有少许偏态，偏态并不大。综上所述，根据"抓住主要因素，忽略次要因素"的分析原理，认为一年中每个月同日期的日均流量数据服从正态分布。

3.2.3 纵向瞬时流速的假设检验

在定床试验过程中，圆弧直头坝布置了 7 个测点，附近有 2 个测点；圆弧勾头坝布置了 5 个测点，附近有 2 个测点；扇形勾头坝布置了 5 个测点，附近有 2 个测点。由于试验数据随时间变化，所测样本只有一次，因此直接通过所测时长的数据进行检验。绘出其频数分布直方图可以发现，其外轮廓线十分接近于正态分布的概率密度曲线。在 Origin 软件中用描述统计中的正态性检验功能，通过 Shapiro-Wilk 检验法、Kolmogorov-Smirnov 检验法、D'Agostino 卡方检验法共三种方法，验证绝大部分工况的纵向瞬时流速显著来自正态总体，置信水平为 95%。以工况 1-Z5、工况 2-Z4、工况 3-Z5、工况 3-Z7、工况 13-G3、工况 14-K4 为例，其频数分布直方图如图 3-24～图 3-29 所示。

图 3-24　工况 1-Z5 号纵向流速频数分布直方图

图 3-25　工况 2-Z4 号测点纵向流速频数分布直方图

图 3-26　工况 3-Z5 号测点纵向流速频数分布直方图

图 3-27　工况 3-Z7 号测点纵向流速频数分布直方图

图 3-28　工况 13-G3 号测点频数分布直方图

图 3-29　工况 14-K4 号测点频数分布直方图

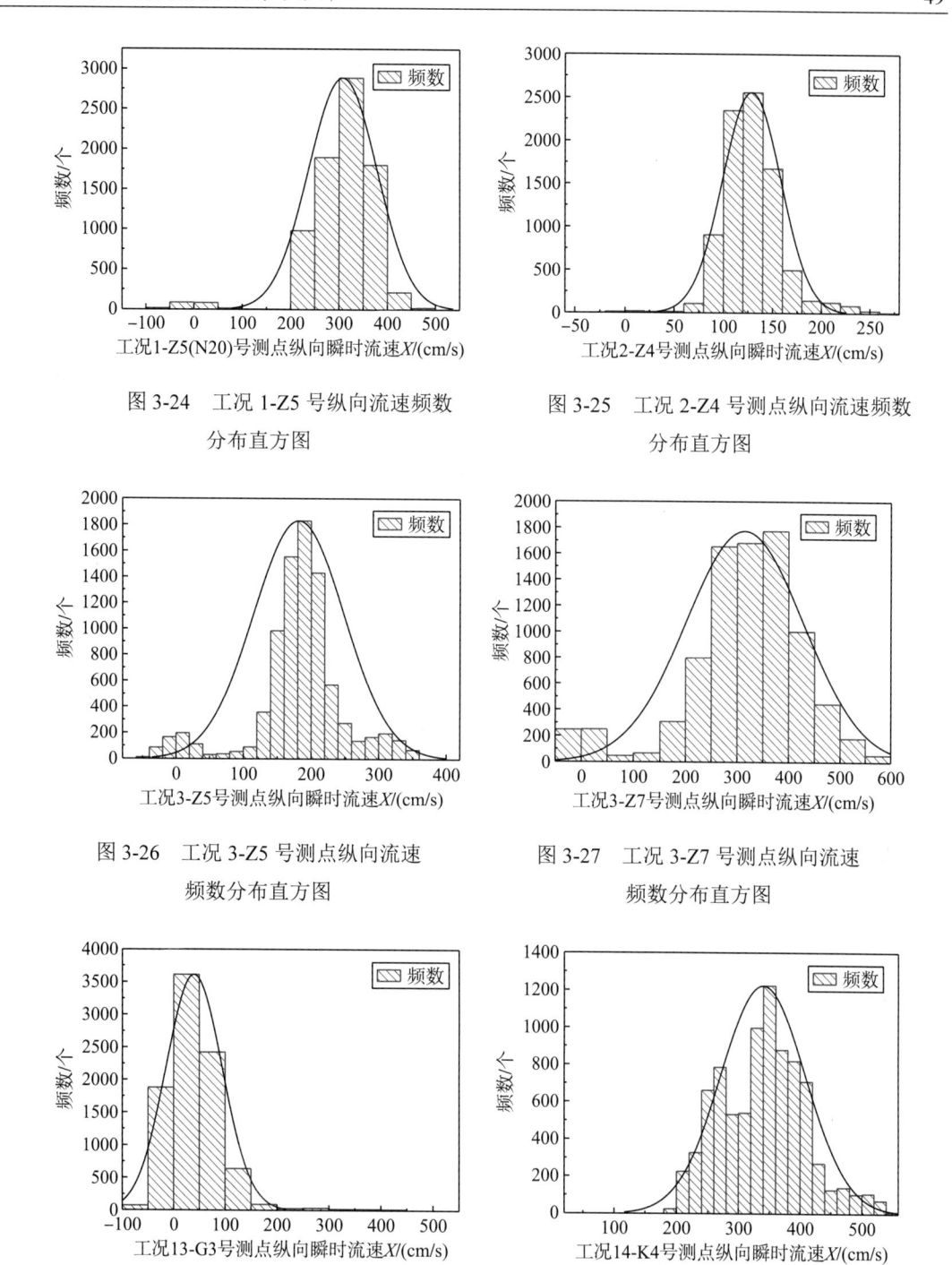

根据上述的频数分布直方图可以发现，圆弧直头坝、圆弧勾头坝、扇形勾头坝三种坝型不同测点位置的纵向瞬时流速的频数分布直方图外轮廓线十分接近于正态分布概率密度曲线。当然也有一部分测点结果偏态较大，如工况 13-G4 号测点，如图 3-30。其偏态

较大，但是在对各个工况各个测点的检验过程中发现，只有较少部分的测点偏态较大，绝大部分测点都能较好地服从正态分布。综上所述，认为纵向瞬时流速服从正态分布。

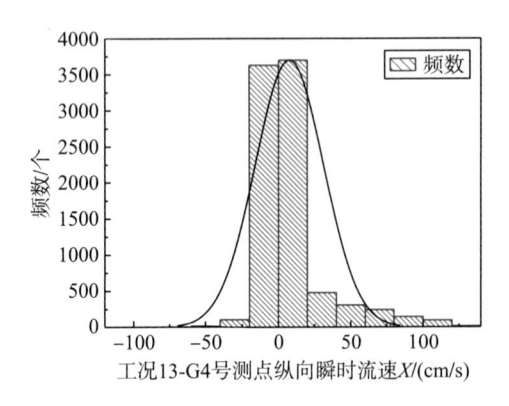

图 3-30 工况 13-G4 号测点频数分布直方图

3.2.4 脉动压强的假设检验

1. 脉动压强的频数分布直方图

坝体上面共设置 23 个测点，坝身迎水面：5 号、6 号、7 号、12 号、13 号、14 号。坝身背水面：1 号、2 号、3 号、8 号、9 号、10 号。坝顶：4 号、11 号；坝头：15～23 号。脉动压强的数据样本较大，选取工况 1、工况 2、工况 3、工况 4 分析。

工况 1：23 测点中有 4 个测点(4 号、5 号、11 号、18 号测点)的数据不太符合对数正态分布，其中，4 号和 11 号测点在坝顶位置，5 号测点在坝身迎水面，18 号测点在坝头，其脉动压强原型值频数分布直方图如图 3-33 和图 3-34。剩余 19 个测点较好地符合对数正态分布，这里以 8 号、9 号、14 号、20 号测点为例，画出其脉动压强自然对数值的频数分布直方图，如图 3-31 和图 3-32。

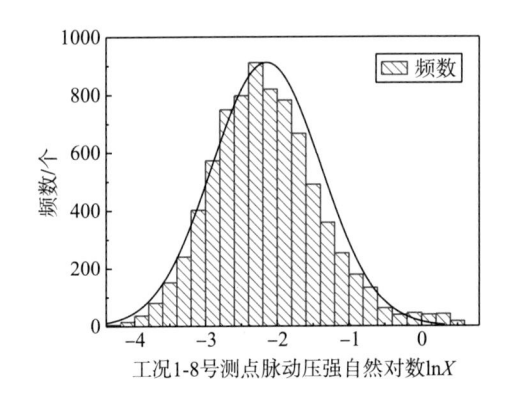

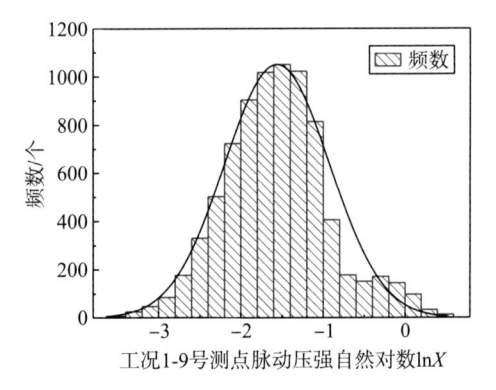

图 3-31 工况 1-8 号和工况 1-9 号测点脉动压强自然对数值的频数分布直方图

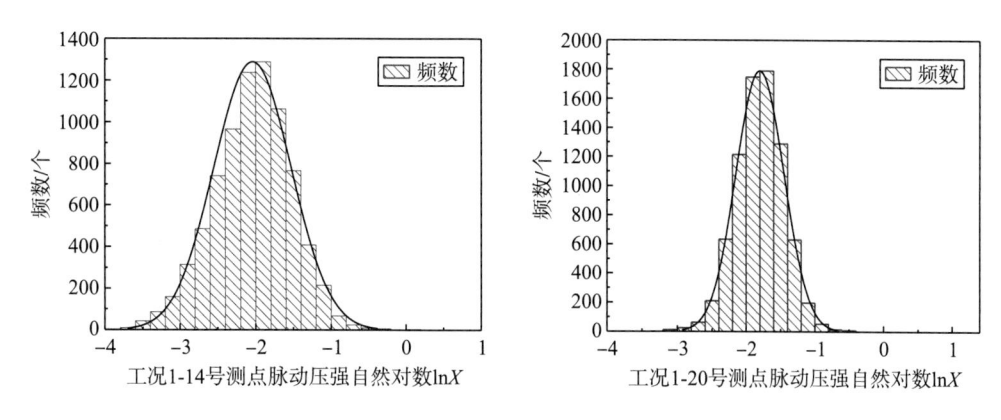

图 3-32　工况 1-14 号和工况 1-20 号测点脉动压强对数值的频数分布直方图

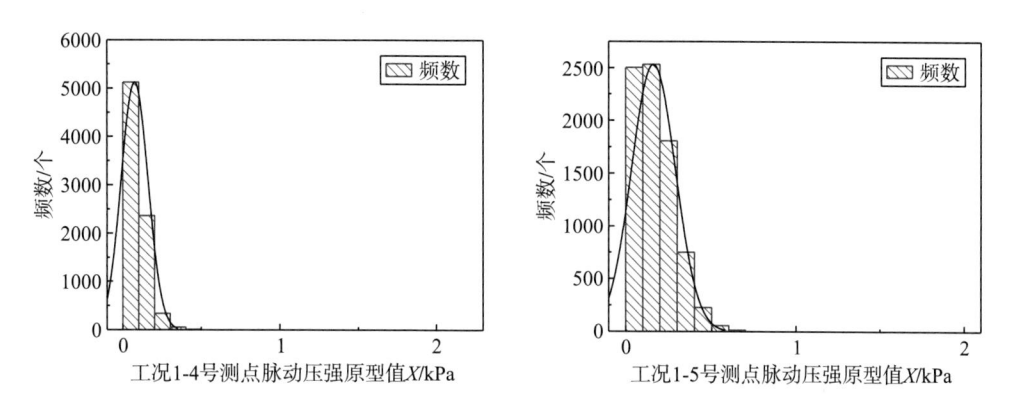

图 3-33　工况 1-4 号和工况 1-5 号测点脉动压强原型值频数分布直方图

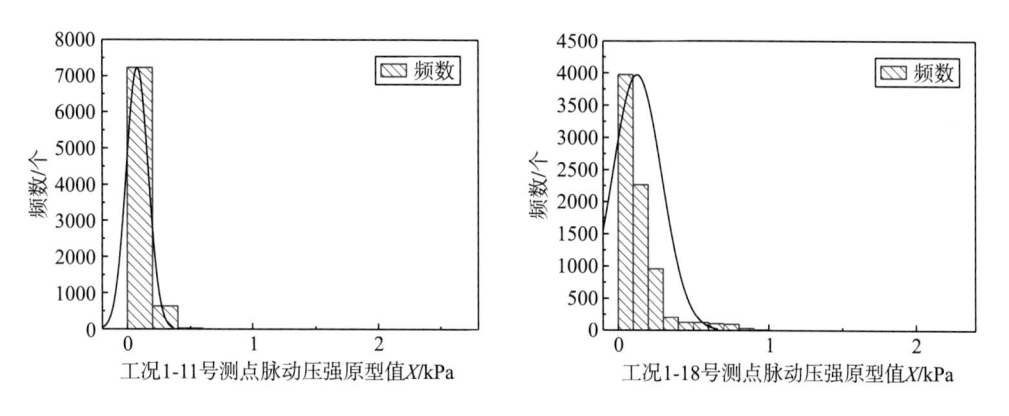

图 3-34　工况 1-11 号和工况 1-18 号测点脉动压强原型值频数分布直方图

从上述分析可知，对于工况 1 来讲，23 个测点中，迎水面中 5 号、6 号、7 号、12 号、13 号、14 号共 6 个测点中，只有 5 号测点的脉动压强频数直方图较不符合对数正态分布，其余都符合；坝身背水坡 6 个测点均满足对数正态分布，坝头共 9 个测点中只有 18 号测点不符合对数正态分布，剩余 8 个测点均符合；坝顶 4 号、11 号 2 个测点满足对数正态分布的效果较差,综合分析来看,由于只有 4 个测点的频数分布直方图的外轮廓线较对数正态分布曲线有少许偏离,故可以认为 23 个测点均满足对数正态分布。

工况 2:坝体共 23 个测点,有 18 个测点较好符合对数正态分布,如 3 号、10 号、12 号、17 号、18 号、19 号测点对应的脉动压强对数值的频数分布直方图见图 3-35,符合对数正态分布,效果很好。有 6 个测点的频数分布直方图外轮廓线符合对数正态分布效果较差,分别为 2 号、9 号、13 号、14 号、20 号、23 号测点,如图 3-36。

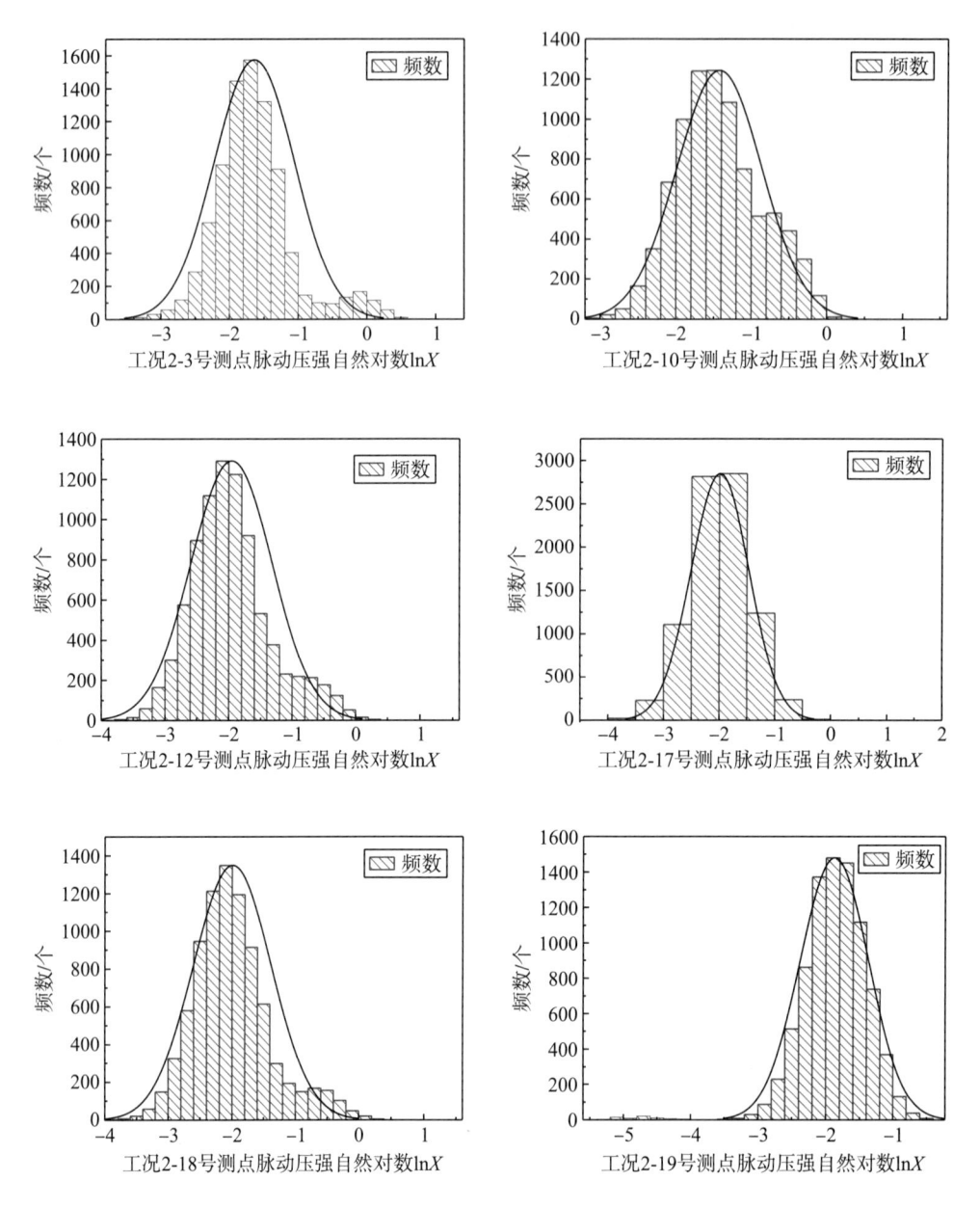

图 3-35　工况 2 中 3 号、10 号、12 号、17 号、18 号、19 号测点脉动压强对数值的频数分布直方图

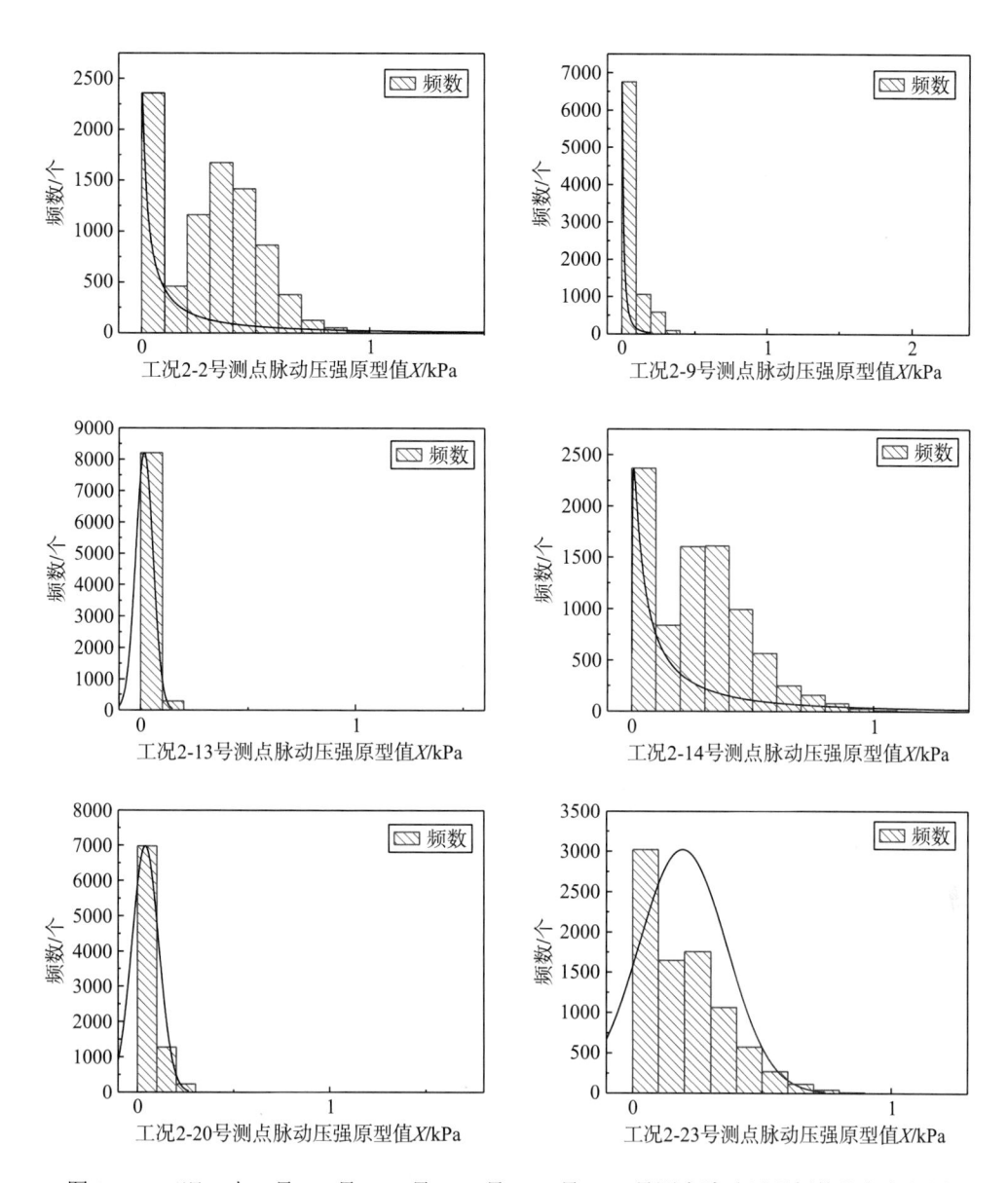

图 3-36 工况 2 中 2 号、9 号、13 号、14 号、20 号、23 号测点脉动压强频数分布直方图

从图 3-36 中可知，这 6 个测点的数据分布和对数正态分布有偏差，但并不是特别大。因此，完全可以认为在 23 个测点中脉动压强值服从对数正态分布。

工况 3 中同样在 23 个测点里面有 3 号、9 号、18 号、21 号共 4 个测点脉动压强的频数分布直方图外轮廓线较对数正态分布稍有偏离；工况 4 中在 23 个测点里面有 3 号、5 号、11 号、17 号、19 号测点，共 5 个测点的频数分布直方图外轮廓线较对数正态分布稍有偏离。

综合工况 1、2、3、4 共 4 个工况下所测的脉动压强值来看，不同的流量过程下，都会出现 4 或 5 个测点所测数据较对数正态分布有少许偏离，并且这些测点在不同的工况下测点不同，呈现出随机性，若将试验中传感器误差考虑在内，则可认为这些测点所得结果的偏离在可接受范围内。综上所述，可认为坝体脉动压强服从对数正态分布。

2. 偏度、峰度检验法检验脉动压强

根据偏度、峰度检验法步骤检验脉动压强，这里以工况 2-17 号测点为例（图 3-37）。

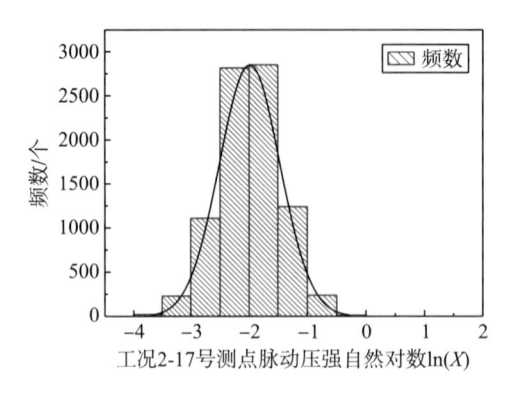

图 3-37　工况 2-17 号测点脉动压强对数值频数分布直方图

经计算，各参数结果如下：

$$n = 8512，\bar{X} = -1.98782，\sigma_1 = \sqrt{\frac{6(n-2)}{(n+1)(n+3)}} = 0.02654$$

$$\sigma_2 = \sqrt{\frac{24n(n-2)(n-3)}{(n+1)^2(n+3)(n+5)}} = 0.053053$$

$$\mu_2 = 3 - \frac{6}{n+1} = 2.999295$$

$$A_1 = \frac{1}{n}\sum_{i=1}^{n} X_i = \bar{X} = -1.98782，\quad A_2 = \frac{1}{n}\sum_{i=1}^{n} X_i^2 = 4.23$$

$$A_3 = \frac{1}{n}\sum_{i=1}^{n} X_i^3 = -9.49，\quad A_4 = \frac{1}{n}\sum_{i=1}^{n} X_i^4 = 22.3784$$

$$B_2 = A_2 - A_1^2 = 0.2738，\quad B_3 = A_3 - 3 \times A_1 \times A_2 + 2 \times A_1^3 = 0.2738$$

$$B_4 = A_4 - 4 \times A_1 \times A_3 + 6 \times A_2 \times A_1^2 - 3 \times A_1^4 = 0.2426$$

所以，样本偏度 G_1 的观察值 $g_1 = \frac{B_3}{B_2^{3/2}} = -0.0269$，样本峰度 G_2 的观察值 $g_2 = \frac{B_4}{B_2^2} = 3.2363$

选取显著性水平 $\alpha = 0.05$，所以 $Z_{\alpha/4} = 2.24$，

$$|u_1| = |g_1/\sigma_1| = 1.1072 < Z_{\alpha/4} \approx 2.24 \text{（在拒绝域之外）}$$

$$|u_2| = |g_2 - \mu_2|/\sigma_2 = 4.4669 > Z_{\alpha/4} \approx 2.24 \text{（在拒绝域内）}$$

两个判别条件，只有一个满足，表明频数分布直方图外轮廓线和对数正态分布的概率密度曲线略有偏离。从数学角度上来讲，只有当频数分布直方图外轮廓线严格符合对应分

布的概率密度曲线时，数学上才会认为完全符合，也就是说检验出来才会完全符合对应的分布。但在实际工程当中，由于实验过程不可避免地存在测量误差，模型概化过程中也存在误差，仪器操作过程中也会存在误差，这些系统误差、随机误差和粗差都会影响数据的检验精度。因此，认为脉动压强已经较好地服从对数正态分布。

3.2.5 模型流量和脉动压强的概率密度函数

对数正态分布是指对样本值取自然对数后，该一系列新值服从正态分布。当随机变量 X 服从对数正态分布时，X 的概率密度函数表达式为

$$f(X) = \frac{1}{\sigma x \sqrt{2\pi}} \exp\left\{-\frac{1}{2}\left(\frac{\ln X - \mu}{\sigma}\right)^2\right\} \tag{3.3}$$

式中，μ 为 $\ln X$ 的期望；σ 为 $\ln X$ 的标准差，其中 $\ln X \sim N(\mu, \sigma^2)$；

$E(X) = \exp(\mu + \frac{1}{2}\sigma^2)$；

$D(X) = \left[\exp(2\mu + \sigma^2)\right]\left[\exp(\sigma^2) - 1\right]$。

由概率论知识可知，不论总体服从什么分布，样本均值 $\bar{X}$ 都是总体均值 μ 的无偏估计量；样本方差 S^2 是总体方差 σ^2 的无偏估计量，因此，可以用样本的均值和样本方差来代替总体均值和方差。相应地，针对流量过程和脉动压强，下面给出对应的服从对数正态分布的参数值，见表3-5~表3-9。

表3-5 流量过程的流量值服从对数正态分布的对应参数值

工况	流量过程	$\bar{X}(\mu)$	$S^2(\sigma^2)$	$S(\sigma)$
M1	3年一遇(Q95.45T35)	9.353	0.289	0.537
M2	5年一遇(Q58.35T35)	9.454	0.370	0.609
M3	5年一遇(Q30T70)	9.371	0.415	0.644
M4	5年一遇(Q45.25T45.25)	9.521	0.3559	0.597
M5	10年一遇(Q30T35)	9.444	0.375	0.612
M6	20年一遇(Q30T18)	9.429	0.333	0.577
M7	50年一遇(Q30T7.5)	9.696	0.446	0.668
M17	10年一遇(Q12.38W20)	9.712	0.459	0.678
M18	10年一遇(Q15W15)	9.726	0.485	0.696
M19	10年一遇(Q20W12.38)	9.741	0.498	0.705
M20	20年一遇(Q20W5.38)	9.764	0.563	0.75
M21	30年一遇(Q30W3.47)	9.796	0.567	0.753

表 3-6　工况 1 脉动压强服从对数正态分布的参数值

测点号	$\bar{X}(\mu)$	$S^2(\sigma^2)$	$S(\sigma)$
1	−2.200	0.646	0.804
2	−1.674	0.496	0.704
3	−3.721	2.677	1.636
4	−3.675	3.138	1.771
5	−2.486	2.181	1.477
6	−2.005	0.221	0.470
7	−2.189	0.271	0.520
8	−2.149	0.578	0.760
9	−1.561	0.409	0.639
10	−3.840	1.814	1.347
11	−3.390	2.237	1.496
12	−2.784	3.190	1.786
13	−2.052	0.228	0.478
14	−2.041	0.262	0.512
15	−2.133	0.389	0.624
16	−1.940	0.174	0.417
17	−2.041	0.251	0.501
18	−3.480	4.272	2.067
19	−1.286	0.205	0.453
20	−1.801	0.122	0.349
21	−2.138	3.679	1.918
22	−1.599	0.323	0.568
23	−1.731	0.414	0.644

表 3-7　工况 2 脉动压强服从对数正态分布的参数值

测点号	$\bar{X}(\mu)$	$S^2(\sigma^2)$	$S(\sigma)$
1	−1.813	0.182	0.426
2	−2.136	3.726	1.930
3	−1.642	0.339	0.582
4	−1.921	0.200	0.448
5	−2.126	0.258	0.508
6	−3.519	8.001	2.829
7	−1.889	0.191	0.437
8	−4.293	1.996	1.413
9	−4.186	1.856	1.362
10	−1.426	0.321	0.567
11	−3.198	4.640	2.154

续表

测点号	$\bar{X}(\mu)$	$S^2(\sigma^2)$	$S(\sigma)$
12	−1.956	0.403	0.635
13	−4.811	0.938	0.968
14	−2.076	2.727	1.651
15	−5.476	15.076	3.883
16	−2.023	3.509	1.873
17	−1.988	0.274	0.523
18	−1.994	0.374	0.612
19	−1.875	0.255	0.505
20	−4.233	1.627	1.276
21	−2.715	2.411	1.553
22	−4.607	2.955	1.719
23	−2.461	2.723	1.650

表 3-8 工况 3 脉动压强服从对数正态分布的参数值

测点号	$\bar{X}(\mu)$	$S^2(\sigma^2)$	$S(\sigma)$
1	−1.968	0.530	0.728
2	−1.923	0.554	0.744
3	−4.395	2.032	1.426
4	−4.479	2.724	1.651
5	−3.262	3.606	1.899
6	−2.035	0.253	0.503
7	−2.246	0.302	0.550
8	−1.995	0.492	0.701
9	−1.968	3.252	1.803
10	−4.375	1.634	1.278
11	−4.284	1.919	1.385
12	−3.569	4.275	2.068
13	−2.130	0.252	0.502
14	−2.007	0.264	0.514
15	−2.337	1.258	1.122
16	−1.903	0.495	0.703
17	−2.194	0.299	0.547
18	−4.853	2.848	1.688
19	−1.351	0.298	0.546
20	−1.249	0.308	0.555
21	−2.662	3.782	1.945
22	−1.965	2.820	1.679
23	−1.924	0.531	0.729

表 3-9　工况 4 脉动压强服从对数正态分布的参数值

测点号	$\bar{X}(\mu)$	$S^2(\sigma^2)$	$S(\sigma)$
1	−1.235	0.858	0.926
2	−1.195	0.804	0.896
3	−3.317	2.572	1.604
4	−2.018	0.766	0.875
5	−2.632	2.650	1.628
6	−1.895	0.218	0.467
7	−2.014	0.282	0.531
8	−1.309	0.797	0.893
9	−1.243	3.010	1.735
10	−1.895	0.247	0.497
11	−2.993	2.977	1.725
12	−2.882	3.647	1.910
13	−1.195	0.804	0.896
14	−1.745	0.274	0.524
15	−1.376	0.623	0.789
16	−1.576	0.145	0.381
17	−1.965	3.446	1.856
18	−3.300	4.113	2.028
19	−3.221	3.535	1.880
20	−1.402	0.291	0.539
21	−1.480	0.199	0.446
22	−1.350	2.852	1.689
23	−3.335	2.032	1.425

这些参数值仅仅是针对本次研究过程中的相应流量过程来说的。要增加适用性，还需要在后期的研究过程中积累资料，展开分析，以便应用于后续的研究工作。

3.3　基于流量过程和最大冲深的丁坝可靠性及使用寿命分析

3.3.1　流量过程经验频率推求

抛石丁坝在水毁过程中，坝后冲刷坑对其水毁的影响不容忽视，绝大多数坝体在受到中水尤其是洪水连续冲击后，坝头及坝后都会出现较深的冲刷坑，特别是在面对洪峰流量作用下，坝坡由于基础的掏空而形成坍塌。因此，冲刷坑对抛石丁坝稳定性影响有着至关

第 3 章 丁坝可靠度及使用寿命分析

重要的影响。抛石丁坝水毁因素的最终来源都是流量作用,所以,这里以流量过程作为控制条件。

在水文知识里,适线法(也称为配线法)是求解水文频率的常用方法,其中经验频率 P 的计算往往依赖于样本个数 k,其计算公式为

$$P = \frac{1}{k}\left({}_1P_m + {}_2P_m + \cdots + {}_kP_m\right) \tag{3.4}$$

式中,k 为样本个数;m 为在每个样本中取同序项的序数。

当 $k \to \infty$ 时,公式(3.4)可简化为 $P = \dfrac{m}{n+1}$。该式子在水文计算中常称为期望公式,其作用是为了估算经验频率。生活中常听到用"重现期"来表示一个流量过程出现的频率,在《工程水文学》(詹道江等,2010)中给出了"重现期"和经验频率之间的换算公式。

当研究暴雨和洪水时,一般经验频率 $P<50\%$,换算公式为

$$T = \frac{1}{P} \tag{3.5}$$

式中,T 为重现期,单位是"年";P 为经验频率,常用小数或百分数表示。

当研究枯水问题时,一般经验频率 $P>50\%$,换算公式为

$$T = \frac{1}{1-P} \tag{3.6}$$

对本次动床试验过程所用的 12 个流量过程中共 6 个重现期进行经验频率换算,如表 3-10 所示。

表 3-10 重现期与经验频率的换算

流量过程的重现期	经验频率 P%
3 年一遇(Q95.45T35)	33.30
5 年一遇(Q58.35T35)	20
5 年一遇(Q30T70)	20
5 年一遇(Q45.25T45.25)	20
10 年一遇(Q30T35)	10
20 年一遇(Q30T18)	5
50 年一遇(Q30T7.5)	2
10 年一遇(Q12.38W20)	10
10 年一遇(Q15W15)	10
10 年一遇(Q20W12.38)	10
20 年一遇(Q20W5.38)	5
30 年一遇(Q30W3.47)	3.30

3.3.2 丁坝失效准则

丁坝作为航道整治建筑物类型中的一种，其主要功能在于挑流，提高流速冲刷浅滩，壅高滩上水位，增加航道水深。但是关于水毁失效准则的界定目前还没有相应的规范，重庆交通大学韩林峰等(2013)提出以丁坝坝体水毁体积比 30%(冲毁体积占坝头体积的 30%)来作为评判标准，是因为此时丁坝结构的水毁破坏造成坝体无法完成其挑流功能。通过对长江上游的丁坝进行调研，发现长江上游河床多由粒径较大的卵石构成，在丁坝坝头下游一定距离处水毁破坏时形成的冲深往往达到 2~6m。根据实测资料，最大冲深也往往达到 2~6m 的范围，所以，认为该最大冲深的区间范围数值有效。不妨取其均值为 4m。即可将丁坝失效的临界最大冲深定为 4m。

关于"失效"，从不同角度分析有不同的表征参数，韩林峰定义的"水毁体积比"是从坝体结构水毁后分析其挑流功能失效而得出的，而这里定出"临界最大冲深 4m"，是从其挑流功能失效，需要人为干预得来的。本书的思路是不管结构的损毁程度如何，只要到了需要人为干预的程度，就说明其挑流功能失效，无论坝体结构是否毁坏，都需要人工去修补坝体或者对冲刷坑进行填充，避免后期造成更大的损害。

在试验过程中，"临界最大冲深 4m"换算为本次模型为 10cm。以定床试验中工况 3 的流量过程(20 年一遇 Q30T18，同动床 M6 工况)，在同一流量过程下，考虑丁坝定床试验中 3 号断面的 3 号平均流速测点，位置在坝轴线上靠近坝头边缘处。因为这个测点最接近坝头，坝头是否水毁都会在流速上及时反映出来。其随时间跟踪的平均流速、最大冲深和流量如图 3-38。

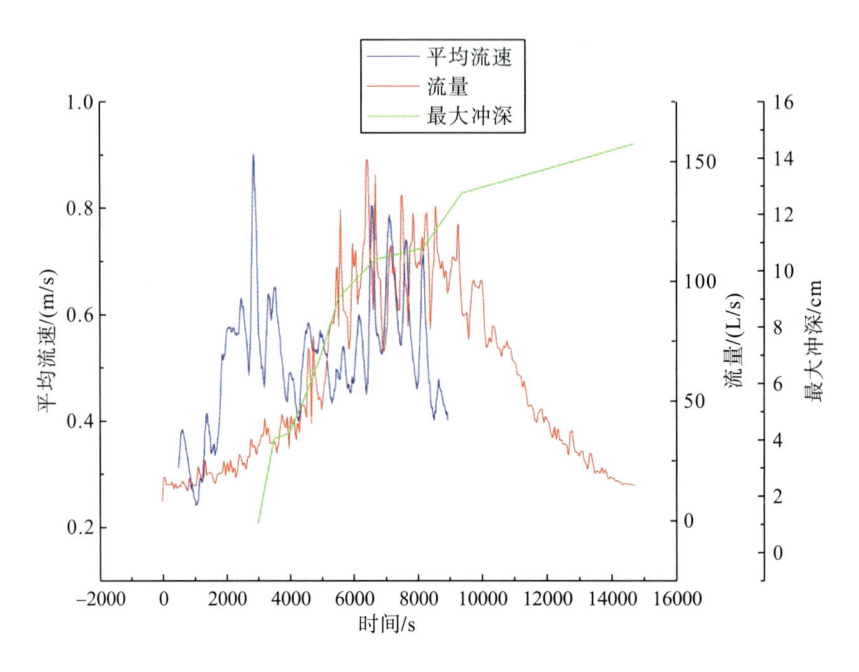

图 3-38 3 号断面 3 号测点平均流速、最大冲深和流量

从图 3-38 中可以发现，在 3000s 时刻，随着流量的增加，此时平均流速出现大幅度变化，而随着流量继续增加，大约在 5000s 时刻平均流速变幅减小维持在一个较稳定的状态，此时模型试验的最大冲深达到 10cm 左右，原型即为 4m，说明坝头出现水毁，断面扩大，流速才会减小。在 5000~9000s 时，流量达到最大值，变幅也达到最大值，所以流速出现重新变大的现象，冲深继续扩大，而在 9000s 左右流量还比较大时，平均流速突然变小，说明坝头严重水毁。其挑流功能严重受到影响。从试验结果可以发现，"水毁体积比"取 30%这一标准和"临界最大冲深 4m"从丁坝是否能够发挥其挑流能力角度来讲，作为评判准则效果基本一致。即最大冲深达到 4m 的时候，其水毁体积比基本满足 30%。只是二者出发点不同，"水毁体积比"是从坝体结构是否破坏来评判，本书是从是否需要对其进行"人工干预"来考虑，殊途同归。综上所述，取"临界最大冲深 4m"为需要人工干预的判据，即失效准则。

3.3.3 基于可靠性的抛石丁坝寿命预测

1. 原型流量过程期望函数

根据流量过程重现期（经验频率）的意义可以知道，流量在 $(\mu-a\sigma_下,\mu+a\sigma_上)$ 范围内的概率满足 $1-P$，其中 a 为标准差的倍数。由前文已知，1954~2008 年共 55 年的原型流量过程中同一天的日均流量服从正态分布，在正态分布里，由公式

$$\begin{aligned}P\{\mu-a\sigma &< X < \mu+a\sigma\} \\ &= \Phi(a)-\Phi(-a) \\ &= \Phi(a)-[1-\Phi(a)] \\ &= 2\Phi(a)-1\end{aligned} \tag{3.7}$$

可计算出在正态分布里面 a 分位点及标准差的倍数，如表 3-11。

表 3-11 相应概率下标准差倍数值

流量重现期	经验频率 P%	$(1-P)$%	倍数 a
3 年一遇（Q95.45T35）	33.30	66.70	0.97
5 年一遇（Q58.35T35）	20	80	1.28
5 年一遇（Q30T70）	20	80	1.28
5 年一遇（Q45.25T45.25）	20	80	1.28
10 年一遇（Q30T35）	10	90	1.65
20 年一遇（Q30T18）	5	95	2
50 年一遇（Q30T7.5）	2	98	2.33
10 年一遇（Q12.38W20）	10	90	1.65
10 年一遇（Q15W15）	10	90	1.65
10 年一遇（Q20W12.38）	10	90	1.65
20 年一遇（Q20W5.38）	5	95	2
30 年一遇（Q30W3.47）	3.30	96.70	2.12

在 55 年原型流量资料里面，可以对每一天的日均流量求解出一个均值，这样就可以求出 55 年原型流量资料的日均流量过程。用 MATLAB 软件的曲线拟合工具箱拟合出期望函数，经过对比，用高斯（Gauss）函数拟合效果最好，故选用高斯函数进行拟合，并选择 4 项叠加。用 MATLAB 软件的曲线拟合工具箱拟合出的期望函数为

$$f(x)=a_1 e^{-\left[\frac{(x-b_1)}{c_1}\right]^2}+a_2 e^{-\left[\frac{(x-b_2)}{c_2}\right]^2}+a_3 e^{-\left[\frac{(x-b_3)}{c_3}\right]^2}+a_4 e^{-\left[\frac{(x-b_4)}{c_4}\right]^2} \quad (3.8)$$

（等价于 $f(x)=a_1\exp(-((x-b_1)/c_1)^2)+a_2\exp(-((x-b_2)/c_2)^2)+a_3\exp(-((x-b_3)/c_3)^2)+a_4\exp(-((x-b_4)/c_4)^2)$）

式中，$x\in[0,365]$（单位：天）。

其中，各参数取值如下（下面括号内为对应参数的置信区间，置信区间均满足 95%的置信水平，另外，为表述方便，参数值带 e 的意义为科学记数法，以 c_4 为例：c_4=1.282×10^4）。

a_1= 7117（6788，7447），b_1= 191.2（190.8，191.6）

c_1=12.5（11.77，13.23），a_2=2.098e+04（2.066e+04，2.129e+04）

b_2=232.3（231.7，233），c_2=73.84（72.73，74.96）

a_3=-2714（-3398，-2029），b_3= 221.6（221.1，222.1）

c_3= 2.332（1.634，3.031），a_4= 8.728e+08（-5.929e+12，5.931e+12）

b_4=-4.529e+04（-2.461e+07，2.452e+07），c_4= 1.282e+04（-3.449e+06，3.475e+06）

另外，反映拟合程度优劣的指标结果如下：SSE 为 8.054e+07；R-square 为 0.9965；Adjusted R-square 为 0.9964；RMSE 为 477.7。

常用确定性系数 R-Square（也称为可决系数）来反映对样本数据拟合程度的好坏，R-square∈[0，1]，其值越大，表明拟合程度越好，在该公式拟合中 R-square=0.9965。显然，表明此次拟合程度相当接近。RMSE 为标准差，Adjusted R-square 为校正后的确定系数，SSE 为误差平方和。样本期望数据拟合曲线如图 3-39 所示。

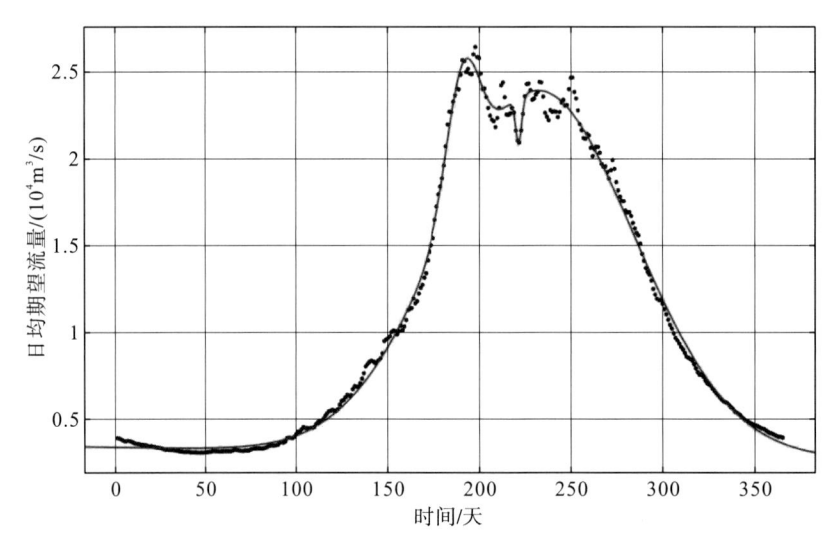

图 3-39　55 年原型流量期望值拟合期望函数图

2. 原型流量过程期望函数的标准差

1954～2008 年的原型流量过程中，选取每一天的流量数据与对应当天的期望值来求解该天的标准差，为了防止标准差较大时，出现期望值和标准差作差后出现负值的结果（显然，流量不可能为负值，因为天然状态下，长江水不可能倒流），所以采取期望值以上部分求解出一个"上标准差"，期望值以下部分求解出一个"下标准差"。这里以 1 月 1 日的流量数据为例，如表 3-12。

表 3-12 1954～2008 年流量过程 1 月 1 日日均流量

年份	1954	1955	1956	1957	1958	1959	1960	1961	1962	1963
日均流量	5320	4030	3950	3700	3800	3590	3820	3890	3760	3980
年份	1964	1965	1966	1967	1968	1969	1970	1971	1972	1973
日均流量	4160	4430	4200	4320	3660	3390	4100	3510	3220	3630
年份	1974	1975	1976	1977	1978	1979	1980	1981	1982	1983
日均流量	4160	3430	3770	3570	3670	4130	3900	3340	3580	3740
年份	1984	1985	1986	1987	1988	1989	1990	1991	1992	1993
日均流量	3300	3710	3600	3600	4060	4640	4030	4580	3000	4010
年份	1994	1995	1996	1997	1998	1999	2000	2001	2002	2003
日均流量	3710	4360	3160	3210	4410	4180	4090	4470	3460	3790
年份	2004	2005	2006	2007	2008					
日均流量	4270	4140	3730	4430	4130					

注：表中日均流量的单位为 m³/s。

由均值公式 $\bar{X} = \sum_{i=1}^{n} X_i$ 可计算得出 1 月 1 日日均流量为 3887.636m³/s，根据标准差的定义，将 1 月 1 日的 55 个流量值与其期望值 3887.636 相减，区分出正值和负值，针对正负值，分别按照样本方差公式 $\sigma = \sqrt{\dfrac{\sum_{i=1}^{n}(X_i - \bar{X})^2}{n-1}}$ 求解出"上标准差"和"下标准差"（这里将大于期望函数的数据点相对于期望函数求得的标准差称为"上标准差"，将小于期望函数的数据点相对于期望函数求得的标准差称为"下标准差"）。这里需要注意的是，$\bar{X}$ 在这里不是一个固定常数，是按照期望函数对应于 X_i 各时刻，代入期望函数求解出来的值。

同理，365 天每一天都用同样的方法，即可将每一天的"上标准差"和"下标准差"求解出来，并将求解出的 365 个"上标准差"和"下标准差"分别求出一个均值。当然计算量较大，故采用 MATLAB 软件编程求解。解得"上标准差"的均值为 4322.8m³/s；"下标准差"的均值为 2822.9m³/s。在非恒定流条件下，期望是随时间变化的一个函数，相应地，实质上期望函数的上下标准差也同样是一个关于时间 t 的函数，但是若将标准差按照随时间变化处理，就必然要涉及"场"的理论，无疑是增加了难度。因此，这里将其进行简化,分别取期望函数线上下标准差的均值,将其看作一个常数来处理,即我们认为各时刻满足其标准差均值的概率为1。

3. 可靠性概率

在实际工程中,水流对丁坝附近床面的冲刷对结构影响甚大,冲刷形成的冲刷坑蚕食坝体基础,最终使坝体基础淘空,最终形成坍塌从而使抛石丁坝坝体从结构层面毁坏,给后期工作增加了较大维修成本和工作量,这是实际工程中不能接受的。因此,对基于"流量过程-最大冲深"失效模式的研究是十分有必要的,这里选择"最大冲深"这一指标来进行研究,"最大冲深"可以认为是最不利工况。根据实验分析结果,这里给出"圆弧直头坝,坝长50cm,挑角90°,动床床面泥沙中值粒径1mm"条件下的分析成果,按照相应比尺换算为对应的原型"圆弧直头坝,坝长20m,挑角90°,动床床面泥沙中值粒径4cm"。由于概化模型试验条件有限,故这里只以"圆弧直头坝,坝长50cm,挑角90°,动床床面泥沙中值粒径1mm"为例给出基于流量过程和最大冲深条件下丁坝可靠性保证率的求解方法。

综上所述,流量过程和最大冲深的对应结果如表3-13所示。

表3-13 基于流量过程和最大冲深的可靠性水平

动床工况	流量重现期	经验频率 P%	流量 Q 的置信区间/(m³/s)	置信水平 α%	$\sigma_{上}$/(m³/s)	$\sigma_{下}$/(m³/s)	原型最大冲深/m
M1	3年一遇(Q95.45T35)	33.3	$(f(x)-0.97\sigma_{下}, f(x)+0.97\sigma_{上})$	66.7			3.11
M2	5年一遇(Q58.35T35)	20.0	$(f(x)-1.28\sigma_{下}, f(x)+1.28\sigma_{上})$	80.0			5.27
M3	5年一遇(Q30T70)	20.0	$(f(x)-1.28\sigma_{下}, f(x)+1.28\sigma_{上})$	80.0			4.09
M4	5年一遇(Q45.25T45.25)	20.0	$(f(x)-1.28\sigma_{下}, f(x)+1.28\sigma_{上})$	80.0			5.05
M5	10年一遇(Q30T35)	10.0	$(f(x)-1.65\sigma_{下}, f(x)+1.65\sigma_{上})$	90.0			6.29
M6	20年一遇(Q30T18)	5.0	$(f(x)-2\sigma_{下}, f(x)+2\sigma_{上})$	95.0	4322.8	2822.9	5.80
M7	50年一遇(Q30T7.5)	2.0	$(f(x)-2.33\sigma_{下}, f(x)+2.33\sigma_{上})$	98.0			6.02
M17	10年一遇(Q12.38W20)	10.0	$(f(x)-1.65\sigma_{下}, f(x)+1.65\sigma_{上})$	90.0			6.30
M18	10年一遇(Q15W15)	10.0	$(f(x)-1.65\sigma_{下}, f(x)+1.65\sigma_{上})$	90.0			6.76
M19	10年一遇(Q20W12.38)	10.0	$(f(x)-1.65\sigma_{下}, f(x)+1.65\sigma_{上})$	90.0			5.55
M20	20年一遇(Q20W5.38)	5.0	$(f(x)-2\sigma_{下}, f(x)+2\sigma_{上})$	95.0			6.20
M21	30年一遇(Q30W3.47)	3.3	$(f(x)-2.12\sigma_{下}, f(x)+2.12\sigma_{上})$	96.7			6.26

以工况M1为例,假设目前有新建的一座抛石丁坝或者已维修好的一座抛石丁坝,设其可靠度为1。水文部门预估将会遭遇3年一遇(Q95.45T35)流量过程的洪水,那么,我们可以预估流量大小范围在$[f(x)-0.97\sigma_{下}, f(x)+0.97\sigma_{上}]$,置信水平可达到66.7%,超过该范围流量洪水的概率为33.3%,在该范围内的流量过程必然会造成约3.11m的最大冲深(表3-13),冲深小于等于3.11m的概率为66.7%。由于3.11m<4m,因此可以预测在下一个流量过程下有P_r=66.7%的把握保证丁坝可靠。从使用寿命上来讲,则有66.7%的概率可

以迎接下一个汛期(或下一个流量过程)。其"单次寿命 T"为至少一年(有 66.7%的概率)。其中,$\sigma_上$和$\sigma_下$可取表 3-13 中的数据,$f(x)$可按照 3.3.3 节中求解期望函数的方法求解。

综合上述分析,可根据可靠性的大小确定是否需要"人为干预"管理维修的"单次使用寿命"。

3.3.4 流量过程和最大冲深的关系分析

最大冲深对丁坝结构稳定性影响甚大,基于流量过程和冲深的对应关系采用概率模型来对下一个寿命周期抛石丁坝的可靠性和寿命进行预估,可以肯定,最大冲深和流量过程的经验频率之间也存在着某种联系,根据动床试验,可以基于现有数据对在实际河道中丁坝附近的最大冲深随流量过程的经验频率的变化趋势进行一些探索。

1. 流量过程经验频率-最大冲深的关系

将同一重现期(经验频率)下流量过程对应的多个工况的最大冲深取均值,如表 3-13 中,10 年一遇(经验频率为 10%)的流量过程分别为动床工况 M5(Q30T35)、M17(Q12.38W20)、M18(Q15W15)、M19(Q20W12.38),其对应的最大冲深分别为 6.29m、6.30m、6.76m、5.55m,取均值为 6.23m。因此,其趋势图如图 3-40 所示。

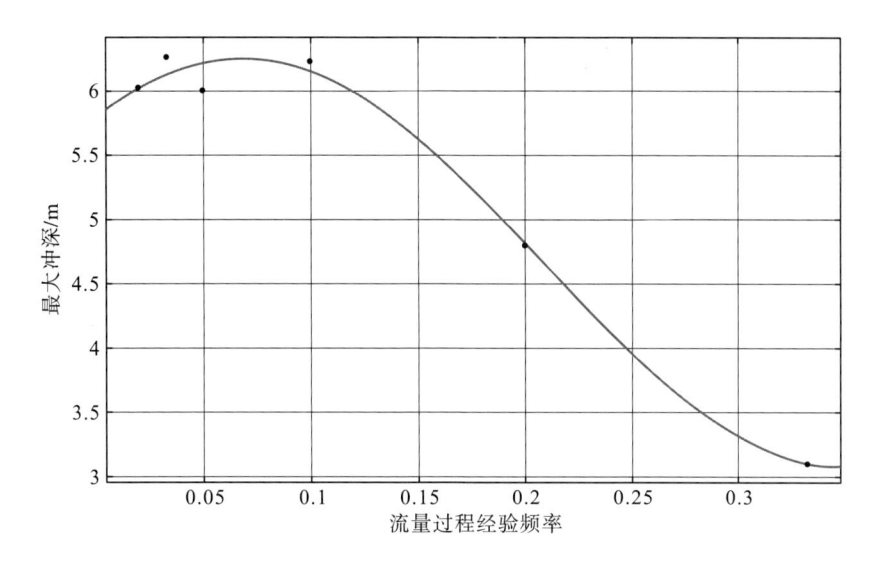

图 3-40 流量过程经验频率-最大冲深的变化趋势

由于动床试验数据有限,因此在图上只有 6 个点,从这 6 个点可以大致看出最大冲深随着流量过程经验频率的变化趋势,也就是说,流量过程的经验频率越大(重现期越小),最大冲深也会越小,其整体呈现出平滑的曲线下滑趋势。通过 MATLAB 软件曲线拟合工具箱,采用傅里叶函数对其进行拟合,拟合后的函数如下:

$$f(x)=a_0+a_1\times\cos(wx)+b_1\times\sin(wx) \quad (3.9)$$

式中，a_0= 4.664（3.988，5.34）；a_1=1.136（-0.2584，2.531）；b_1= 1.098（-0.2614，2.457）；w = 11.21（2.781，19.64）。

注：括号内为对应参数取值的置信区间，置信水平为95%。

其拟合优劣水平评价指标如下：

SSE：0.07087。R-square：0.9909。adjusted R-square：0.9772。RMSE：0.1882。

可以发现，确定性系数 R-square 为 0.9909，说明拟合程度已经十分接近。当然，由于数据点太少，所以该公式应用的准确水平还有待实际工程的检验，但是有一点可以明确的是，基于现有有限的数据点，从"流量过程经验频率-最大冲深的关系"研究可知，可以清晰地看出最大冲深的变化趋势，其具体数量关系有待今后补充数据点个数，进一步研究。

2."单峰型"流量过程经验频率-最大冲深的关系

从12个流量过程中选择出波峰为"单峰"型的流量过程，分别为：

50年一遇：工况 M7（Q30T7.5）；

30年一遇：工况 M21（Q30W3.47）；

20年一遇：工况 M20（Q20W5.38）；

10年一遇：工况 M17（Q12.38W20）、M18（Q15W15）、M19（Q20W12.38）；

5年一遇：工况 M3（Q30T70）。

其对应冲深分别为：6.02m、6.26m、6.20m、6.20m（工况 M17、M18、M19 对应最大冲深的均值）、4.09m（表3-13）。其变化趋势图如图3-41所示。

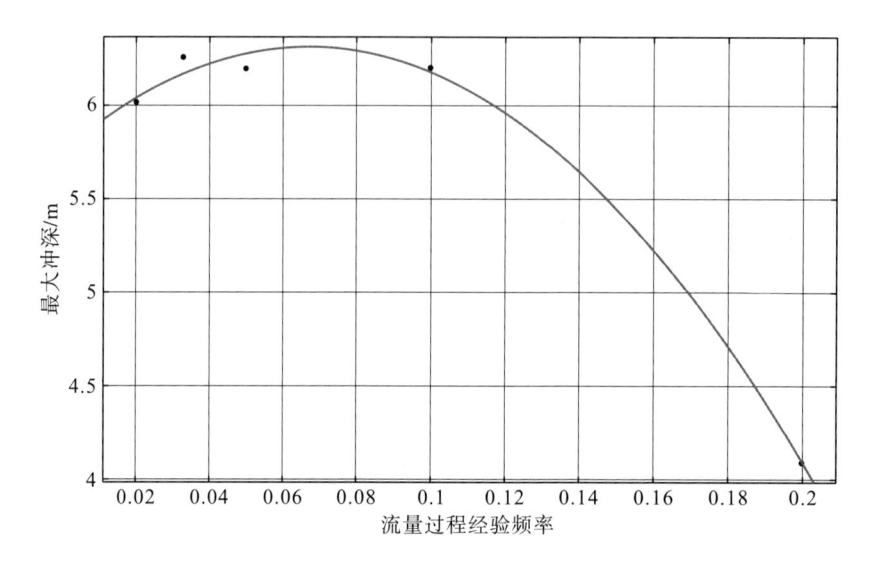

图3-41 "单峰型"流量过程经验频率-最大冲深的变化趋势

从图3-41中可以发现，"单峰型"流量过程经验频率-最大冲深的变化趋势和图3-40中的变化趋势基本一致，从拟合的函数曲线上来看，变化率不同。当然，由于数据点较少，拟合曲线实际准确性有待进一步实际工程检验，但是可以为"单峰型"流量过程经验频率-

第3章 丁坝可靠度及使用寿命分析

最大冲深的变化趋势研究提供一些参考。这里给出其拟合函数具体形式：

$$f(x)=a_0+a_1\times\cos(wx)+b_1\times\sin(wx)$$

式中，

$$a_0 = -1.254\text{e}+05\ (-5.045\text{e}+11,\ 5.045\text{e}+11)$$
$$a_1 = 1.254\text{e}+05\ (-5.045\text{e}+11,\ 5.045\text{e}+11)$$
$$b_1 = -375.1\ (-7.542\text{e}+08,\ 7.542\text{e}+08)$$
$$w = -0.04474\ (-8.995\text{e}+04,\ 8.995\text{e}+04)$$

括号内为对应参数取值的置信区间，置信水平为95%，另外，为表述方便，上述带e的参数值意义为科学记数法，以a_1为例，$a_1=1.254\text{e}+05=1.254\times10^5$。

其拟合优劣水平评价指标如下：
SSE：0.01523。R-square：0.9956。Adjusted R-square：0.9826。RMSE：0.1234。

可以发现，确定性系数R-square为0.9956，说明拟合程度已经十分接近。当然，由于数据点太少，所以该公式应用的准确水平还有待实际工程的检验，但是有一点可以明确的是，基于现有有限的数据点，从"'单峰型'流量过程经验频率-最大冲深的关系"研究可知最大冲深的变化趋势，其具体数量关系有待今后补充数据点个数，进一步研究。

3. "双峰型"流量过程经验频率-最大冲深的关系

在12个模型流量过程中筛选出"双峰型"流量过程（表3-13）：

20年一遇：工况M6（Q30T18）；

5年一遇：工况M2（Q58.35T35）、M4（Q45.25T45.25）。

其分别对应的最大冲深为5.80m和5.16m（工况M2和M4最大冲深的均值）。这里由于数据点不足，因此直接画出"双峰型"流量过程经验频率-最大冲深在图中呈现出的情况，如图3-42所示。

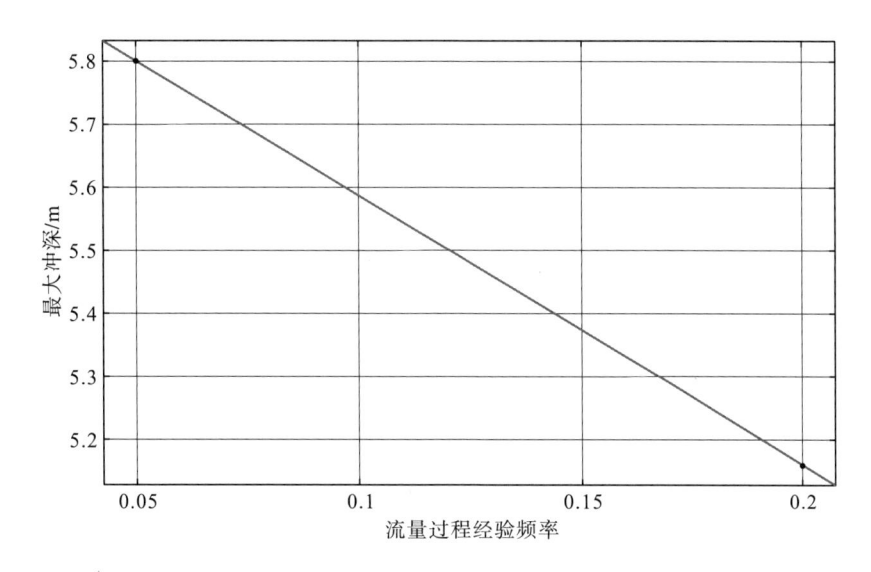

图3-42 "双峰型"流量过程经验频率-最大冲深的变化趋势

这条直线的函数式为

$$f(x) = p_1 \times x + p_2$$

式中，$p_1 = -4.267$，$p_2 = 6.013$。

当然，这个函数远远不能反映二者的关系，可以从其中看出整体是一个下降趋势。其具体数量关系有待今后补充数据点个数，进一步研究。

4. "多峰型"流量过程经验频率-最大冲深的关系

在12个模型流量过程中筛选出"多峰型"流量过程(表3-13)：

10年一遇：工况 M5(Q30T35)；

3年一遇：工况 M1(Q95.45T35)。

其分别对应的最大冲深为6.29m和3.11m。这里由于数据点不足，因此直接画出"双峰型"流量过程经验频率-最大冲深在图中呈现出的情况，如图3-43所示。

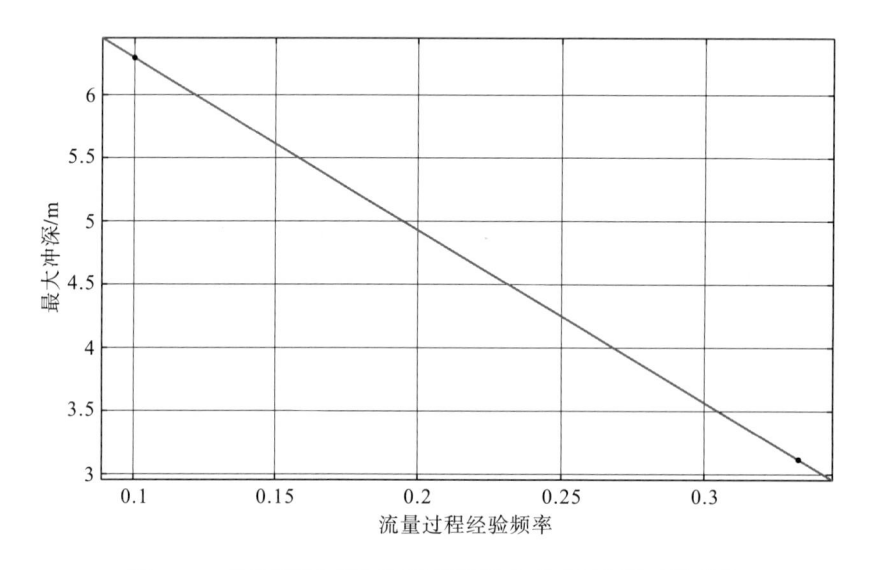

图3-43 "多峰型"流量过程经验频率-最大冲深的变化趋势

这条直线的函数式为

$$f(x) = p_1 \times x + p_2 \tag{3.10}$$

式中，$p_1 = -13.65$，$p_2 = 7.655$。

当然，由于数据点数不足，这个函数远远不能反映二者的关系，可以从其中看出整体是一个下降趋势。其具体数量关系有待今后补充数据点个数，进一步研究。

综上所述，这四种类型的"流量过程经验频率-最大冲深"变化关系均为整体下降趋势，其具体的数量关系需要后期进一步统计实际工程总的原型资料或者设计专门的动床试验进行进一步的研究。

3.4 基于流量过程和脉动压强的可靠性分析

航道整治建筑物水毁因素都是流量，也就是说，不论是坝后最大冲深，还是脉动压强，又或者是丁坝坝面的纵向瞬时流速，它们产生的最根本原因都是基于流量过程。而在可靠度计算中，或者丁坝在未来的一次流量过程中能否抵抗冲击完成其整治功能，都需要对流量过程进行分析，而现在我国的水文预报完全有能力对下一年或者下一个汛期的流量过程作出比较准确的预报。因此，通过流量过程来对丁坝在未来可靠性及其寿命进行预测就显示出了便利性。关于实际流量过程的分析在 3.3 节中做了比较详细的分析，期望函数、上下标准差以及流量过程的置信区间都已给出，这里不再赘述。这里对脉动压强的分析进行讨论。

脉动压强的测量是在定床试验工况下测定，坝体表面共布置了 23 个测点，4 个流量过程共有 12 种工况，这里重点探究坝长为 50cm 的圆弧直头坝。

1. 脉动压强值自然对数的期望函数

1) 单个测点脉动压强值自然对数的期望函数求解

在一个流量过程作用下，某一个测点的脉动压强是随时间变化的一个过程，那么它的期望函数也会是一个随着时间变化的过程。在 3.3 节中经过假设检验，确定了单个测点的脉动压强值的变化值较好地服从对数正态分布。

这里以工况 1 中 2 号测点为例。

将 2 号测点在工况 1 的流量过程[5 年一遇(Q30T70)]所测脉动压强对数值随时间变化数据通过 MATLAB 软件曲线拟合工具箱拟合期望函数，在拟合过程中，使期望函数线大体满足散点的变化趋势并使其位于中央，如图 3-44 所示。

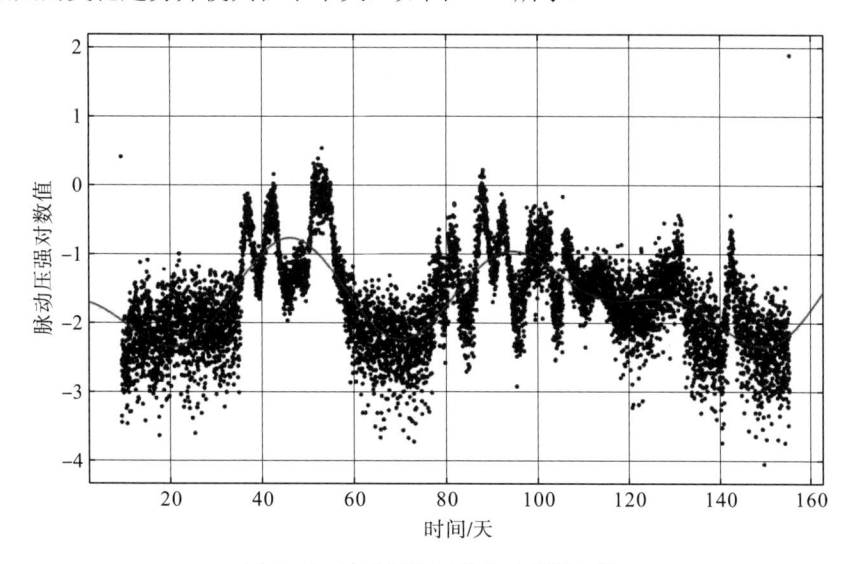

图 3-44 脉动压强对数值的期望函数

期望函数公式为
$$f(x) = a_0 + a_1\cos(wx) + b_1\sin(wx) + a_2\cos(2wx) + b_2\sin(2wx) + a_3\cos(3wx) + b_3\sin(3wx) \tag{3.11}$$

式中，$x \in [9, 156]$（单位：天）；

$a_0 = -1.601$（-1.612，-1.589），$a_1 = -0.1546$（-0.1731，-0.1361）

$b_1 = -0.1307$（-0.147，-0.1144），$a_2 = -0.2652$（-0.2876，-0.2427）

$b_2 = -0.388$（-0.4106，-0.3653），$a_3 = 0.3466$（0.3239，0.3693）

$b_3 = 0.2224$（0.1938，0.251），$w = 0.04864$（0.04828，0.049）

上述各参数值后括号内表示取值的区间，其置信水平满足 95%。其余各个测点的脉动压强自然对数值的期望函数求解方法同上。

2) 坝面测点脉动压强对数值的期望函数

这里以工况 1（流量过程为 5 年一遇 Q30T70）为例，给出坝面 23 个测点的脉动压强对数值的期望函数：

$$\begin{aligned}f(x) = &a_0 + a_1\cos(wx) + b_1\sin(wx) + a_2\cos(2wx) + b_2\sin(2wx) \\ &+ a_3\cos(3wx) + b_3\sin(3wx) + a_4\cos(4wx) + b_4\sin(4wx)\end{aligned} \tag{3.12}$$

式中，x 为时间（单位：天），$x \in [9, 156]$。

工况 1 的 23 个测点的参数见表 3-14 所示。

表 3-14　工况 1 的 23 个测点的参数

测点号	a_0	a_1	b_1	a_2	b_2	a_3	b_3	a_4	b_4	w
1	-2.113	-0.1767	-0.13	-0.1506	-0.5701	0.1785	0.4083	0	0	0.04959
2	-1.601	-0.1546	-0.1307	-0.2652	-0.388	0.3466	0.2224	0	0	0.04864
3	-3.608	-0.4372	-0.9565	-0.8273	-0.9651	0.9329	-0.1627	-0.6609	0.1554	0.04572
4	-3.563	-0.4467	-1.023	-0.9134	-1.036	0.994	-0.2188	-0.7737	0.1828	0.04553
5	-2.421	-0.1541	-0.3063	-0.9776	-0.623	0.4694	-0.5479	-0.2345	-0.3509	0.04439
6	-2.005	-0.0742	-0.0341	-0.06393	0.02278	0	0	0	0	0.08588
7	-2.202	-0.1341	-0.0349	-0.1662	-0.0253	0	0	0	0	0.04119
8	-2.072	-0.1836	-0.0799	-0.1126	-0.5202	0.1356	0.381	0	0	0.04982
9	-1.498	-0.1629	-0.0493	-0.1117	-0.4243	0.1494	0.3004	0	0	0.04958
10	-3.618	0.1397	-0.5049	-0.08864	-1.053	0.695	0.6775	0	0	0.05082
11	-3.287	-0.3118	-0.8409	-0.5995	-0.9838	0.891	0.1274	-0.6441	-0.1112	0.04598
12	-2.687	-0.1675	-0.4092	-1.183	-0.8432	0.6542	-0.5924	-0.2977	-0.4593	0.04477
13	-2.039	-0.085	-0.0148	-0.1115	-0.1143	0	0	0	0	0.04581
14	-2.02	-0.0996	-0.0917	-0.1771	-0.1786	0.1763	-0.01065	0	0	0.04535
15	-2.3×10^{12}	3.6×10^{12}	3.1×10^{11}	-1.8×10^{12}	-3×10^{11}	5×10^{11}	1.32×10^{11}	-6×10^{10}	-2×10^{10}	0.00103
16	-1.912	-0.0602	-0.0553	-0.06206	-0.1755	0.09689	0.108	0	0	0.04857

续表

测点号	a_0	a_1	b_1	a_2	b_2	a_3	b_3	a_4	b_4	w
17	-2.003	-0.0712	-0.0971	-0.1864	-0.2393	0.2121	0.03794	0	0	0.04708
18	-3.184	0.1936	-1.086	-0.1495	-1.492	0.9886	0.8229	0	0	0.0492
19	-1.286	-0.139	-0.1082	0.05317	0.06454	0.1066	-0.0165	0.09436	-0.1133	0.1287
20	-1.8	0.04835	0.01806	0.03217	-0.0011	0	0	0	0	0.3573
21	-2.111	-0.6364	-0.5986	-1.507	-0.6273	0.5086	-0.9256	-0.4039	0.04779	0.04339
22	-1.568	-0.1902	0.01548	-0.1071	-0.2603	0.1753	0.1786	-0.0852	-0.1243	0.04792
23	-1.894	-0.5184	0.06256	-0.2601	0.2236	0	0	0	0	0.03542

2. 坝面脉动压强值自然对数的置信区间和标准差

从图 3-44 可以发现，期望函数上下部分都有很多数据点，本书将由期望函数以上部分的点和相对于期望函数求解出的标准差称为"上标准差"，将期望函数以下部分的点相对于期望函数求解出的标准差称为"下标准差"。以工况 1 的 2 号测点为例，随着时间的变化共有 7892 个数据，它的期望函数是一个随时间变化的量，将 7892 个数据和对应时间点的均值作差，然后找出正值和负值，分别通过样本方差公式 $\sigma_\text{上}=\sqrt{\dfrac{\sum_{i=1}^{n}(X_i-\overline{X})^2}{n-1}}$ 和 $\sigma_\text{下}=\sqrt{\dfrac{\sum_{i=1}^{n}(X_i-\overline{X})^2}{n-1}}$ 计算"上下标准差"，其中，X_i 为数据点的值，$\overline{X}$ 为对应点的期望值。这里需要注意的是，$\overline{X}$ 在这里不是一个固定常数，是按照期望函数对应于 X_i 各时刻，代入期望函数求解出来的值。

因此，经计算，工况 1-2 号测点的脉动压强对数值"上标准差"为 0.50927，"下标准差"为 0.515186。其期望函数前文已经叙述，为 $f(x)$，所以 2 号测点在流量过程 5 年一遇（Q30T70）作用下，脉动压强对数值的置信区间为 $(f(x)-1.28\times0.515186, f(x)+1.28\times0.50927)$，这里取 1.28 倍的标准差是因为 5 年一遇的流量过程的流量范围取值即取期望加 1.28 倍的标准差，置信水平为 80%。因为函数 $y=\ln(x)$ 是一个单调递增函数，因此脉动压强的置信区间为 $\left(\mathrm{e}^{[f(x)-1.28\times0.515186]}, \mathrm{e}^{[f(x)+1.28\times0.50927]}\right)$，其置信水平为 80%。

当然，由于数据量较大，需要通过 MATLAB 软件编写循环语句计算实现。需要说明的是，期望值是一个函数的形式，标准差的变化其实也是一个函数的形式，为了对标准差做简化，故取标准差的均值来代表。以工况 1（流量过程为 5 年一遇 Q30T70）为例，给出坝面 23 个测点的脉动压强对数值的置信区间。脉动压强对数值的置信区间和标准差如表 3-15 所示。

表 3-15　工况 1 脉动压强对数值的置信区间和标准差

工况	流量过程	测点	置信区间	置信水平	$\sigma_{上}$	$\sigma_{下}$
工况 1	5 年一遇 (Q30T70)	1	$(f(x)-1.28\sigma_{下}, f(x)+1.28\sigma_{上})$	80%	0.589	0.570
		2	$(f(x)-1.28\sigma_{下}, f(x)+1.28\sigma_{上})$		0.509	0.515
		3	$(f(x)-1.28\sigma_{下}, f(x)+1.28\sigma_{上})$		0.859	0.632
		4	$(f(x)-1.28\sigma_{下}, f(x)+1.28\sigma_{上})$		0.946	0.672
		5	$(f(x)-1.28\sigma_{下}, f(x)+1.28\sigma_{上})$		1.155	0.862
		6	$(f(x)-1.28\sigma_{下}, f(x)+1.28\sigma_{上})$		0.448	0.479
		7	$(f(x)-1.28\sigma_{下}, f(x)+1.28\sigma_{上})$		0.490	0.510
		8	$(f(x)-1.28\sigma_{下}, f(x)+1.28\sigma_{上})$		0.574	0.572
		9	$(f(x)-1.28\sigma_{下}, f(x)+1.28\sigma_{上})$		0.482	0.490
		10	$(f(x)-1.28\sigma_{下}, f(x)+1.28\sigma_{上})$		0.807	0.635
		11	$(f(x)-1.28\sigma_{下}, f(x)+1.28\sigma_{上})$		0.785	0.642
		12	$(f(x)-1.28\sigma_{下}, f(x)+1.28\sigma_{上})$		1.391	0.944
		13	$(f(x)-1.28\sigma_{下}, f(x)+1.28\sigma_{上})$		0.453	0.464
		14	$(f(x)-1.28\sigma_{下}, f(x)+1.28\sigma_{上})$		0.439	0.456
		15	$(f(x)-1.28\sigma_{下}, f(x)+1.28\sigma_{上})$		0.000	1.15×10^8
		16	$(f(x)-1.28\sigma_{下}, f(x)+1.28\sigma_{上})$		0.377	0.371
		17	$(f(x)-1.28\sigma_{下}, f(x)+1.28\sigma_{上})$		0.402	0.411
		18	$(f(x)-1.28\sigma_{下}, f(x)+1.28\sigma_{上})$		1.291	1.026
		19	$(f(x)-1.28\sigma_{下}, f(x)+1.28\sigma_{上})$		0.392	0.431
		20	$(f(x)-1.28\sigma_{下}, f(x)+1.28\sigma_{上})$		0.339	0.353
		21	$(f(x)-1.28\sigma_{下}, f(x)+1.28\sigma_{上})$		1.253	1.007
		22	$(f(x)-1.28\sigma_{下}, f(x)+1.28\sigma_{上})$		0.474	0.473
		23	$(f(x)-1.28\sigma_{下}, f(x)+1.28\sigma_{上})$		0.564	0.584

注：为表示方便，表中置信区间采用的是脉动压强对数值，如需换算为脉动压强值，只需要用 $y=e^x$ 公式求解即可，这里 x 表示置信区间的取值。

由 3.3 节可知，5 年一遇流量过程的置信区间为 $(f(x)-1.28\sigma_{下}, f(x)+1.28\sigma_{上})$，其置信水平为 80%。由正态分布性质可知，根据"3-σ"法则对于 80%对应的上分位点为"期望+1.28$\sigma_{上}$"，下分位点为"期望-1.28$\sigma_{下}$"。所以其分位点中标准差的倍数为 1.28，流量过程是产生脉动压强的最根本原因，也就是说，发生 5 年一遇的洪水，其流量范围大致在 $(f(x)-1.28\sigma_{下}, f(x)+1.28\sigma_{上})$，概率为 80%。出现所测大小的脉动压强就是一个必然事件，其概率为 1。因此，假设二者相互独立，则由公式 $P(XY)=P(X)P(Y)$ 可计算得出脉动压强出现在 $(f(x)-1.28\sigma_{下}, f(x)+1.28\sigma_{上})$，范围内的概率也是 80%，流量过程的置信水平也满足脉动压强的置信水平。也就是说，一旦出现这样的流量过程，对丁坝各个测点位置出现如表 3-15 中所述的脉动压强有 80%的保证率。脉动压强大的地方就比较可靠，脉动压强小的地方就不可靠，其概率为 80%。因此，航道管理部门就可以在对丁坝进行维修加固时，对脉动压强大的地方采取有效措施进行加固处理，这样在维修的时候就有了针对性，相对来讲就节约了资源和成本。

3.5 基于流量过程和纵向瞬时流速的可靠性分析

抛石丁坝背水坡坡脚在洪水期由于上下游水位差较大，故极易遭受翻坝水流的冲击，使背水坡坡脚纵向瞬时流速较大，造成背水坡坡脚被翻坝水流淘刷，造成基础破坏，坝身坍塌。从喻涛(2013)的研究中，可知坝背水坡坡脚处，纵向瞬时流速在洪水期大流量时变幅特别大，以工况 3 为例，背水坡坡脚纵向瞬时流速最大变幅达到 5.06m/s，试验全过程共出现 8 个较大的波峰。而对迎水坡脚影响较小，整体变幅很小，纵向瞬时流速换算为原型后在 0.64m/s 左右，且基本一直保持。坝头位置纵向瞬时流速全过程变幅随机性较大，最大变幅换算为原型可达 3.67m/s，危害程度仅次于坝背水坡坡脚处。

对于横向流速，在迎水坡坡脚位置，横向流速较大，变幅也较大。最大变幅换算到原型达到 1.27m/s；影响最严重的是坝头，以工况 3 为例，坝头坡脚位置横向瞬时流速最大值换算为原型达到 1.5m/s，变幅最大为 3.17m/s，且在整个流量过程中变幅个数较多。坝体其余位置影响较小。

对于垂向瞬时流速，受其影响最严重的位置还是坝头和坝背水坡坡脚。仍以工况 3 为例，坝头处垂向瞬时流速随时间变化较大，且变幅很大，变幅最大值换算为原型达到 0.57m/s，是变化最大的。在坝背水坡坡脚处，在遇到大流量的时候出现较大变幅，最大变幅达到 0.51m/s。

综合上述分析可知，纵向瞬时流速在坝头和坝背水坡坡脚位置的大小和变幅相对于横向瞬时流速和垂向瞬时流速而言均较大。因此，本书对纵向瞬时流速进行研究。

圆弧直头坝坡面测点共 7 个，均布置在坡脚位置，分别为 Z1、Z9、Z2、Z3、Z4、Z5、Z6，还有 2 个测点布置在坝头下游附近(Z7)和坝轴线上距离坝头有较短距离(Z8)；圆弧勾头坝和扇形勾头坝分别布置 7 个测点。3.2 节中经假设检验得出，纵向瞬时流速很好地服从正态分布。下面依旧从"保证率"的角度出发对其可靠性进行分析。

1. 纵向瞬时流速期望函数

求解各个测点期望函数的方法与前文讲述的相同，通过 MATLAB 软件，选取最合适的函数来进行拟合。由于纵向瞬时流速的测量有三种坝型，因此本书分别给出这三种坝型的期望函数。

1) 圆弧直头坝

对于圆弧直头坝测量的工况较多，本书以工况 3 为例(20 年一遇 Q30T18)。经检验，采用高斯函数效果最好，因此，其函数形式为

$$f(x) = a_1 \times \exp\left\{-\left[(x-b_1)/c_1\right]^2\right\} + a_2 \times \exp\left\{-\left[(x-b_2)/c_2\right]^2\right\} \\ + a_3 \times \exp\left\{-\left[(x-b_3)/c_3\right]^2\right\} + a_4 \times \exp\left\{-\left[(x-b_4)/c_4\right]^2\right\} \tag{3.13}$$

以 Z2 测点为例，其参数和置信区间如下：

$a_1 = 479.6(471.2，488.1)$，$b_1 = 53.62(53.6，53.64)$
$c_1 = 1.347(1.319，1.374)$，$a_2 = 285(276.3，293.6)$
$b_2 = 122.1(122.1，122.1)$，$c_2 = 1.275(1.23，1.32)$
$a_3 = 227.7(219.9，235.5)$，$b_3 = 132.2(132.1，132.3)$
$c_3 = 2.294(2.197，2.392)$，$a_4 = 56.76(53.48，60.05)$
$b_4 = 142.4(141.7，143)$，$c_4 = 9.386(8.468，10.3)$

上述括号内为参数的置信区间，其置信水平均为 95%

工况 3 的所有测点的参数值如表 3-16。

表 3-16 工况 3(20 年一遇 Q30T18)圆弧直头坝纵向瞬时流速期望函数参数

测点	a_1	b_1	c_1	a_2	b_2	c_2	a_3	b_3	c_3	a_4	b_4	c_4
Z2	479.6	53.62	1.347	285	122.1	1.275	227.7	132.2	2.294	56.8	142.4	9.386
Z6	307	53.54	1.361	243.2	121.9	1.002	224.4	131.9	1.667	0	0	1
Z5	−35.5	166	10.11	213.2	115.6	112.2	182.8	36.44	4.426	0	0	1
Z8	236.4	47.19	28.81	−74.3	109.5	12.58	313.8	123.9	56.55	0	0	1
Z9	50.31	53.5	24.58	48.09	131.3	42.77	0	0	1	0	0	1
Z4	71.84	48.98	19.35	124.1	126.7	94.71	0	0	1	0	0	1
Z7	365.9	51.3	28.27	400.4	128.9	52.57	0	0	1	0	0	1
Z1	433.3	53.54	1.289	239.2	122	1.229	204.8	132.6	2.358	0	0	1
Z3	33.36	45.53	18.33	65.87	119.5	93.42	0	0	1	0	0	1

以工况 1 的 Z1 测点和工况 3 的 Z2 测点为例，其期望函数图像如图 3-45、图 3-46 所示。

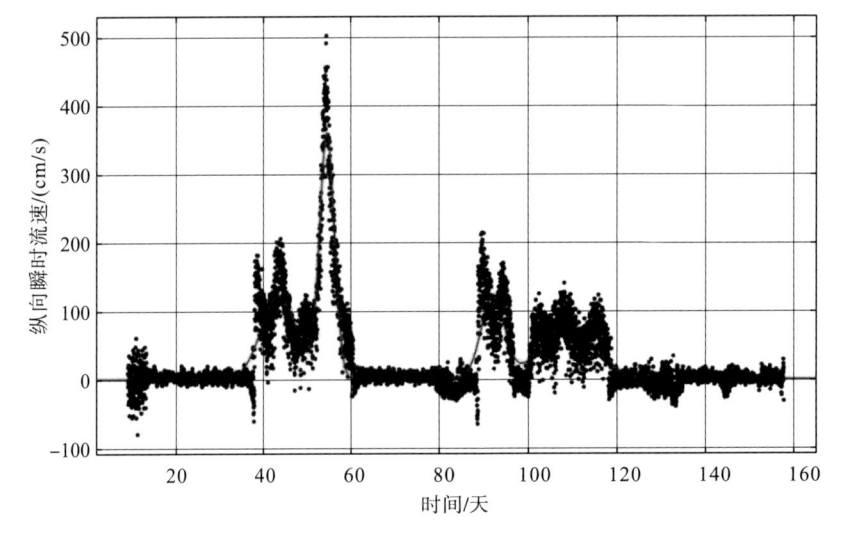

图 3-45 工况 1-Z1 测点纵向瞬时流速拟合期望函数

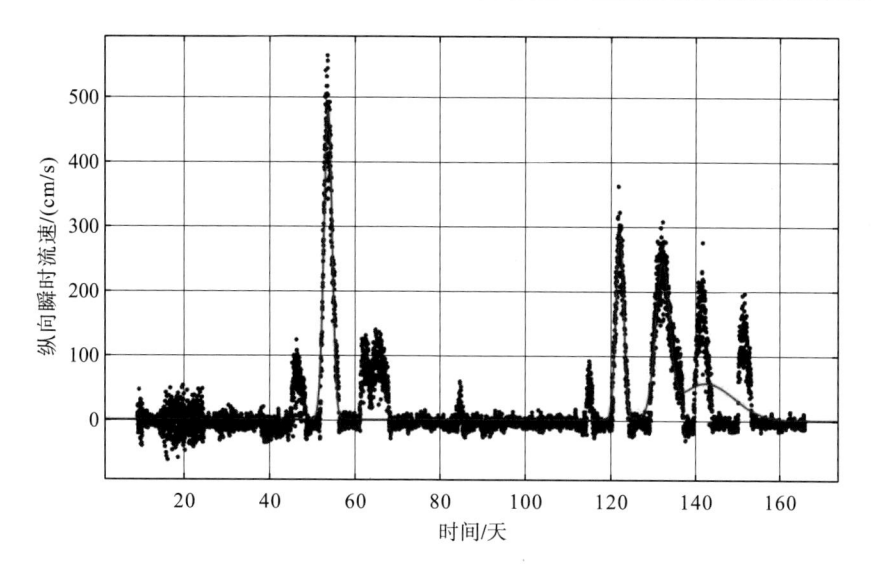

图 3-46 工况 3-Z2 测点纵向瞬时流速拟合期望函数

2) 圆弧勾头坝

圆弧勾头坝的测量以工况 13 为例，下面直接给出其期望函数：

$$f(x) = a_1 \times \exp\left\{-\left[(x-b_1)/c_1\right]^2\right\} + a_2 \times \exp\left\{-\left[(x-b_2)/c_2\right]^2\right\} \\ + a_3 \times \exp\left\{-\left[(x-b_3)/c_3\right]^2\right\} + a_4 \times \exp\left\{-\left[(x-b_4)/c_4\right]^2\right\} \tag{3.14}$$

表 3-17 为工况 13 中 7 个测点的具体参数表。

表 3-17　工况 13（10 年一遇 Q30T35）圆弧勾头坝纵向瞬时流速期望函数参数

测点	a_1	b_1	c_1	a_2	b_2	c_2	a_3	b_3	c_3	a_4	b_4	c_4
G5	611.4	80.72	2.369	567.7	119.5	1.75	445.1	99.81	2.064	353.1	62.61	1.436
G1	154.4	69.22	92.06	74.42	137.8	33.7	0	0	1	0	0	1
G3	347.5	79.56	1.087	134.2	118.5	1.121	44.29	90.14	85.28	0	0	1
G7	11.88	20.73	4.322	22.36	30.95	2.439	0	0	1	0	0	1
G6	7.889	66.98	1.773	3.478	54.41	4.761	-2.997	79.47	1.239	0	0	1
G2	179	82.61	5.544	137.3	130.7	31.97	164.2	99.6	2.245	296.4	81.62	84.07
G4	96.87	80.67	2.372	90.73	119.5	1.9	75	99.87	2.184	61.16	62.47	1.309

3) 扇形勾头坝

扇形勾头坝的测量以工况 14 为例，下面直接给出其期望函数：

$$f(x) = a_1 \times \exp\left\{-\left[(x-b_1)/c_1\right]^2\right\} + a_2 \times \exp\left\{-\left[(x-b_2)/c_2\right]^2\right\} \\ + a_3 \times \exp\left\{-\left[(x-b_3)/c_3\right]^2\right\} + a_4 \times \exp\left\{-\left[(x-b_4)/c_4\right]^2\right\} \tag{3.15}$$

表 3-18 为工况 14 中 7 个测点的具体参数表。

表3-18 工况14(10年一遇 Q30T35)扇形勾头坝纵向瞬时流速期望函数参数

测点	a_1	b_1	c_1	a_2	b_2	c_2	a_3	b_3	c_3	a_4	b_4	c_4
K2	77.89	80.25	1.282	16.61	131.3	24	29.01	99.41	0.73	121.1	92.5	158
K4	160.2	80.55	1.93	394.6	101.5	97.11	1.98×10^{15}	−1202	220.1	0	0	1
K7	445.8	80.68	2.134	388.3	119.6	1.692	271.9	99.88	2.175	178.5	62.6	1.4
K3	2.71×10^{16}	8253	1442	−418	179.1	49.15	−76.12	109.2	4.993	0	0	1
K5	183.1	82.11	4.578	220.4	119.5	2.456	177.5	100.2	2.631	367.8	94.6	110
K1	41.41	93.82	84.32	16.16	119.8	2.82	0	0	1	0	0	1
K6	413.2	80.42	1.769	327.5	119.4	1.503	219.2	99.67	1.676	183.5	91.5	102

2. 坝面纵向瞬时流速置信区间和标准差

如图3-45，工况1-Z1测点纵向瞬时流速拟合期望函数中，依据期望函数上下部分的测点数据分别计算其"上标准差"和"下标准差"。其计算公式为

$$\sigma_{上}=\sqrt{\frac{\sum_{i=1}^{n}(X_i-\bar{X})^2}{n-1}}, \quad \sigma_{下}=\sqrt{\frac{\sum_{i=1}^{n}(X_i-\bar{X})^2}{n-1}} \quad (3.16)$$

需要注意的是，$\bar{X}$在这里不是一个固定常数，是按照期望函数对应于X_i各时刻，代入期望函数求解出来的值。

这里给出工况1的纵向瞬时流速的置信区间和标准差(表3-19)。

表3-19 工况1的纵向瞬时流速的置信区间和标准差

工况	测点	置信区间	置信水平	$\sigma_{上}$	$\sigma_{下}$
工况1: 5年一遇(Q30T70)	Z4	$(f(x)-1.28\sigma_{下}, f(x)+1.28\sigma_{上})$		17.41055	18.43208
	Z5	$(f(x)-1.28\sigma_{下}, f(x)+1.28\sigma_{上})$		38.63544	34.61427
	Z6	$(f(x)-1.28\sigma_{下}, f(x)+1.28\sigma_{上})$		25.75728	24.37641
	Z7	$(f(x)-1.28\sigma_{下}, f(x)+1.28\sigma_{上})$		47.72115	62.38019
	Z1	$(f(x)-1.28\sigma_{下}, f(x)+1.28\sigma_{上})$	80%	28.0684	25.71579
	Z3	$(f(x)-1.28\sigma_{下}, f(x)+1.28\sigma_{上})$		17.08719	16.96669
	Z8	$(f(x)-1.28\sigma_{下}, f(x)+1.28\sigma_{上})$		28.15657	27.59054
	Z2	$(f(x)-1.28\sigma_{下}, f(x)+1.28\sigma_{上})$		44.31221	21.00864
	Z9	$(f(x)-1.28\sigma_{下}, f(x)+1.28\sigma_{上})$		21.51216	23.20326

表3-19中，$f(x)$为纵向瞬时流速的期望函数，其求解可根据前文所述计算。由于工况1对应流量过程为5年一遇(Q30T70)，由3.4节可知，其发生的经验频率为20%，所以，该流量过程的置信区间$(f(x)-1.28\sigma_{下}, f(x)+1.28\sigma_{上})$的置信水平为80%，在该流量过程下，纵向瞬时流速则为必然事件，其出现概率即为1。假设二者相互独立，由独立事件概率计算公式$P(XY)=P(X)P(Y)$可得纵向瞬时流速的置信水平为80%，在正态分布里面，根据

"3-σ"法则对于80%对应的上分位点为"期望+1.28$\sigma_上$",下分位点为"期望-1.28$\sigma_下$"。也就是说,一旦有如工况1的流量过程出现,那么在丁坝纵向瞬时流速测点位置就有80%的保证率出现,如表3-19所述的纵向瞬时流速。纵向瞬时流速大的地方就不可靠,纵向瞬时流速小的地方就比较可靠,其出现概率为80%。因此,航道管理部门可以在对丁坝维修加固时,对纵向瞬时流速较大的地方采取有效措施进行加固处理,这样在维修的时候就有了针对性,相对来讲就节约了资源和成本。

3. 圆弧勾头坝和扇形勾头坝的置信区间和标准差

基于上述的分析,下面直接给出圆弧勾头坝和扇形勾头坝的置信区间和标准差(表3-20和表3-21)。

表3-20 圆弧勾头坝(工况13)纵向瞬时流速的置信区间和标准差

工况	测点	置信区间	置信水平	$\sigma_上$	$\sigma_下$
工况13: 10年一遇 (Q30T35)	G5	$(f(x)-1.65\sigma_下, f(x)+1.65\sigma_上)$	90%	67.19328	22.37678
	G1	$(f(x)-1.65\sigma_下, f(x)+1.65\sigma_上)$		25.38775	27.50194
	G3	$(f(x)-1.65\sigma_下, f(x)+1.65\sigma_上)$		43.99702	38.52376
	G7	$(f(x)-1.65\sigma_下, f(x)+1.65\sigma_上)$		4.374227	3.802107
	G6	$(f(x)-1.65\sigma_下, f(x)+1.65\sigma_上)$		3.24306	2.802452
	G2	$(f(x)-1.65\sigma_下, f(x)+1.65\sigma_上)$		66.50353	58.6317
	G4	$(f(x)-1.65\sigma_下, f(x)+1.65\sigma_上)$		14.91473	12.52606

表3-21 扇形勾头坝(工况14)纵向瞬时流速的置信区间和标准差

工况	测点	置信区间	置信水平	$\sigma_上$	$\sigma_下$
工况14:10年 一遇(Q30T35)	K2	$(f(x)-1.65\sigma_下, f(x)+1.65\sigma_上)$	90%	230.2817	65535
	K4	$(f(x)-1.65\sigma_下, f(x)+1.65\sigma_上)$		40.49771	319.8379
	K7	$(f(x)-1.65\sigma_下, f(x)+1.65\sigma_上)$		239.2226	26.87637
	K3	$(f(x)-1.65\sigma_下, f(x)+1.65\sigma_上)$		124.9508	63.43832
	K5	$(f(x)-1.65\sigma_下, f(x)+1.65\sigma_上)$		0	309.8168
	K1	$(f(x)-1.65\sigma_下, f(x)+1.65\sigma_上)$		168.3252	15.39345
	K6	$(f(x)-1.65\sigma_下, f(x)+1.65\sigma_上)$		16.39783	86.6474

第4章　基于疲劳可靠性理论的丁坝可靠性分析

抛石丁坝可靠度研究仍旧处于起步阶段。目前，由于坝体属于松散结构，对于松散结构抗力方面的研究还十分欠缺，因此，从极限状态方程角度尚无法通过现有的结构可靠度计算方法解决该问题。本章从基础统计理论出发，对流量过程、脉动压强、纵向瞬时流速进行假设检验，并构建"流量过程-最大冲深"和"流量过程-脉动压强"等概率模型，从流量过程的概率角度出发来研究这种抛石丁坝的可靠性及使用寿命。当然，这种方法是从间接的角度去研究丁坝的可靠性及使用寿命。从另外一个角度来思考，非恒定流作用下的抛石丁坝，就相当于是在承受非恒定流的循环冲击，只是振幅不是统一的。这种理念与结构工程或机械工程中的疲劳分析有相似之处。在结构工程中，构件在非恒定荷载产生的应力循环作用下内部裂纹是从微小裂纹逐步发展扩大为宏观裂纹。其中就包含着应力σ和裂纹之间的关系，但是裂纹往往无法有效表达，所以常用应力的循环次数 N 和应力σ建立关系，来推求其可靠性，这就是传统疲劳寿命的评估方法。本书借鉴这种传统疲劳可靠性分析的思想，用它对抛石丁坝这种松散结构的可靠性进行探究。

因此，借鉴传统疲劳理论应用于可靠性分析中 S-N 曲线的理念，对非恒定流进行概化变换，通过建立 Q-N 曲线模型，利用循环冲击试验数据，并通过 Origin 软件拟合分布曲线的方法探究其服从的分布类型，最终，推导出其失效概率的理论计算公式。

4.1　基于洪水循环冲击作用的可靠度计算

4.1.1　疲劳可靠性分析方法的可行性分析

目前，结构构件疲劳可靠性分析方法大致可以分为累积损伤模型、剩余强度模型和疲劳寿命模型。三者区别在于选取的用于描述疲劳的参数不一样，相应地，其建立的方程也不同。这些模型都主要是针对机械和构件的疲劳分析的需要发展起来的，最初的应用就是在机械零件和结构混凝土构件方面。这些概率模型中没有哪个能够作为统一的规范模型，或者说是绝对准确的，只是不同的概率模型适合不同的环境情况。因此针对疲劳可靠性的研究，关键是选择出与研究对象最适合的一种模型。

在结构工程当中，认为破坏是一个累积的过程，其原理简单，随着循环次数 N 的增加，其抵抗外部荷载的能力逐渐削弱，最终导致失效，需要"人工干预"去维修管理。该模型跳过了对结构内部受力的分析，简便易用。对于构件来说，在双对数坐标系下，S-N

曲线为一条直线，其方程为 $\lg N = -m\lg S + \lg C$（$N<107$），在常坐标系下，其 S-N 曲线近似为双曲线中的一支。结合前期试验数据，本书给出抛石丁坝在单个常幅洪水循环冲击作用下的 ΔQ-N 曲线，如图 4-1 所示。

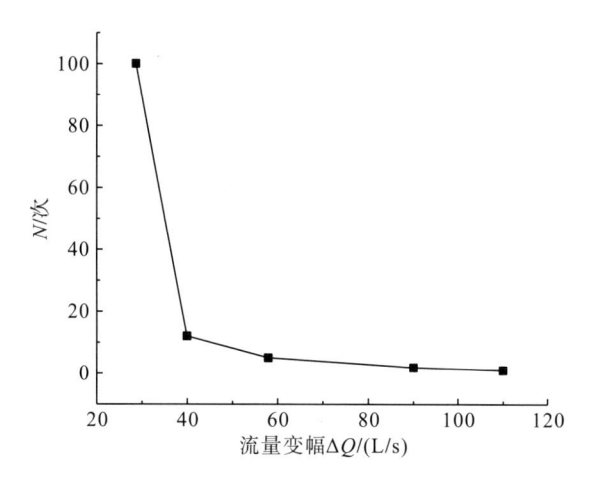

图 4-1 不同变幅流量过程 ΔQ-N 曲线

由图 4-1 可知，该曲线类型与结构构件里面的 S-N 曲线形式一样，抛石丁坝在河道当中起到壅高水位、挑流的作用，属于阻水建筑物。该系统作用机理可以概化为丁坝在全寿命周期中受到不同变幅流量的循环冲击。丁坝属于散抛结构，对于坝体而言，坝体的块石被冲走或者坍塌就是水毁体积不断累积的一个过程，从能量角度来讲，该过程是不可逆的。该作用机理符合累积损伤模型中的迈纳（Miner）准则。这与结构构件中循环应力对构件产生破坏的情况几乎完全吻合，并且累积损伤破坏模型不考虑坝体内部的应力，而对于散抛结构来讲，其抗力的研究几乎没有，因此，可以借鉴疲劳可靠性研究的方法对抛石丁坝的可靠性进行分析。

4.1.2 常幅流量洪水循环冲击的可靠性分析

1. 单个常幅流量过程循环冲击失效概率

服从对数正态分布的变量，其样本数据点均为正值，在实际问题当中，对于材料的强度、疲劳寿命、结构几何尺寸、交通运输量等随机变量常常采用对数正态分布进行求解。自然状态下，河流的流量也是一个正数变量。

常幅荷载下关于结构构件疲劳寿命的分布已有了足够的试验和理论研究。在结构工程方面也进行了大量疲劳试验，结果表明用韦布尔（Weibull）分布或对数正态分布来描述疲劳寿命是比较合适的，从统计学的角度看三参数的 Weibull 分布或对数正态分布用于描述疲劳寿命分布都是很合适的。在结构和机械行业中，试验证明，疲劳寿命 N 可用 Weilbull 分布或对数正态分布来描述。

第 3 章从间接角度"最大冲深"定义出了抛石丁坝需要"人工干预"的准则,实际试验观测表明,其与韩林峰(2014)定义的30%水毁体积比在水毁时段上比较吻合,因此接下来讨论的坝体在承受变幅流量循环冲击下的损伤变量以30%水毁体积比为评判标准。根据前期的试验成果和数据,针对"坝长 30cm,向河坡 1∶5,正挑 900,泥沙中值粒径为 0.25mm"的丁坝,选取有代表性的两种洪峰流量(洪峰流量 68L/s,变幅ΔQ=58L/s 和洪峰流量 100L/s,变幅ΔQ=90L/s),其概化高斯流量过程如图 4-2 和图 4-3 所示。

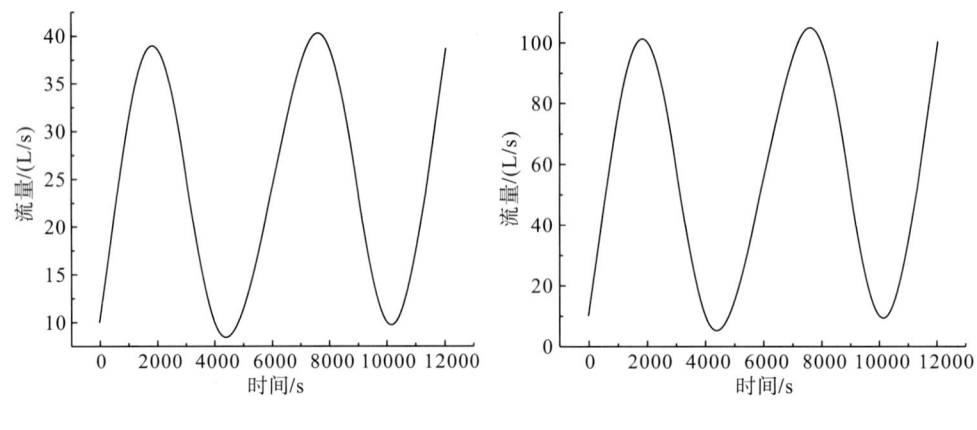

图 4-2　洪峰流量 38.7L/s(变幅 28.7L/s)的高斯流量过程

图 4-3　洪峰流量 100L/s(变幅 90L/s)的高斯流量过程

丁坝失效时循环次数和对应循环次数在 12 次随机试验过程中的发生频数如表 4-1 所示。

表 4-1　洪水循环冲击坝体失效经受次数及出现频数

洪峰流量/(L/s)	变幅/(L/s)	循环冲击丁坝直到失效循环次数	12 次随机试验频数
68	58	4	2
		5	7
		6	2
		7	1
100	90	1	2
		2	8
		3	1
		4	1

当洪峰流量为 68L/s 时,其频数分布直方图(采用 Weibull 分布和对数正态分布拟合直方图外轮廓线)如图 4-4 和图 4-5 所示。

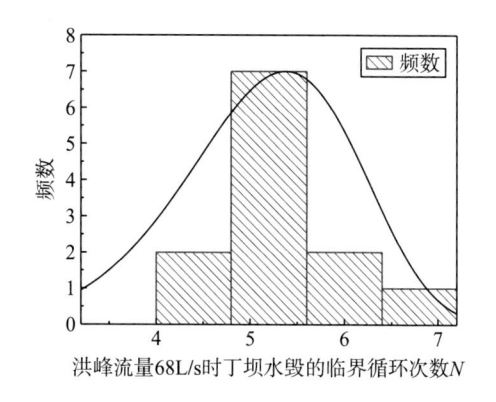

图 4-4 Weibull 分布拟合直方图外轮廓线 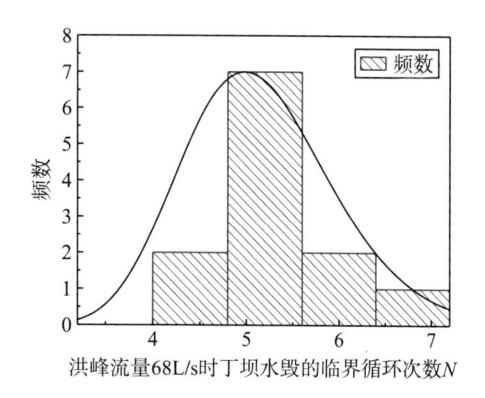　　图 4-5 对数正态分布拟合直方图外轮廓线

当洪峰流量为 100L/s 时,其频数分布直方图(采用 Weibull 和对数正态两种分布拟合直方图外轮廓线)如图 4-6 和图 4-7 所示。

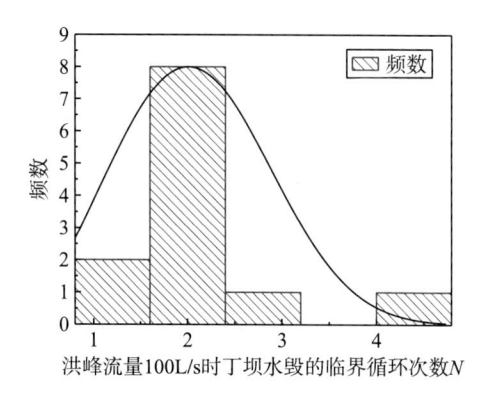

图 4-6 Weibull 分布拟合直方图外轮廓线 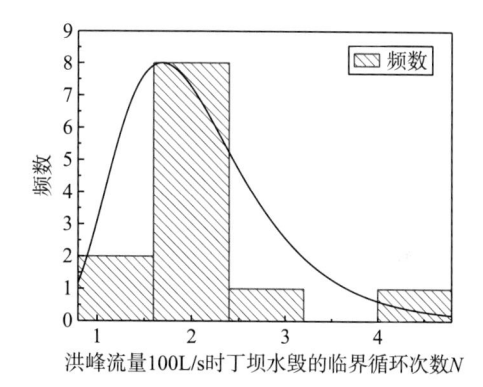　　图 4-7 对数正态分布拟合直方图外轮廓线

由上述两种变幅下直方图的比较可知,用对数正态分布来拟合直方图外轮廓线的效果显然更好,因此,本书认为对于抛石丁坝用对数正态分布来描述其疲劳寿命(流量的循环次数)效果最好。从循环试验数据频数分布直方图可以看到,用 Origin 软件中对数正态分布曲线对试验数据进行拟合,与频数分布直方图外轮廓线基本一致。因此,可以证明循环次数 N(丁坝疲劳寿命)较好地服从对数正态分布,相应地,可以写出疲劳寿命 N 的概率密度函数:

$$f(N)=\frac{1}{\sqrt{2\pi}N\sigma_{\ln N}}\exp\left[-\frac{1}{2}\left(\frac{\ln N-\mu_{\ln N}}{\sigma_{\ln N}}\right)^2\right] \tag{4.1}$$

式中,$\mu_{\ln(N)}$ 为疲劳寿命(循环次数)取自然对数后服从正态分布的均值;$\sigma_{\ln(N)}$ 为疲劳寿命(循环次数)取自然对数后服从正态分布的标准差。

试想,假设已知概率密度函数式中的参数值,则根据概率论知识容易得出在相应寿命

下的丁坝结构可靠度：

$$P_r(n) = P(N>n) = \int_n^\infty f(N)\mathrm{d}N \tag{4.2}$$

式中，N 为结构已经历流量循环冲击作用的次数（周期数）；$P_r(n)$ 为在结构上施加周期（次数）n 的流量循环作用后，结构的剩余可靠度；$P(N>n)$ 为在结构上施加周期（次数）n 的流量循环作用后，结构剩余寿命的概率。

因此，由对数正态分布性质可得

$$\begin{aligned}P_r(n) &= P(N>n) = \int_n^\infty f(N)\mathrm{d}N \\ &= 1-\Phi\left(\frac{\ln n - \mu_{\ln N}}{\sigma_{\ln N}}\right)\end{aligned} \tag{4.3}$$

$$\beta = \frac{\mu_{\ln N}}{\sigma_{\ln N}} = \Phi^{-1}(P_r) \tag{4.4}$$

式中，$\Phi^{-1}(\cdot)$ 为标准正态分布函数的逆函数。

2. 非恒定流等效多变幅流量循环冲击方法

上述已经讨论了单个常幅的概化高斯流量过程循环冲击抛石丁坝所得到的失效概率和可靠性指标，在实际工程中，常常遇到的绝大部分都是看似毫无规律的非恒定流，如图 4-8 所示。

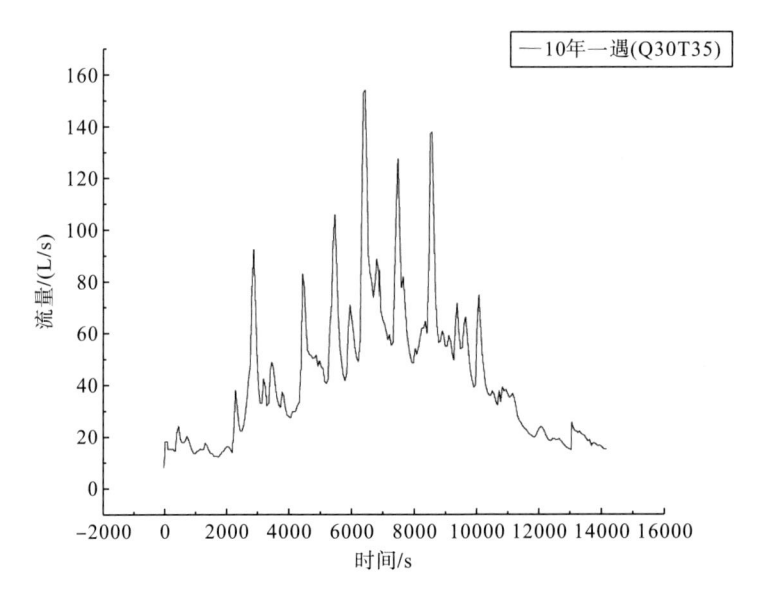

图 4-8 10 年一遇 (Q30T35) 模型流量过程

从图 4-8 中可以发现，非恒定流的流量大小及流量变幅随时间变化几乎毫无规律。也就是说，如何对非恒定流进行概化处理，使其变为多段的常幅流量过程，这样就成了研究必须考虑的问题。这里将非恒定流概化处理的方法总结如下。

(1)将预测出的流量过程按照峰值大小分段：一个波峰就代表了一次循环，枯水期流量的振幅变化不大，而汛期流量的振幅(变幅)较大。

如图4-8，第一阶段：时间0~2000s内，枯水期流量过程，最大变幅20L/s左右；第二阶段：2000~4000s，有一个较大波峰，最大变幅60L/s；第三阶段：4000~6000s，有两个较大波峰，一个较小波峰，最大变幅60L/s；第四阶段：6000~9000s，有三个连续的最大波峰，最大变幅达到110L/s；第五阶段：9000~11000s，落水阶段，还有两个较大波峰，最大变幅60L/s；第六阶段：11000s至最终，枯水阶段，变幅很小。

(2)为了尽可能考虑安全和耐久性，针对每一个阶段，都选择最不利工况，即针对每一个阶段选择该阶段中的最大值和最小值组合，针对每一个阶段的循环频率，可根据洪峰个数，大于等于最大洪峰变幅一半的都可视为一次循环，小于最大洪峰变幅一半的，则舍弃掉。

(3)将各阶段的概化高斯曲线形式或者锯齿状形式的流量过程按时间顺序连接起来，就将非恒定流过程等效为了多变幅流量循环过程。

4.1.3 多种变幅流量洪水循环作用下丁坝失效概率公式推导

前面已经给出了单个洪峰流量(振幅为常数)循环作用下抛石丁坝失效概率求解公式，而且给出了将非恒定流等效为多段不同振幅的高斯流量过程的方法，下面讨论多个洪峰流量(振幅为常数)循环作用下抛石丁坝失效概率的计算方法。

由于非恒定流的复杂性，本书这里做出假设：不同洪峰流量(不同变幅)的流量循环冲击次序对其失效情况无影响。根据Miner线性累积准则，坝体承受每次循环冲击后其损伤是累积的，且不可逆，可用公式 $D = \sum_{i=1}^{n} \frac{n_i}{N_i} = 1$ 来描述，其中，n_i 是对于丁坝坝体受到第 i 个类型的流量实际的循环冲击次数；N_i 是坝体受到第 i 个类型的流量循环冲击直到临界失效时的循环次数。该情况也符合实际工程中丁坝的失效机理。

下面对多阶段的洪峰流量(多个变幅)作用下，抛石丁坝失效概率计算公式进行理论推导。

1. k 阶段流量过程循环冲击作用下失效概率公式推导

在第一阶段流量循环作用下，假设丁坝结构疲劳寿命的概率密度函数为 $f_1(N_1)$，设循环冲击次数为 n_1，于是可代入单一循环阶段失效概率公式为

$$P_{f_1}(n_1) = \Phi\left(\frac{\ln n_1 - \mu_{\ln N_1}}{\sigma_{\ln N_1}}\right) \tag{4.5}$$

式中，$\Phi(\cdot)$ 为标准正态分布的分布函数，括号内为标准正态化变量；N_1 为一个随机变量，表示第一阶段的疲劳寿命，即为第一阶段流量循环冲击作用下直到丁坝水毁所循环的次数。

进入第二阶段的流量循环冲击，设其概率密度函数为 $f_2(N_2)$，第二阶段结束后对丁坝

坝体造成的损伤为第一、二阶段造成损伤的累计和。因此，将在流量水平 S_1 循环冲击下第一阶段循环造成的损伤等效为第二阶段的损伤，即使得在第一阶段 S_1 循环 n_1 次造成的失效概率和第二阶段流量循环条件下循环 n_{1e} 次造成的损伤失效概率相等，即公式：

$$P_{f_1}(n_1) = \Phi\left(\frac{\ln n_1 - \mu_{\ln N_1}}{\sigma_{\ln N_1}}\right) = \int_{n_{1e}}^{\infty} f_2(N_2) \mathrm{d}N_2 = \Phi\left(\frac{\ln n_{1e} - \mu_{\ln N_2}}{\sigma_{\ln N_2}}\right) \quad (4.6)$$
$$= P_{f_2}(n_{1e})$$

由上式可得

$$\frac{\ln n_1 - \mu_{\ln N_1}}{\sigma_{\ln N_1}} = \frac{\ln n_{1e} - \mu_{\ln N_2}}{\sigma_{\ln N_2}} \quad (4.7)$$

$$\ln n_{1e} = \mu_{\ln N_2} + \frac{(\ln n_1 - \mu_{\ln N_1})}{\sigma_{\ln N_1}} \sigma_{\ln N_2} \quad (4.8)$$

因此，

$$n_{1e} = \exp\left[\mu_{\ln N_2} + \frac{(\ln n_1 - \mu_{\ln N_1})}{\sigma_{\ln N_1}} \sigma_{\ln N_2}\right] \quad (4.9)$$

这时前两个阶段形成的最终损伤失效概率为

$$P_{f_2}(n_1, n_2) = \Phi\left[\frac{\ln(n_{1e} + n_2) - \mu_{\ln N_2}}{\sigma_{\ln N_2}}\right] \quad (4.10)$$

同样，可将第一、二阶段流量循环冲击等效为第三阶段条件下形成的损伤，也就是说把第二阶段在流量水平 S_2 条件下循环冲击 $n_{1e}+n_2$ 次所得失效概率，等于在第三阶段流量水平 S_3 循环冲击 $n_{1,2e}$ 次作用所得到的失效概率。同样的计算方法可求得

$$n_{1,2e} = \exp\left[\mu_{\ln N_3} + \frac{\ln(n_{1e} + n_2) - \mu_{\ln N_2}}{\sigma_{\ln N_2}} \sigma_{\ln N_3}\right] \quad (4.11)$$

因此，在三个流量水平 Q_1、Q_2、Q_3 共同作用后丁坝坝体的失效概率为

$$P_{f_3}(n_1, n_2, n_3) = \Phi\left[\frac{\ln(n_{1,2e} + n_3) - \mu_{\ln N_3}}{\sigma_{\ln N_3}}\right] \quad (4.12)$$

综上所述，可按照该方法一直循环下去，假设丁坝在 k 阶段的流量水平 $Q_1, Q_2, Q_3, \cdots, Q_k$ 循环冲击作用下，其等效的循环周期（次数）：

$$n_{1,2,\cdots,(k-1)e} = \exp\left[\mu_{\ln N_k} + \frac{\ln(n_{1,2,3,\cdots,(k-2)e} + n_{k-1}) - \mu_{\ln N_{k-1}}}{\sigma_{\ln N_{k-1}}} \sigma_{\ln N_k}\right] \quad (4.13)$$

相应地，在 k 阶段的流量水平 Q_1，Q_2，Q_3，$\cdots$，Q_k 循环冲击作用下，抛石丁坝的失效概率为

$$P_{f_k}(n_1, n_2, \cdots, n_k) = \Phi\left(\frac{a-b}{c}\right) \quad (4.14)$$

式中， $a = \ln\left[n_{1,2,\cdots,(k-1)e} + n_k\right]$； $b = \mu_{\ln N_k}$； $c = \sigma_{\ln N_k}$。

上述各参数意义为：$n_{1,2,\cdots,(k-1)e}$ 为丁坝在 k 阶段的流量水平 Q_1，Q_2，Q_3，…，Q_k 循环冲击作用下，前 $(k-1)$ 阶段流量水平等效的循环周期（次数）；n_k 为第 k 阶段流量水平 Q_k 单独循环作用次数；N_k 为第 k 阶段流量水平 Q_k 单独循环作用丁坝的疲劳寿命，它是一个随机变量；$\mu_{\ln N_k}$ 为第 k 阶段流量水平 Q_k 单独循环作用丁坝的疲劳寿命 N_k 取自然对数后的平均值；$\sigma_{\ln N_k}$ 为第 k 阶段流量水平 Q_k 单独循环作用丁坝的疲劳寿命 N_k 取自然对数后的标准差。

2. 公式中的未知参数为第 i 个循环流量过程的 $\mu_{\ln N_i}$ 和 $\sigma_{\ln N_i}$

基于前期试验成果对于洪峰流量 68L/s（变幅 58L/s）和 100L/s（变幅 90L/s）的两个循环流量过程的试验数据。根据第 2 章中概率论的知识：不论随机变量服从什么分布，样本均值 $\overline{X}$ 是总体均值的无偏估计量，样本方差 $S^2 = \dfrac{1}{n-1}\sum\limits_{i=1}^{n}(X_i-\overline{X})^2$ 是总体方差的无偏估计量。可计算洪峰流量 68L/s（变幅 58L/s）和 100L/s（变幅 90L/s）的两个循环流量过程的试验数据对应的参数，如表 4-2。

表 4-2 试验循环流量过程参数值

流量形式	$\mu_{\ln N}$	$\sigma_{\ln N}$
洪峰 68L/s（变幅 58L/s）	1.6307	0.1578
洪峰 100L/s（变幅 90L/s）	0.2231	0.3854

由于时间有限，不能对多种流量过程进行分段等效处理并试验，来模拟出各个洪峰流量不同变幅条件下对抛石丁坝进行循环冲击直至其达到临界失效所需要的循环次数 N，但后期研究可继续按照上述提出的方法对非恒定流进行等效变换，并针对所得到的不同洪峰流量条件下、不同变幅的常幅流量进行循环冲击试验，从而得到抛石丁坝达到水毁所需要的循环次数，建立"不同洪峰流量条件下、不同变幅的常幅流量进行循环冲击试验"的"循环次数数据库"。这样就为后期能够将该方法应用于实际工程中提供了有力的数据支持。

4.2 丁坝剩余使用寿命预测

在工民建、道路、桥梁等结构工程领域，使用寿命的研究关系到人民生命财产安全以及国防等重要方面。丁坝属于阻水建筑物，只要中途经人工的维修和管理，其实际使用寿命就可达到几十年甚至更长，但数十年之后，水流条件、水流环境可能会发生很大变化，是否仍需在此处设置丁坝已然成了一个未知数，因此本书认为研究其实际使用寿命对现实意义不大。在实际工程中，工程技术人员更关心的是在设计使用年限内能够预估其"单次需要人工干预"的时间，是否能够承受下一个汛期。这里将竣工后即将投入使用的抛石丁坝可靠度定为"1",将经过维修管理的抛石丁坝可靠度也定义为"1"。这里依然沿用前文对使用寿命的定义:在天然水流流量过程和偶然因素综合作用下,抛石丁坝可靠度从1到需要"人工干预"(维修管理)的时间段。

(1) 设可靠度为"1"的一座抛石丁坝,经水文部门预测到未来一年的洪水流量过程。首先将其进行分段等效为 k 个阶段的等效循环流量过程。设 1,2,3,…,k 共 k 个阶段等效后的流量对应的抛石丁坝可承受最大循环次数分别为 N_1,N_2,N_3,…,N_k;本次预测的流量过程等效处理后的各阶段实际循环次数分别为 n_1,n_2,n_3,…,n_k。

(2) 利用对数正态分布的性质将前 $k-1$ 段等效后的洪水过程的实际循环次数 n_1,n_2,n_3,…,n_{k-1} 等效为第 k 阶段洪水循环冲击作用下的等效循环次数 $n_{1,2,\cdots,(k-1)e}$。由 4.1.3 节可知:

$$n_{1,2,\cdots,(k-1)e} = \exp\left[\mu_{\ln N_k} + \frac{\ln\left(n_{1,2,3,\cdots,(k-2)e} + n_{k-1}\right) - \mu_{\ln N_{k-1}}}{\sigma_{\ln N_{k-1}}}\sigma_{\ln N_k}\right] \quad (4.15)$$

综上所述,在未来一年的流量过程作用下,其剩余使用寿命(可承受循环次数)计算公式为

$$N_{剩余} = N_K - n_{1,2,\cdots,(k-1)e} - n_k \quad (4.16)$$

若 $N_{剩余} = N_K - n_{1,2,\cdots,(k-1)e} - n_k \geq 0$,则表示该抛石丁坝可以承受未来可预测流量过程的冲击作用;若 $N_{剩余} = N_K - n_{1,2,\cdots,(k-1)e} - n_k < 0$,则表示该抛石丁坝不足以承受未来可预测流量过程的冲击作用,需要在未来汛期到来之前的枯水期对该坝进行加固和人工管理。

4.3 丁坝可靠度分析算例

下面以一个工程实例来做说明:某一河段中新建的一座抛石丁坝,经分析,它先后经历过 2 个不同洪峰流量洪水的循环作用,按照相应比例尺将洪峰流量转换为模型流量,分别为 68L/s 和 100L/s,洪峰流量对应的循环次数分别为 n_1=4 次和 n_2=1 次,由表 4-1 可知,二者对应的疲劳寿命分别为 N_1=5 次和 N_2=2 次。

将阶段 S_1 的流量过程循环次数等效为阶段 S_2 的循环次数,由公式(4.9)可得

$$n_{1e} = e^{-0.3745} = 0.687$$

由公式(4.10)可得失效概率为

$$P_{f_2} = \Phi(0.95) = 0.83$$

由公式(4.16)可知,两个流量洪水循环冲击作用下,使用寿命公式为

$$n_{剩余} = n_1 - n_{1,e} - n_2 \quad (4.17)$$

经计算得

$$n_{剩余} = 2 - 0.687 - 1 = 0.313$$

综上所述,经过阶段 Q_1 和 Q_2 两阶段的洪水循环冲击,抛石丁坝剩余可承受 S_2 阶段

洪水的寿命为 0.313 次，其可靠度为 1-0.83=0.17=17%，说明已经不可靠，需要进行人为的维修管理才能将可靠度恢复到"1"。

4.4　延长丁坝使用年限的探讨

土建工程的使用寿命(使用年限)是建筑物建成后所有性能均能满足原定要求的实际使用年限。我国目前对水利水电工程设计使用年限尚未颁布规程规范，参照《中华人民共和国建筑法》分析认为，水利水电工程设计使用年限是指水工建筑物建成投入运行后，在设计运行工况和维修条件下，其所有性能均能满足预定目标安全使用的年限。对于延长丁坝的使用年限可以注意下面几点。

1. 原型观测方面

(1) 观测整治河段内洪中枯主流流向轨迹，查明主流带宽度，从而为建筑物的坝型选择、坝位布置、断面设计提供基础资料。

(2) 观测整治河段内卵石输移带的运行轨迹、推移强度、卵砾粒径，从而为坝面建材强度设计提供分析资料。

2. 工程设计方面

(1) 坝位布置要因势利导。整治建筑物应尽可能避开中洪水急流顶冲点，坝位布置要顺应河势，因势利导，不宜强制改变流向。对于水流流速较大且丁坝受水流顶冲时，宜用多座丁坝组成一个群体，让水流逐步转向，然后引入设计河槽。这样，有利于减轻中洪水主流对坝体的正面顶冲。

(2) 建筑物横断面尺寸按受力条件确定。不同的坝型、坝位，或同一座坝的不同坝段，在不同的水位条件下，其受力条件差异很大。因此，对受力大的坝段或护岸要加大断面尺寸，如中洪水顶冲点、强度大的横向流冲刷区、与水流成正交或交角大的部位。对受力较小的坝段或护岸要减小断面尺寸。在同一座建筑物上，不同的部位，断面尺寸应有差异。受力大的，断面尺寸大；受力小的，断面尺寸小。

3. 施工方面

(1) 在石质较差的地区建坝或筑护岸时，宜选用混凝土块代替石料，以确保工程质量。

(2) 受扫弯水傍蚀的坝段和护脚棱体，迎水坡可分两期施工。目的是遏制弯道横向环流对顺坝前坡和护岸基脚的淘刷。方法是：按设计断面完成一期施工，然后待横向环流将前坡基脚傍蚀到接近坝基(多为砂卵石)休止角时，再用块石补筑冲蚀边坡。

(3) 提高整治建筑物的整体性。目前广泛使用的抛石坝、抛石护脚，从总体看，整体性差，抗冲蚀能力弱，使用年限短。为此，改善和提高建筑物的整体性是非常必要的。

4. 后期维护管理方面

丁坝投入运行后,维护检修影响其使用年限。丁坝自身及基础受运行条件及环境因素的影响,可能随时间的推移会逐渐水毁老化。安全监测是了解丁坝工作性态,为评价其运行安全状况和发现异常迹象提供依据,以便制订丁坝检修加固处理措施,在发生险情时发布警报以减免事故损失。

第5章 基于水毁体积比的抛石丁坝安全性判别分析

对于抛石丁坝的安全性判别,以往主要是通过枯水期观测坝体表面的破坏程度来判断丁坝的水毁等级(少量破坏、严重破坏、完全破坏等),但这往往依赖于观测者的主观感觉,无法定量分析,且水下破坏部分通常难以观测,因此缺少一定的说服力。鉴于此,本书通过模型试验,研究了不同工况组合下抛石丁坝的水毁过程,希望通过实验数据来找出各因素对抛石丁坝水毁的影响程度,并将影响抛石丁坝水毁的主要因素与坝体水毁体积联系起来,通过多元回归分析建立抛石丁坝水毁体积比计算公式,进而通过坝体水毁体积对抛石丁坝安全性进行定量分析。该方法考虑的因素比较全面且计算简单方便,可为航道部门对抛石丁坝的设计和维护提供参考依据。图 5-1 为清水冲刷试验地形图。

(a)冲刷前地形 (b)冲刷后地形

图 5-1 清水冲刷试验地形图

5.1 抛石丁坝水毁体积比公式的确定

抛石丁坝的坝头、坝根等处的基础和泥沙常年受到水流的冲刷和侵蚀作用,使其基础被淘空,这样丁坝就会在其自身重力作用下失去支撑,使坝体的局部或整体崩陷塌落,这是丁坝水毁的主要原因之一。通过前人的研究与总结确定抛石丁坝水毁主要与以下因素有关。

(1)抛石丁坝及河床几何变量:河宽 B、丁坝长度 L_D、挑角 θ、抛石粒径 D;
(2)水流变量:断面平均流速 V、上游行近水深 H、最大冲深 h_s;
(3)流体的变量:重力加速度 g、水的容重 γ、水的动力黏度 μ;

(4) 泥沙变量：中值粒径 d_{50}、不均匀系数 σ、泥沙起动流速 V_c、泥沙容重 γ_s。

从而抛石丁坝水毁体积的一般表达式为

$$V_{毁} = f(h_s,\ \theta,\ \gamma,\ L_D,\ B,\ \gamma_s,\ H,\ g,\ V,\ D,\ d_{50},\ V_c,\ \mu,\ \sigma) \tag{5.1}$$

坝头坍塌主要与泥沙冲刷及冲刷坑深度有关，泥沙变量对冲深的影响主要由泥沙起动流速 V_c 来反映。当坝头最大流速 V_m 小于坝头处泥沙起动流速 V_c 时，坝头泥沙处于静止状态；当 $V_m > V_c$ 且在断面平均流速小于泥沙起动流速时 ($V < V_c$)，坝头冲刷坑开始形成；当流速进一步增大 ($V > V_c$)，床面泥沙呈大量运动状态时，冲刷深度可能受输沙率或床面整体下降的影响。在此不妨将行近流速用坝头断面垂线平均行进流速来代替，并忽略描述流体动力黏性的变量，同时将 γ 视为常量。考虑到所用泥沙可近似看作均匀沙，将不均匀系数 σ、泥沙容重 γ_s 视为常量，故式(5.1)又可写为

$$V_{毁} = f(h_s,\ \theta,\ L_D,\ B,\ H,\ g,\ V_m,\ V_c,\ D,\ d_{50}) \tag{5.2}$$

从试验结果来看，挑角为 90°时坝体水毁最为严重。理论上讲，当挑角为 0°或 180°时丁坝的水毁体积为 0，故可以用 $\left(\dfrac{180°-\theta}{90°}\right)^{\beta}$ 来表达挑角对抛石丁坝水毁程度的影响，如图 5-2 可以反映 $\dfrac{180°-\theta}{90°}$ 与丁坝水毁体积之间的关系，这里将 $\theta=90°$ 时的挑角影响因子 η 视为 1。从图 5-2 中可以看出，当挑角从 90°逐渐增大时，刚开始挑角影响因子减小很快，然后逐渐恢复平稳，这说明如果将挑角为 90°的正挑丁坝稍微向下游倾斜一个角度，水毁程度将大大减小。本项试验是以梯形断面直线型丁坝为主要研究对象，对于不同的坝头形状对坝体水毁的影响，从初步试验结果来看，如果将直线型丁坝的坝头形状影响因子视为 1，则勾头坝、扩大头坝的坝头形状影响因子分别为 0.64 和 0.34，可以看出改变坝头形状也可以减小抛石丁坝的水毁程度。

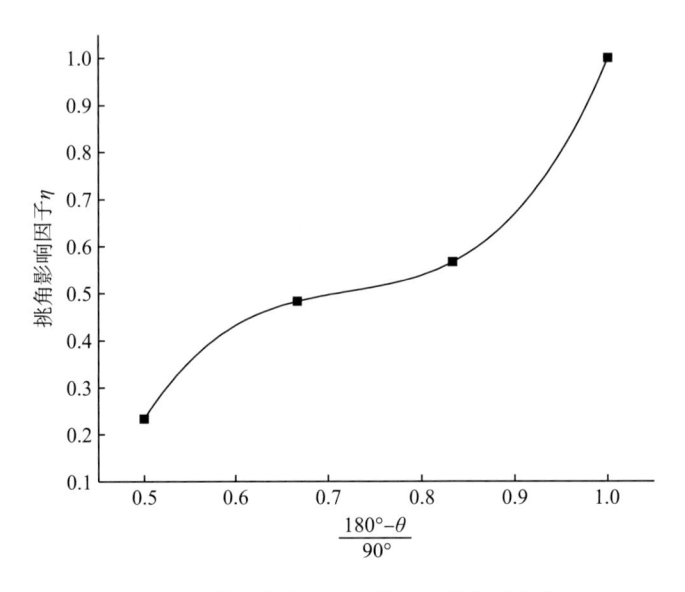

图 5-2 挑角影响因子与挑角间的关系曲线

利用量纲分析方法，并应用计算机对各变量进行优化组合、因子筛选，可得出如下的无因次表达式：

$$\frac{V_{毁}}{V_{总}} = f\left(\frac{h_s}{H}, \frac{180°-\theta}{90°}, \frac{L_D}{B}, \frac{D}{H}, \frac{L_D}{H}, \frac{d_{50}}{H}, \frac{V_m - V_c}{\sqrt{gH}}\right) \tag{5.3}$$

式中，$V_{毁}$为丁坝水毁体积；$V_{总}$为坝头总体积；$\frac{L_D}{B}$为丁坝几何收缩比，表示丁坝收缩水流的影响；$\frac{V_m - V_c}{\sqrt{gH}}$表示坝头弗劳德数$F_r$的影响。

水流绕过坝头后流速增大是影响坝头冲刷深度的重要因素，而坝头附近水流流速又受到行近水流条件和丁坝几何形态的影响。目前，有三种常用的计算丁坝断面流速分布的经验方法：三角形叠加法、流量面积法以及椭圆形叠加法。采用流量面积法及三角形叠加法计算出来的流速在坝头处要偏大一些，而采用椭圆形叠加法则正好相反，流速在靠近岸边单元宽度内往往要偏大。设坝区内挡水流量为Q_b，在丁坝断面宽度为$B-L_D$的范围内按三角形进行分配，在坝头处流量最大，可表示为

$$q_i = \frac{2Q_b}{B - L_D} \tag{5.4}$$

即这一垂线上的单宽流量为

$$q_{\max} = q_0 + q_i = q_0 + \frac{2Q_b}{B - L_D} \tag{5.5}$$

将方程两端无量纲化，则式(5.5)可表示为

$$\frac{q_{\max}}{q_0} = 1 + \frac{2Q_b}{(B - L_D)q_0} = 1 + \frac{2Q_b}{Q - Q_b} = 1 + g_1\left(\frac{Q_b}{Q}\right) \tag{5.6}$$

式中，q_0为未建坝时的单宽流量；Q为总流量。

孔祥柏等(1983)在宽400cm的水槽中对定床和动床条件下丁坝断面的流速分布进行了测量，得出在坝外侧很小距离内流速即可达到最大值，相对的最大流速(或相对最大单宽流量)是丁坝挡水流量和总流量之比的函数，即

$$\frac{q_{\max}}{q_0} = g_2\left(\frac{Q_b}{Q}\right) \tag{5.7}$$

$$\frac{V_m}{V_0} = g_2\left(\frac{Q_b}{Q}\right) \tag{5.8}$$

或将式(5.8)展开，并采用线性化表示

$$\frac{V_m}{V_0} = 1 + k\frac{Q_b}{Q} \tag{5.9}$$

当过水断面为矩形水槽时，且流速分布比较均匀时，按三角形叠加法来计算丁坝断面流速分布，则式(5.9)可表示为

$$\frac{V_m}{V_0} = 1 + \frac{2L_D}{B - L_D} \tag{5.10}$$

由于用三角形叠加法来计算丁坝断面的流速分布存在误差，根据水槽资料对其进行修

正，则式(5.10)可表示为

$$\frac{V_m}{V_0} = 1 + 4.8\frac{L_D}{B} \tag{5.11}$$

根据式(5.11)计算坝轴线上的最大流速和实测最大流速进行对比，如图 5-3 所示，可见按式(5.11)能较好地计算出最大流速。

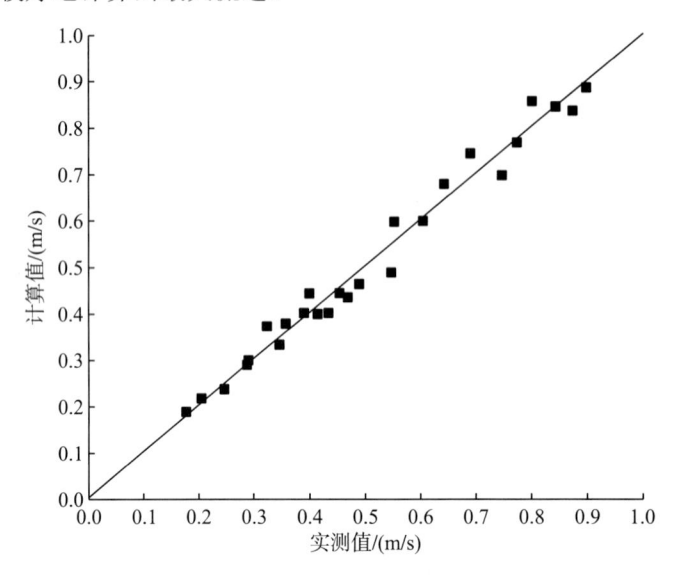

图 5-3　最大流速的计算值和实测值对比

对于非淹没情况下的丁坝而言，由式(5.11)可知，L_D/B 项对水流的影响已从 V_m 中得到了反映，故式(5.3)可写为

$$\frac{V_{毁}}{V_{总}} = f\left(\frac{h_s}{H}, \frac{180°-\theta}{90°}, \frac{D}{H}, \frac{L_D}{H}, \frac{d_{50}}{H}, \frac{V_m-V_c}{\sqrt{gH}}\right) \tag{5.12}$$

由于 θ、L_D、d_{50}、$\dfrac{V_m-V_c}{\sqrt{gH}}$ 等本身也是影响冲深 h_s 的因素，因此 $\dfrac{h_s}{H}$ 对水毁体积的影响可以从这些因素中得到反映，从而把公式(5.12)简化为

$$\frac{V_{毁}}{V_{总}} = f\left(\frac{180°-\theta}{90°}, \frac{D}{H}, \frac{L_D}{H}, \frac{d_{50}}{H}, \frac{V_m-V_c}{\sqrt{gH}}\right) \tag{5.13}$$

现将式(5.13)写成指数形式：

$$\frac{V_{毁}}{V_{总}} = k_1 \times \left(\frac{V_m-V_c}{\sqrt{gH}}\right)^{k_2} \times \left(\frac{L_D}{H}\right)^{k_3} \times \left(\frac{d_{50}}{H}\right)^{k_4} \times \left(\frac{D}{H}\right)^{k_5} \times \left(\frac{180°-\theta}{90°}\right)^{\beta} \tag{5.14}$$

式中，k_1 为常数；k_2、k_3、k_4、k_5、β 为指数；V_c 为泥沙起动流速，本书中选用窦国仁公式进行计算：

$$V_c = 0.32\left[\ln\left(11\frac{h}{K_s}\right)\right]\left(\frac{\gamma_s-\gamma}{\gamma}gd + 0.19\frac{gh\delta+\varepsilon_k}{d}\right)^{1/2} \tag{5.15}$$

式中，$\delta = 0.213 \times 10^{-4}$ cm，$\varepsilon_k = 2.56$ cm^3/s^2；K_s 为河床粗糙度（当量糙率），对于平整床面，当 $d \leqslant 0.5$ mm 时，$K_s = 0.5$ mm；当 $d > 0.5$ mm，取 $K_s = d_{50}$。

通过清水动床冲刷试验数据，采用最小二乘法，在置信水平 $\alpha = 0.01$ 的条件下，对式（5.14）中的参数进行回归分析，得出：

$k_1 = 0.0007$，$k_2 = 1.1535$，$k_3 = -0.262$，$k_4 = -0.686$，$k_5 = -0.902$，$\beta = 0.1156$

需要说明的是：笔者还选用了窦国仁、沙莫夫、张瑞瑾、岗恰洛夫以及四者平均的泥沙起动流速公式。在不同的起动流速公式下，k_i 值和 β 值不同，具体见表 5-1。

表 5-1 不同泥沙起动公式对应的 k_i 值和 β 值

参数	窦国仁	沙莫夫	张瑞瑾	岗恰洛夫	平均值
k_1	0.00007	0.0001	0.00007	0.000046	0.000072
k_2	1.1535	1.1482	1.0225	1.0458	1.0925
k_3	-0.262	-0.2872	-0.2258	-0.235	-0.25
k_4	-0.686	-0.631	-0.683	-0.754	-0.689
k_5	-0.902	-0.905	-0.889	-0.889	-0.896
β	0.1156	0.0956	0.1129	0.1009	0.1063

5.2 水毁体积比公式的应用与抛石丁坝安全性判别模型

5.2.1 水毁体积比公式在长江中游河段的应用

前面通过各家泥沙起动流速公式得到了不同的抛石丁坝水毁体积比计算公式，究竟哪一个能更好地适用于长江中游河道丁坝水毁体积的计算，通过对收集到的 6 组长江中游河段坝体水毁资料的分析，由于四者平均公式计算的结果与实际水毁情况很接近，因此把由四者平均公式得到的计算结果作为抛石丁坝水毁体积比计算公式，即

$$\frac{V_{毁}}{V_{总}} = 0.000069 \times \left(\frac{V_m - V_c}{\sqrt{gH}}\right)^{1.1} \times \left(\frac{L_D}{H}\right)^{-0.25} \times \left(\frac{d_{50}}{H}\right)^{-0.7} \times \left(\frac{D}{H}\right)^{-0.9} \times \left(\frac{180° - \theta}{90°}\right)^{0.11} \quad (5.16)$$

该式相关系数 $R = 0.95$，图 5-4 为 $\frac{V_{毁}}{V_{总}}$ 计算值与实测值的对比。

将长江中游荆江河段实际勘测到的 6 组抛石丁坝水毁体积比与用公式（5.16）计算得到的体积比进行对比分析，结果见表 5-2，可以发现用水毁体积比公式计算得到的抛石丁坝水毁体积比与实际水毁体积比的相对误差不超过 20%，用来估算抛石丁坝的水毁程度有较高的准确率。而且从计算结果来看，用水毁体积比公式计算得到的结果普遍要大于实际水毁情况，这是因为天然河道中水流、泥沙运动情况十分复杂，坝体破坏并非像水槽试验中的连续性破坏而是在洪水期突发的间断性破坏，这使得以试验数据得到的水毁体积比公式

的计算结果偏大。此外将式(5.16)对潜丁坝和锁坝进行计算可以看出,用丁坝水毁体积比公式来计算潜丁坝和锁坝的水毁体积则出现了较大的误差,说明潜丁坝和锁坝的水毁机理与抛石丁坝有所不同,应分别进行研究。

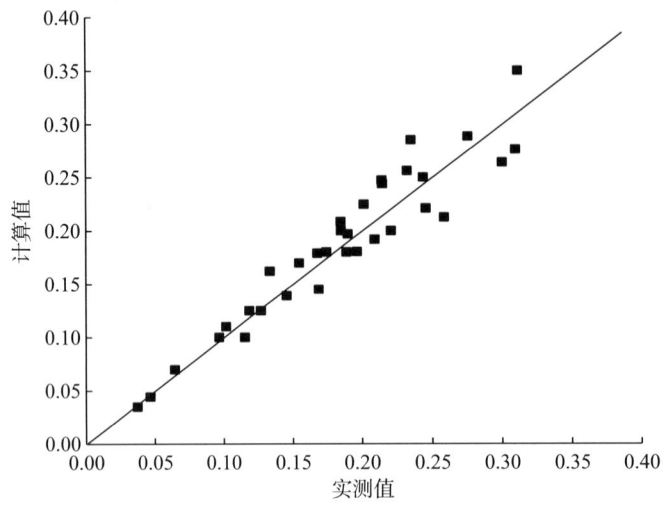

图 5-4 $V_{毁}/V_{总}$ 计算值与实测值对比

表 5-2 判别结果分析

丁坝名称	$\dfrac{V_{毁}}{V_{总}}$ 计算值/%	$\dfrac{V_{毁}}{V_{总}}$ 实测值/%	相对误差/%
碾子湾水道 2#丁坝	23.2	21.48	8
碾子湾水道 3#丁坝	19.23	16.2	18.7
碾子湾水道 4#丁坝	11	9.33	17.9
碾子湾水道 10#丁坝	12.4	10.86	14.2
周天河段 Z6 潜丁坝	17.05	12.5	36
枝江—江口河段水陆洲锁坝	15.83	29.14	45.7

5.2.2 抛石丁坝安全性判别模型

由抛石丁坝水毁体积比计算公式,进一步通过转化使其成为可以定量分析抛石丁坝安全稳定的判别公式:

$$K = 1 - \frac{V_{毁}}{V_{总}} = 1 - 0.000072 \times \left(\frac{V_m - V_c}{\sqrt{gH}}\right)^{1.0925} \times \left(\frac{L_D}{H}\right)^{-0.25} \times \left(\frac{d_{50}}{H}\right)^{-0.689} \times \left(\frac{D}{H}\right)^{-0.896} \times \left(\frac{180° - \theta}{90°}\right)^{0.1063}$$

(5.17)

其中,K 为抛石丁坝安全系数,由 $V_{毁} = 0.3 V_{总}$ 时的水毁体积为临界失效水毁体积来作为衡量抛石丁坝安全性的判别标准,则当 $K > 0.7$ 时认为坝体可靠,且 K 值越大坝体越安全,当 $K = 1$ 时认为坝体没有发生破坏;当 $K < 0.7$ 时认为坝体失效,这时可以考虑对其进行修复;当 $K = 0.7$ 时,坝体处于极限状态,即此时的 K 为最小安全系数。

第6章 非恒定流条件下护滩软体排可靠度及使用寿命分析

6.1 非恒定流量过程模拟

模型试验中常采用的三类非恒定流过程的适用情况如下。第一类方法采用实测流量过程，其特征是具体的某一年的特征，不能反映河段流量过程总体的统计特征，因而不具有代表性。第二类方法采用规则波形的流量过程是一种概化过程，其所能包含的原型流量过程的特征太少，适用于流量大小、变率只能近似地模拟某一具体数值的过程，而原型中一年的流量过程中包含多种波形，故与原型流量过程相差甚远。总之，前两类非恒定流过程均不适用于本次研究。

对比前两类非恒定流过程，第三类随机水文方法模拟得到的非恒定流过程具有以下特点。

(1) 随机水文学模型可以全面地表征水文现象统计变化的特性，侧重表征水文现象随时间变化关系的时间模型，侧重表征水文现象随空间变化的空间模型。

(2) 由随机水文学模型可模拟出大量的水文序列。这些水文序列通过径流计算可得到相应的大量水利序列指标，由长指标序列可获得水利指标频率曲线和各种特征值，便于工程的规划设计。

(3) 模拟出的大量水文序列表征了未来可能出现的各种情况。这给工程设计提供了工程运行期内可能出现的各种情况，可据此对水利指标的抽样误差做出估计，使设计更加合理可靠。

综上所述，随机水文学方法更适合本次研究。然而，将常用的随机水文学模型模拟的流量过程直接用于本次研究的模型试验，仍旧存在一些问题。接下来以随机水文学模型中受到广泛重视与广泛应用的自回归模型为例，简要说明。

6.1.1 随机水文学自回归模型简介

1. 自回归模型的物理基础

现将一个流域概化为一座大型水库。净雨量 ε_t' 作为输入，径流量 x_t' 作为输出，s_t' 为流域蓄水量。由水量平衡公式有

$$\varepsilon_t' - x_t' = s_t' - s_{t-1}' \tag{6.1}$$

假定水库为线性水库,则有
$$s_t' = K x_t' \tag{6.2}$$
式中,K 为流域调蓄系数。将式(6.1)代入式(6.2)可得
$$x_t' = \frac{K}{K+1} x_{t-1}' + \frac{1}{K+1} \varepsilon_t' \tag{6.3}$$
另 $\varphi = \dfrac{K}{K+1}$,则式(6.3)变为
$$x_t' = \varphi x_{t-1}' + (1-\varphi)\varepsilon_t' \tag{6.4}$$

若净雨量是和前时刻的径流无关的独立随机变量,那么式(6.4)就是典型的一阶自回归模型[AR(P)],其中表征流域调节性能的参数 K 决定了系数 φ。流域调节的性能越好,K 越大,则 φ 越大。这表明径流在时序上的相依关系愈密切。

2. 自回归模型结构

AR(p)的数学表达式为
$$x_t = \mu + \varphi_1(x_{t-1}-\mu) + \varphi_2(x_{t-2}-\mu) + \cdots + \varphi_p(x_{t-p}-\mu) + \varepsilon_t \tag{6.5}$$
其中,x_t 为原始平稳随机水文序列;μ 为 x_t 的均值;$\varphi_1,\varphi_2,\cdots,\varphi_p$ 为自回归系数;p 为自回归阶数;ε_t 为均值 0,方差 σ_ε^2 的独立随机变量,与 $x_{t-1},x_{t-2},\cdots,x_{t-p}$ 无关。从自回归模型的物理基础和模型结构均可知,该类模型具有非常直观的时间相依的形式。

3. 季节性自回归模型

上述自回归模型中的参数是不随时间变化的,而且通常不适用于时段单位比年短(例如日、旬、月、季等)的季节性水文现象,如日均流量过程序列、旬平均流量序列、月平均流量序列。故该模型无法用于模拟年内日均流量过程。若将平稳自回归模型中的参数考虑成季节性变化,则模型便转化为季节性回归模型,该模型可用于模拟日均流量序列,其模型结构如下。

设有季节性水文序列 $x_{t,\tau}$($t=1,2,\cdots,n$,代表年数;$\tau=1,2,\cdots,w$,代表季节数),用矩阵表示:
$$\begin{bmatrix} x_{1,1} & x_{1,2} & x_{1,3} & \cdots & x_{1,w} \\ x_{2,1} & x_{2,2} & x_{2,3} & \cdots & x_{2,w} \\ \cdots & \cdots & \cdots & \cdots & \cdots \\ x_{t,1} & x_{t,2} & x_{t,3} & \cdots & x_{t,w} \\ x_{n,1} & x_{n,2} & x_{n,3} & \cdots & x_{n,w} \end{bmatrix} = \{x_{t,\tau}\}_{n\times w} \tag{6.6}$$

为处理方便,将季节性水文序列进行标准化处理,以消除均值 μ_τ、方差 σ_τ^2 的季节性影响。即
$$z_{t,\tau} = \frac{x_{t,\tau} - \mu_\tau}{\sigma_\tau} \tag{6.7}$$

对标准化序列 $z_{t,\tau}$ 如果考虑 p 阶,则可建立阶季节性自回归模型[SAR(p)]:

$$z_{t,\tau} = \varphi_{1,\tau} z_{t,\tau-1} + \cdots + \varphi_{p,\tau} z_{t,\tau-p} + \varepsilon_{t,\tau} \tag{6.8}$$

式中，$\varphi_{1,\tau}, \varphi_{2,\tau}, \cdots, \varphi_{p,\tau}$ 分别为 τ 季 1 到 p 阶自回归系数；$\varepsilon_{t,\tau}$ 为第 t 年第 τ 季的独立随机序列，均值为 0，方差为 $\sigma_{\varepsilon,\tau}^2$。

式(6.8)也可以写成以原始序列 $x_{t,\tau}$ 表示的 SAR(p) 模型：

$$x_{t,\tau} = \varphi_{0,\tau} + \varphi_{1,\tau} x_{t,\tau-1} + \cdots + \varphi_{p,\tau} x_{t,\tau-p} + \varepsilon'_{t,\tau} \tag{6.9}$$

SAR(p) 模型的含义是，第 τ 季变量值与前期第 $\tau - i (i = 1, 2, \cdots, p)$ 季变量值有关，同时还取决于独立随机序列 $\varepsilon_{t,\tau}$ 的变化。

季节性自回归模型可以模拟日均流量序列，该模型得到的非恒定流序列具有流量大小、变幅及其历时变化的特征。但是从模型结构的含义可知，对于一个水文站的 1 阶季节性自回归模型，其模拟得到的日均流量过程一方面表征了相邻两日的日均流量的关系，即后一天的日均流量直接受前一天的日均流量影响；另一方面还表征了独立随机序列的影响，但是未能给出这两方面的影响所具有的代表性。该模型模拟出的流量过程的流量大小、变率的概率意义不明确，难以量化，也就无法通过模型试验建立流量过程特征(流量大小、变率)与系结条最大可变荷载的关系。综上所述，本研究为了能通过模型试验建立流量过程特征(流量大小、变率)与系结条最大可变荷载的关系，基于随机水文学理论尝试性地提出了一种新的非恒定流过程模拟方法。

6.1.2 非恒定流过程模拟新方法

1. 水文序列分析

非恒定流过程模拟采用的原始数据是三峡蓄水后汉口水文站 2002～2015 年共计 14 年的实测日均流量序列。天然河流中的流量过程在时间上是连续的，但为了计算的方便，常将连续的流量过程按照需求进行离散化处理得到相应的水文序列。本研究的流量数据是通过取时间区间上的统计值(即日平均)得到的 14 年的日均流量序列(图 6-1)。

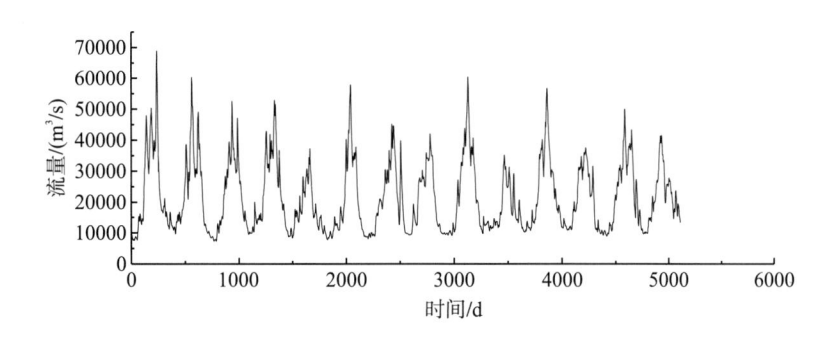

图 6-1 2002～2015 年日均流量序列

1) 水文序列的组成

水文序列 X_t 一般由随机性成分和确定性成分组成，前者由不规则的振荡和随机因素影响造成；后者包含周期和非周期成分，表征了一定的物理意义。水文序列一般可由线性叠加的形式表示：

$$X_t = N_t + P_t + S_t \tag{6.10}$$

式中，N_t 为非周期成分；P_t 为确定性的周期成分；S_t 为纯随机成分，可分为平稳的和非平稳的两类情况。

水文序列是在一定的自然条件（决定下垫面条件）和气候条件（决定降水量和蒸发量等）下产生的，式(6.10)中的三种成分是其主要成分，但不一定都存在。可以通过相应的方法去识别序列中的各成分。

2) 水文序列的组成成分识别

水文序列中的非周期成分又称为暂态成分，常被叠加在其他成分（如随机成分等）之上。若水文序列中存在趋势或跳跃（确定性非常周期）成分，则意味着相对稳定条件受到破坏。利用这种序列来预估未来事件，可能被极大地歪曲，即确定性非周期成分应该去除。以下将就本研究采用的水文序列的各组分进行识别。

(1) 确定性非周期成分

a.趋势成分识别与排除

水文序列平均值随时间的变化呈现出逐步增加或减少，这一有规则的变化称为趋势。若趋势贯穿于全过程，则称为整体趋势；若只出现在局部，则称为局部趋势。引起趋势的原因可能是气候的也可能是人为的。

对序列 $x_1, x_2, \cdots, x_n$ 的几个前期值和后期值取平均，求出新的序列 y_t，使原序列光滑化，这就是滑动平均法，数学表示为

$$y_t = \frac{1}{2k+1} \sum_{i=-k}^{k} x_{t+i} \tag{6.11}$$

当 $k=3$ 时为 7 点滑动平均，当 $k=4$ 时为 9 点滑动平均。选择合适的 k 值，可以将有趋势的水文序列的趋势较为清楚地显示出来。该法凭借其简单、直观的优点，在水文学中得到了广泛地使用。

本研究选取的 14 年日均流量序列数据点较多，为了使平滑效果明显，经过对比不同 k 值处理效果，对原序列进行 100 点滑动平均处理，如图 6-2 所示。从图中可以看出日均流量序列经 100 点滑动平均处理后得到的新序列 y_t 整体存在明显的多个波动，故认为原序列不存在整体趋势。每一个波动包含了逐渐下降和逐渐上升两种局部趋势，但这一趋势实际上反映的是序列周期成分。故认为不需要对原序列进行排除趋势成分的处理。

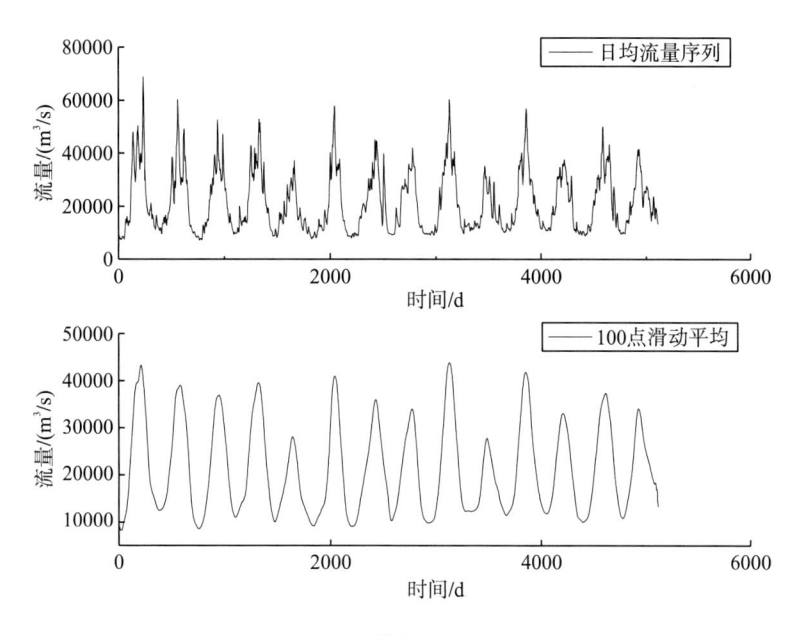

图 6-2　趋势成分识别

b.跳跃及突变成分识别与排除

水文序列状态过渡时表现出来的急剧变化形式，即为其跳跃成分。引起跳跃成分的原因是人为的或自然的。例如，一个流域若突发大面积的森林大火，则径流会突然变化，形成跳跃成分。通过修筑水库后经调节的坝下年最大流量序列与修建前的对比，可以看出前、后两种状态明显的跳跃。突变是瞬间行为，水文序列突变后，又能恢复原来的状态，是跳跃的一种特殊形式，如溃坝、泥石流导致河道堵塞等。

跳跃成分识别和检验分两步，先识别突变点 c，再检验确定跳跃成分是否显著。突变点的识别常用的方法有成因（人类大规模活动或自然条件等因素）识别法、时序累计曲线法和有序聚类分析法。接下来介绍有序聚类分析法。

利用有序聚类分析法来推估最可能的突变点 c，本质上是寻找最优分割点，使得类与类之间的离差平方和显著大于同类之间的离差平方和。对于水文序列 $x_1, x_2, \cdots, x_n$，最优分割法要点如下：

设突变点为 c，则突变前、后的离差平方和分别为

$$V_c = \sum_{i=1}^{c} \left(x_i - \overline{x}_c \right)^2 \tag{6.12}$$

$$V_{n-c} = \sum_{i=c+1}^{n} \left(x_i - \overline{x}_{n-c} \right)^2 \tag{6.13}$$

式中，$\overline{x}_c$、$\overline{x}_{n-c}$ 分别为 c 前、后两部分的均值。这样总离差平方和为

$$S_n(c) = V_c + V_{n-c} \tag{6.14}$$

则当 $S = \min\limits_{2 \leqslant c \leqslant n-1} \{S_n(c)\}$ 时的 c 为最优二分割点，可推断为突变点。

上述跳跃成分的成因及识别方法都表明跳跃成分是以突变为界，水文序列出现的阶段

性的变化。鉴于此,便有必要分析下日均流量序列随时间变化的特征。

日均流量序列受地球公转的影响,跟随一年四季的变化,在一年内有明显的洪水期和枯水期。洪水期存在明显的涨、落和洪峰阶段,洪峰阶段日均流量最大的点是最为接近突变点的位置。这一突变本质是一年中日均流量的最大值,这个特征值正是本研究中必不可少的一个特征。故不能作为突变点,则日均流量序列中也不存在需要排除的跳跃成分。

(2) 周期成分识别

水文序列中的周期成分,主要是由于地球公转和自转影响而成,两者周期分别为一年或一日。日(或旬、月)均流量、降水量、径流量等水文序列受这影响,存在明显的以 12 个月的周期成分。

识别周期成分的方法主要有方差谱密度图法、周期图法和累计解释方差图法。下面介绍方差谱密度图法。

水文序列的周期成分,在方差谱密度图上表现为高的和陡的峰值,峰值数代表周期数,对应的频率即为周期的倒数。峰值越高,周期越显著。做出 14 年日均流量序列的方差谱密度图,如图 6-3 所示。

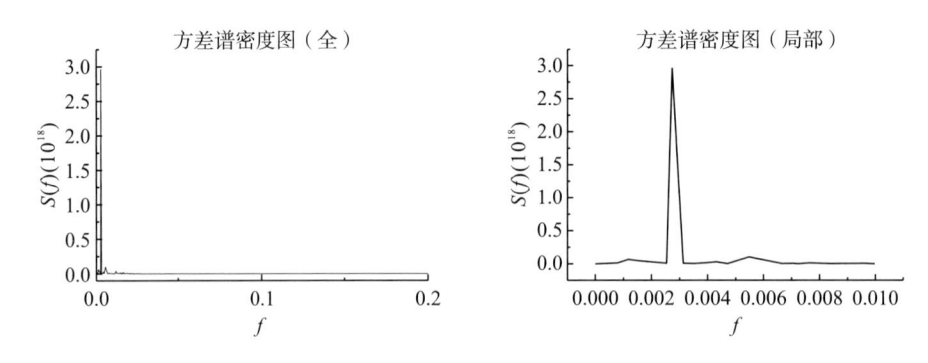

图 6-3 日均流量序列的方差谱密度图

由图 6-3 可知,最显著的峰值对应的频率 $f_1=0.00274$,其对应的周期 $T_1=f_1^{-1}=365$(天),即为一年;其次显著的峰值对应的频率 $f_2=0.00548$,其对应的周期 $T_2=f_2^{-1}=182$(天),即为半年。但两者相较下,半年的周期成分非常不显著,可以忽略。本研究是模拟一年的日均流量序列作为试验流量过程,故其主要考虑周期为 365 天的周期成分。

综上所述,认为本研究的日均流量序列由 365 天的周期成分 P_t 与随机成分 S_t 线性叠加而成,可表示为

$$X_t = P_t + S_t \tag{6.15}$$

2. 非恒定流流量过程模拟

前文已经叙述了日均流量序列只考虑以 365 天(也就是一年)为周期的周期成分,将连续日均流量序列以年为单位分为 14 部分,每一部分 $Q_{t,\tau}$ ($t=1,2,\cdots,14$,表示第 t 年;$\tau=1,2,\cdots,365$,表示第 τ 天)是由确定性周期成分与随机成分叠加而成。为了明确模型试验中的非恒定流过程(模型试验中的流量过程,实际上是施放日均流量序列得来,在低流速

第6章 非恒定流条件下护滩软体排可靠度及使用寿命分析

的模型实验中可以将其看作连续变化的流量过程)特征的概率意义,得到各流量过程的量化指标,在模拟日均流量序列时,对各部分流量序列的周期成分和随机成分作相应的处理。

本研究为了从概率的角度量化流量过程特征的多个方面,将日均流量序列分解为期望序列 $\bar{Q}_t$、标准差序列 S_Q、随机波动序列 B 三部分。基于前文的分析,期望序列 $\bar{Q}_t$ 相当于日均流量序列的周期成分 P_t,其表征的是日均流量序列流量大小的周期成分;标准差序列 S_Q、随机波动序列 B 相当于随机成分 S_t,分别表征流量大小和变率的随机变化。三部分线性叠加得到日均流量序列,表达式见式(6.16)对应的累计概率作为量化指标,接下来详细介绍处理办法。

$$X_t = P_t + S_t = \bar{Q}_t + (S_Q + B) \tag{6.16}$$

1)表征非恒定流过程流量大小的指标 $\bar{Q}_t + S_Q$

(1)日均流量期望序列 $\bar{Q}$

对 14 年第 τ 天的日均流量组 Q_τ(由 $q_{1,\tau}, q_{2,\tau}, \cdots, q_{14,\tau}$ 组成)求平均值得到 $\bar{q}_\tau$,由 $\bar{q}_1, \bar{q}_2, \cdots, \bar{q}_{365}$ 组成的序列称为流量期望序列,记作 $\bar{Q}$,数学表达式为

$$\bar{q}_\tau = \frac{1}{n}\sum_{t=1}^{n} q_{t,\tau} \quad (t=1,2,\cdots,14;\ \tau=1,2,\cdots,365) \tag{6.17}$$

(2)日均流量标准差序列 S_Q

对 14 年第 τ 天的日均流量组求标准差得到 S_τ,由 $S_1, S_2, \cdots, S_{365}$ 组成的序列称为流量标准差序列,记作 S_Q,数学表达式为

$$S_\tau = \sqrt{\frac{1}{n-1}\sum_{t=1}^{n}(q_{t,\tau} - \bar{q}_\tau)^2} \tag{6.18}$$

(3)非恒定流过程流量大小的概率

任取某两天的 14 年日均流量进行分析,其分布及密度函数曲线见图 6-4。

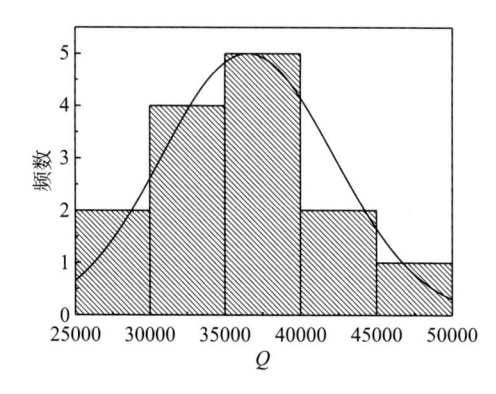

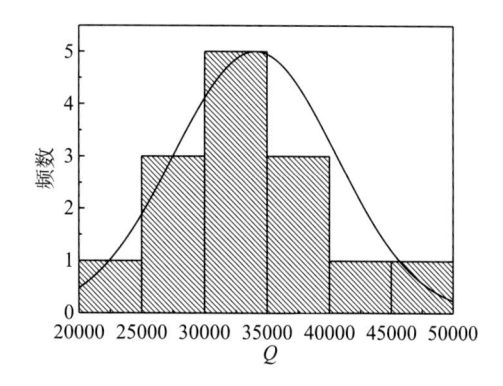

图 6-4 日均流量序列分布及概率密度曲线图

由图 6-4 可知,日平均流量分布近似正态分布,更长系列的日均流量正态性将更明显。即 14 年中所有第 τ 天的日均流量组 Q_τ 近似服从于正态分布,即 $Q_\tau \sim N(\mu,\sigma)$,其均值为

$\bar{q}_\tau$，标准差为 s_τ。对 Q_τ 进行标准化处理，令

$$Z_Q = \frac{Q_\tau - \mu}{\sigma} \tag{6.19}$$

则 $Z_Q \sim N(0,1)$，其概率密度函数为 $\Phi_Q(x)$。对于标准正态分布数据，由标准正态分布表可以确定各分位点对应的累计概率；反过来，也可以由所需的累计概率确定各分位点的值，即可以确定各流量出现的累计概率。例如

$$\Phi_Q(x) = p_Q \tag{6.20}$$

则 x 对应的流量为 q_x，计算式为

$$q_x = \sigma x + \mu \tag{6.21}$$

即由标准正态分布表，经过计算可以确定累计概率为 p_Q 时，可能出现的最大流量。同理，可以求得指定累计概率 p_Q，全年 365 天的流量序列 Q（由 $q_1, q_2, \cdots, q_{365}$ 组成），此流量序列即表征了流量大小，累计概率为 p_Q 即为其量化指标。由于样本的 $\bar{q}_\tau$、S_τ 是总体 μ 和 σ 的无偏估计，故式(6.21)可改写为

$$q_x = s_\tau x + \bar{q}_\tau \tag{6.22}$$

则流量序列 Q 可改写为 $\bar{Q}_t$、S_Q 的线性叠加，即为

$$Q = \bar{Q}_t + x S_Q \tag{6.23}$$

式中，$\bar{Q}_t$ 为日均流量期望序列，S_Q 为日均流量标准差序列。

2) 表征非恒定流过程流量变幅与历时的指标-随机波动序列 B

(1) 提取样本随机波动序列 B_t。

将第 t 年的日均流量序列按时间顺序依次连接，称得到的曲线为该年的日均流量过程线 L_t ($t=1,2,\cdots,14$)。日均流量过程线围绕其中线 ML_t 上、下波动，这些波动即为随机波动，该年所有波动上对应的流量序列共同组成该年的随机波动序列组 B_t。接下来介绍随机波动序列组 B_t 的获取及模拟方法。

① 日均流量过程线 L_t 的中线 ML_t。

a. 记 L_t 的下包络线为 DL_t，由 L_t 的极小值点和极小值点间的插值点(两者共 365 个数据，与日均流量序列一一对应)按时间顺序连接而成；

b. 同法，记 L_t 的上包络线为 UL_t，由 L_t 的极大值点和极大值点间的插值点按时间顺序连接而成；

c. 记第 t 年的中线为 ML_t，$ML_t = (DL_t + UL_t)/2$，即中线由 L_t 的上、下包络线取平均值得来。

日均流量过程线 L_t、中线 ML_t、上包络线 UL_t、下包络线 DL_t 如图 6-5 所示。

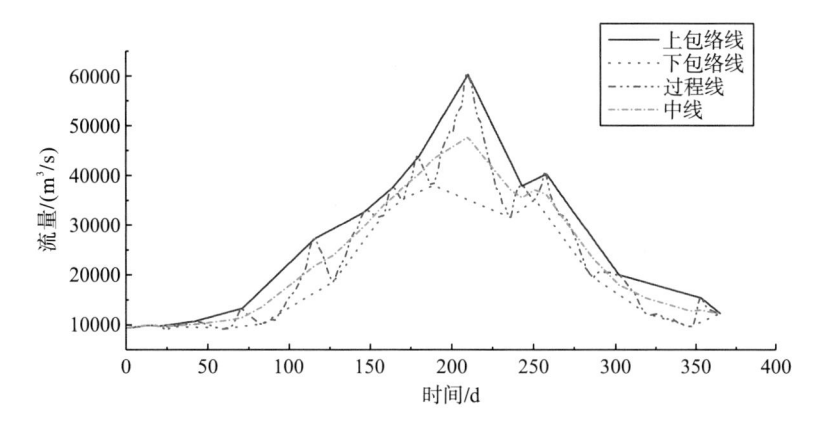

图 6-5 日均流量过程线中线示意图

②第 t 年的随机波动序列组 B_t 提取

a. 记中线 ML_t 与日均流量过程线 L_t 的交点为 $J_{t,i}$ ($i=1,2,\cdots,m$)，取 $J_{t,i}$ 与 $J_{t,i+1}$ 间日均流量过程线上的极值点 $P_{t,i}$ ($i=1,2,\cdots,k_t$, k_t 表示第 t 年所具有的极值点数量，下同)。

b. 由 $J_{t,i}$、$P_{t,i}$、$J_{t,i+1}$ 构成的三角形称为日均流量过程线的一个波动，波动上对应的流量序列为 $B_{t,i}$，第 t 年所有的 $B_{t,1}$，$B_{t,2}$，$\cdots$，$B_{t,i}$ ($i=1,2,\cdots,k_t$) 组成该年的日均流量波动序列 B_t。图 6-6 中展示的是连续的两个波动 $B_{t,i}$ 和 $B_{t,i+1}$。

c. 波动 $B_{t,i}$ 的周期 $T_{t,i}$ 为交点 $J_{t,i+1}$ 所对应的时间减去 $J_{t,i}$ 所对应的时间，即 $T_{t,i}=t_{J_{i+1}}-t_{J_i}$，其含义是波动 $B_{t,i}$ 所历经的时间。波动 $B_{t,i}$ 的振幅 $A_{t,i}$ 为极值 $P_{t,i}$ 到 $J_{t,i}$ 与 $J_{t,i+1}$ 连线的距离，其含义是波动 $B_{t,i}$ 的流量变幅。波动 $B_{t,i}$ 由振幅 $A_{t,i}$ 和周期 $T_{t,i}$ 共同表示。

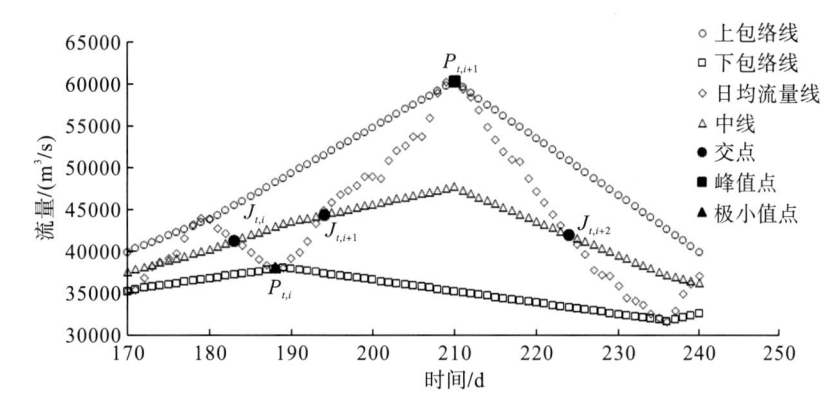

图 6-6 随机波动序列示意图

(2) 模拟随机波动序列 B

分别确定周期 T (代表 $T_{t,i}$ 序列) 和振幅 A (代表 $A_{t,i}$ 序列) 概率分布类型，一般为正态分布或可变换为正态分布的偏态分布。本次研究两者均近似服从对数分布，分别对原数据取对数后近似服从正态分布，即

$$\ln(A) \sim N(\mu_A, \sigma_A)$$
$$\ln(T) \sim N(\mu_T, \sigma_T) \tag{6.24}$$

图 6-7(a)、(b)为对数正态分布,图(c)、(d)转变为正态分布。变换为正态分布更便于后续的处理,不作特殊说明时,以下提到的均是对变换为正态分布后的数据做处理。

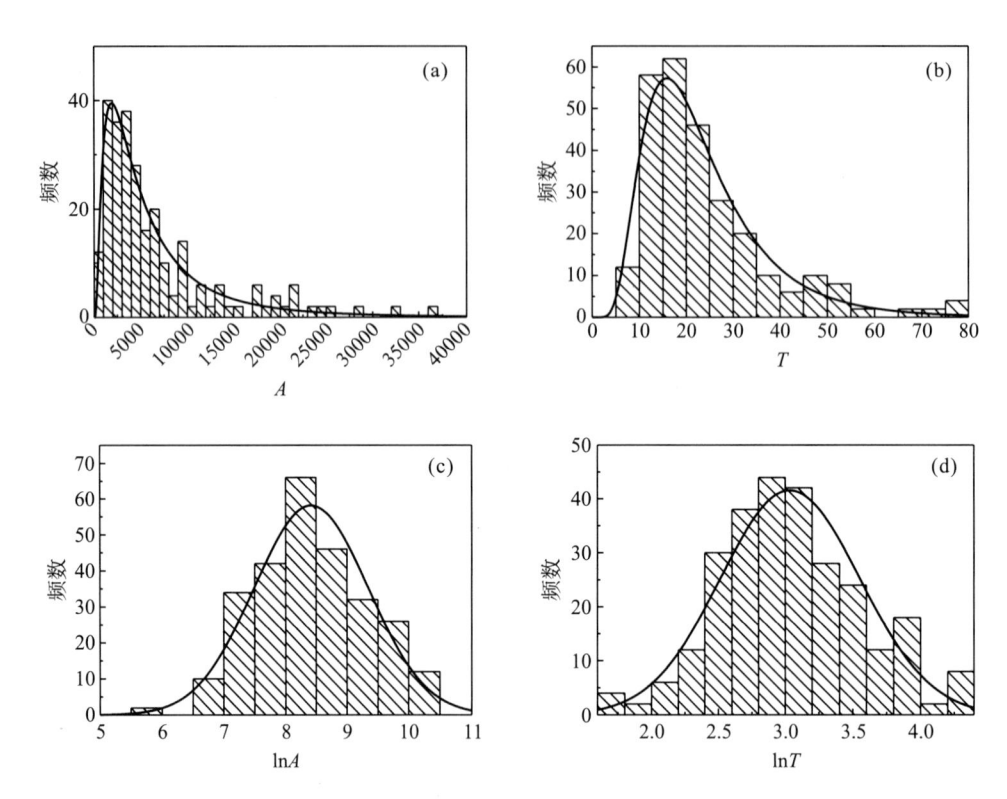

图 6-7 波动周期、振幅分布与概率密度曲线

①分别求 $\ln T$,$\ln A$ 的统计特征值。

$\ln T$ 的平均值 μ_T 和标准差 σ_T,计算式如下:

$$\mu_T = \frac{1}{nk} \sum_{t=1}^{n} \sum_{i=1}^{k} \ln T_{t,i} \tag{6.25}$$

$$\sigma_T = \frac{1}{nk} \sum_{t=1}^{n} \sum_{i=1}^{k} (\ln T_{t,i} - \mu_T)^2 \tag{6.26}$$

$\ln A$ 的平均值 μ_A 和标准差 σ_A,计算式如下:

$$\mu_A = \frac{1}{nk} \sum_{t=1}^{n} \sum_{i=1}^{k} \ln A_{t,i} \tag{6.27}$$

$$\sigma_A = \frac{1}{nk} \sum_{t=1}^{n} \sum_{i=1}^{k} (\ln A_{t,i} - \mu_A)^2 \tag{6.28}$$

②随机波动出现的概率。

对 $\ln A$,$\ln T$ 进行标准化处理,另

$$Z_A = \frac{\ln A - \mu_A}{\sigma_A}, \quad Z_T = \frac{\ln T - \mu_T}{\sigma_T} \tag{6.29}$$

则有 $Z_A \sim N(0,1)$、$Z_T \sim N(0,1)$，设两者的概率密度函数分别为 $\Phi_A(x)$、$\Phi_T(x)$。对于标准正态分布数据，由标准正态分布表可以确定各分位点对应的累计概率；反过来，也可以由所需的累计概率确定各分位点的值。这也就是说，可以通过变换确定各波动出现的累计概率。例如：

$$\Phi_A(x) = p_B$$

则 x 对应的振幅为 A_x，计算式为

$$A_x = e^{\sigma_A x + \mu_A}$$

则认为振幅小于 A_x 的波动出现的概率为 p_B，振幅大于 A_x 的波动出现的概率为 $(1-p)$，即

$$P\{A < A_x\} = p, \quad P\{A > A_x\} = 1 - p$$

反过来，也可以确定累计概率为 p_B 时，可能出现的最大振幅；同理，也可以确定各累计概率为 p_B 时，可能出现的最大周期。

综上，由标准正态分布表，经过计算可以确定累计概率为 p_B 时，可能出现的最大振幅 $A_{\max}$ 和最大周期 $T_{\max}$。确定了最大值，也就确定了上限值。振幅和周期为波动的两个决定性特征，并且在实际工程中主要关注的也是荷载最大值的影响，鉴于此，将上限值对应的累计频率 p_B 作为随机波动序列组 B 的累计频率。

③模拟指定累计概率 p_B 的随机波动序列组 B

指定了累计频率 p_B，也就确定了波动组的上限值，至此，还需要确定随机波动序列组中其他波动序列，接下来介绍具体的方法。

第一步，确定波动序列的数目 $\bar{k}$：

$$\bar{k} = \sum_{t=1}^{n} k_t \tag{6.30}$$

式中，k_t 表示第 t 年日均流量序列提取出的波动序列数目。

第二步，分区间分别模拟出 $\bar{k}$ 个周期与 $\bar{k}$ 个振幅。将概率密度曲线分为若干个区间，将 $\bar{k}$ 分为 m 份，根据各区间所占概率的权重确定各份的频数。该频数表示落在该区间的波动数量。本次研究根据 3σ 准则划分区间，模拟的波动组累计概率 p 为 $\Phi(\mu+2\sigma)$。则将概率密度函数定义域上点 $(\mu+2\sigma)$ 左侧的区间 $(\mu-3\sigma,\mu+2\sigma)$ 分为 $(\mu-3\sigma,\mu)$、$(\mu,\mu+\sigma)$、$(\mu+\sigma,\mu+2\sigma)$ 三个小区间，各区间所占的概率分别为

$$p_1 = \Phi(\mu) = 0.5$$
$$p_2 = \Phi(\mu+\sigma) - \Phi(\mu) = 0.841 - 0.5 = 0.341$$
$$p_3 = \Phi(\mu+2\sigma) - \Phi(\mu+\sigma) = 0.977 - 0.841 = 0.136$$
$$p = p_1 + p_2 + p_3 = 0.977$$

各区间的权重分别为

$$q_1 = p_1 / p = 0.5 / 0.977 = 0.51$$
$$q_2 = p_2 / p = 0.341 / 0.977 = 0.35$$
$$q_3 = p_3 / p = 0.136 / 0.977 = 0.14$$

波动的累计频率落在各区间的数量分别为：$n_1 = 0.51\bar{k}, n_2 = 0.35\bar{k}, n_3 = 0.14\bar{k}$（四舍五入，取

整)。随机生成 n_1 个落在区间 $(\mu-3\sigma,\mu)$ 上的数 $x_1,x_2,\cdots,x_{n_1}$，随机生成 n_2 个落在区间 $(\mu,\mu+\sigma)$ 内的数 $x_{n_1+1},x_{n_1+2},\cdots,x_{n_1+n_2}$，随机生成 n_3 个落在区间 $(\mu+\sigma,\mu+2\sigma)$ 内的数 $x_{n_1+n_2+1},x_{n_1+n_2+2},\cdots,x_{n_1+n_2+n_3}$。则由这 $\bar{k}$ 个随机数可以得 $\bar{k}$ 个振幅(或周期)。

第三步，组合随机模拟出的振幅与周期，还原为随机波动序列组 B。前文说明了一个波动 $B_{t,i}$ 由振幅 $A_{t,i}$ 和周期 $T_{t,i}$ 共同表示，第二步模拟出的 $\bar{k}$ 个振幅和 $\bar{k}$ 个周期组合可以得到 $\bar{k}$ 个 $B_{t,i}$，振幅和周期的组合规则可根据原始波动的周期与振幅的规律进行组合。以本研究为例，对于所有的原始波动，基本满足周期越大，振幅越大的规律，如图 6-8 所示。所有本书组合振幅和周期的原则是周期与振幅按升序排列，一一对应。波动序列组包含多个波动，模拟出的波动的排列顺序根据原始波动的规律排列。本书的原始波动振幅较大的波动主要分布在一年当中第 150 天到第 250 天之间，振幅较小的波动均匀地分布在全年，如图 6-9 所示。

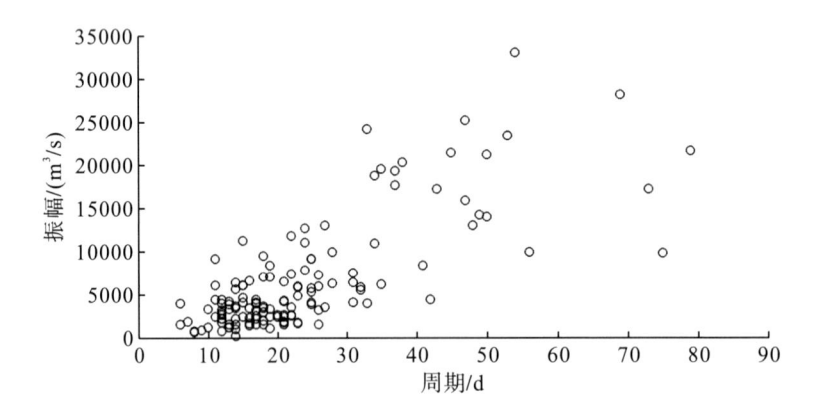

图 6-8　波动的振幅与周期关系图

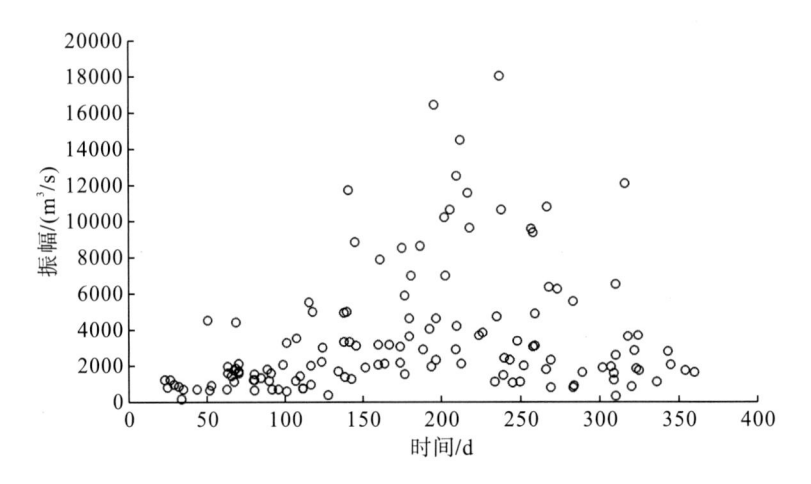

图 6-9　波动的峰值出现时间图

3) 模拟非恒定流量过程

综上所述，日均流量期望序列 $\overline{Q}_r$、日均流量标准差序列 S_{Q_r}、随机波动序列 B 三者线性叠加得到模型试验所采用的非恒定流序列，可表示为

$$X_t = P_t + S_t = \overline{Q}_r + \left(xS_{Q_r} + B\right) \tag{6.31}$$

模拟得到的日均流量序列的量化指标 P_Q 可由流量序列和随机波动序列组累计频率 p_Q、p_B 共同表示

$$P_Q = p_Q p_B \tag{6.32}$$

6.2 非恒定流条件下护滩软体排可靠性模型试验

基于前文的 X 型排使用寿命的研究方法，需要研究非恒定流条件下 X 型排系结条最大荷载(拉力)的分布规律并提出计算方法。为此，需进行概化水槽模型试验。在试验中测试决定系结条所受拉力的相关物理数据(水流流速、水位，系结条所受拉力)，通过分析试验中不同工况下滩体附近水流的流速、水位和系结条所受拉力的分布规律，确定系结条最大荷载与其各影响因素之间的联系，结合理论推导，最终建立系结条最大可变荷载的计算公式。

6.2.1 水槽概化模型设计

X 型排概化模型试验是在长 30m、宽 2m、高 1m 的矩形玻璃水槽试验系统中进行的(图 6-10)。水槽试验系统位于国家内河航道整治工程技术研究中心的航道整治试验大厅，包括流量控制系统和循环水系统。流量控制系统最大可产生近 0.2m³/s 的流量，水槽尾部有一翻板式尾门，通过尾门与电磁流量控制系统配合，实现特定非恒定流过程的施放。循环水系统由蓄水库和水槽两部分组成。蓄水库容量约为 100m³，循环系统可以确保水槽中施放持续时间较长的非恒定流过程。

图 6-10 试验水槽图

1. 水位和流量测量

水位测量采用的同步自动测量系统,由重庆西南水运科学研究所研发(图6-11)。系统利用超声测距原理、结合先进的传感技术和电子技术,同步采集、记录不同测点的水位数据。并能实时精确地将数据反馈到用户界面,使观测人员能够及时地掌握测点的水位变化情况。进口流量由 DCMS 流量控制系统控制,该系统由清华大学和北京尚水信息技术公司联合研制。

图 6-11　超声波水位仪及自动测量系统

2. 流速测量

单点的近地流速采用重庆西南水运科技研究所研制的旋浆流速仪测量,采集频率为100Hz,采用脉冲采样法,每个点采样时长与非恒定流过程时长相等,为24940s;流速数据采集系统为瞬变流速长时跟踪采集系统,由重庆交通大学河海学院自行研制,采样频率设定为 3000 次/s。

3. 系结条拉力测量

X 型排系结条受力是采用自主研发制作的四向拉力传感器测量,试验拉力采集系统采用江苏东华测试技术股份有限公司研发的 DH5922N 和 DH5923N 通用型动态信号测试分析系统自动跟踪记录(图6-12)。

图 6-12　拉力传感器及拉力采集系统

6.2.2 模型设计依据

1. 模型滩体设计

本书成果是基于长江航道局科技项目,为便于推广到天然河流,并应用于实际工程中,水槽模型不再模拟某一具体工程或河段,而是对原型数据进行概化,模拟部分工程长度,并使水槽试验流量过程与天然河流有某种近似的比例尺关系。首先对长江中下游的原型滩体特征进行分析,长江中下游重点水道滩体(边滩)基本特征值见表6-1。

表6-1 长江中下游重点水道滩体基本特征参数表

序号	水道名称	水道宽/km	滩体名称	形态	滩体长/km	滩体宽/km	滩体高/m	滩体水道长宽比
1	宜都水道	1.1~1.8	沙坎湾边滩	顺直边滩	2.1~3.0	0.20~0.50	0~6.0	0.11~0.45
2	芦家河水道	1.0~2.2	羊家老边滩	微弯凸岸边滩	0.6~0.8	0.27~0.66	0~5.9	0.12~0.66
3	马家咀水道	1.0~4.0	白渭洲边滩	顺直边滩	2.1~3.0	0.20~0.40	0~6.0	0.05~0.40
4	周公堤水道	0.8~1.8	蛟子渊边滩	微弯凹岸边滩	4.0~6.2	0.30~0.50	0~6.0	0.17~0.63
5	界牌水道	1.6~1.8	螺山边滩	顺直边滩	3.6~4.5	0.40~1.12	0~3.1	0.22~0.68
6	嘉鱼水道	1.3~4.2	汪家洲边滩	顺直边滩	3.1~4.5	0.15~0.70	0~5.2	0.04~0.54
7	武桥水道	1.1~2.0	汉阳边滩	顺直边滩	1.6~3.5	0.36~0.82	0~5.0	0.18~0.75
8	湖广水道	0.9~1.4	魏家坦边滩	顺直边滩	1.5~2.6	0.51~0.67	0~4.0	0.36~0.74
9	牯牛沙水道	1.1~1.4	牯牛洲边滩	顺直边滩	2.1~2.3	0.58~0.64	0~13.6	0.41~0.58
10	窑集脑水道	1.0~1.3	洋沟子边滩	顺直边滩	3.0~6.0	0.30~0.60	0~5.9	0.23~0.60

鉴于试验水槽尺度限制,本次模型滩体以边滩为主。长江中游河段边滩尺度较大,从滩头到滩尾的距离、航行基面、滩顶宽度和滩槽交界的坡度变幅均较大。因此,水槽概化模型难以按比例尺相似模拟,所以对边滩的形态只作概化模拟。

滩体的几何特征可以从滩体的滩顶高度、横纵坡降、收缩比(收缩比是指河道均宽与滩体均宽的比值)、长宽比(滩体平均长度与平均宽度的比值)四个方面进行描述,故概化模型主要从这四个方面进行设计,边滩结构示意如图6-13所示。

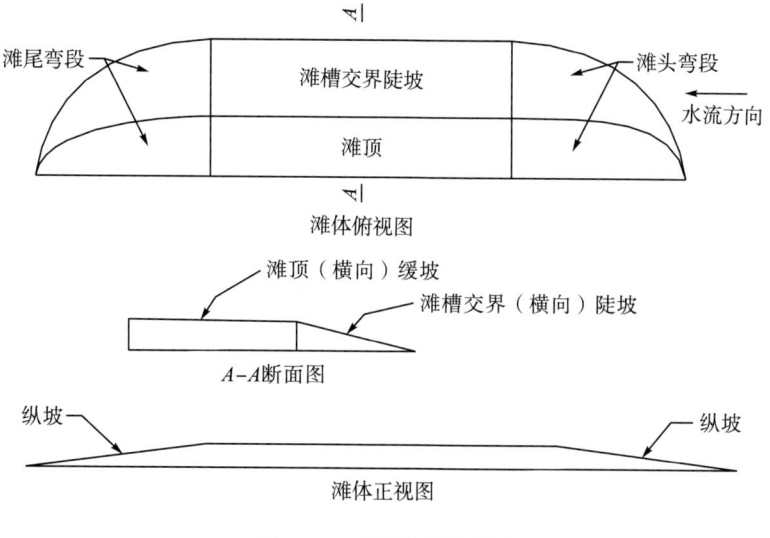

图6-13 边滩结构示意图

2. 原型滩体几何特征数据分析

本次水槽试验的研究对象为顺直河道上的顺直边滩,通过对原型滩体几何特征的数据统计分析,原型滩体收缩比、长宽比的均值分别为0.4、6.4,标准差分别为0.12、2.4,试验滩体的收缩比、长宽比值在均值±标准差的范围[分别为(0.28～0.52)、(4～8.8)]附近选取;滩体的纵向(水流方向)坡降均值为3.8%,横向坡降分缓坡和陡坡两段,缓坡为1.5%,陡坡为8%,具体如表6-2所示,原型X型排水毁示意图如图6-14所示。

表6-2 原型滩体几何特征统计表

序号	水道	滩型	滩体	收缩比	长宽比
1	宜都水道	顺直边滩	沙坎湾边滩	0.285	7.3
2	马家咀水道	顺直边滩	白渭洲边滩	0.225	8.5
3	界牌过渡段	顺直边滩	螺山边滩	0.45	5.3
4	嘉鱼水道	顺直边滩	汪家洲边滩	0.29	8.9
5	武桥水道	顺直边滩	汉阳边滩	0.465	4.3
6	湖广水道	顺直边滩	魏家坦边滩	0.55	3.5
7	牯牛沙水道	顺直边滩	牯牛洲边滩	0.495	3.6
8	窑集脑水道	顺直边滩	洋沟子边滩	0.415	10.0

图6-14 原型X型排水毁示意图

3. X型排模型设计

选择X型排作为护滩结构整治建筑物,根据本课题组前期研究成果,初步确定模型比尺为1∶10,根据原型X型排的几何特征可以得到模型压载体几何尺寸为4.5cm×4.0cm×1.0cm(长×宽×厚)、质量为43.20g、密度为2400kg/m³(图6-15)。

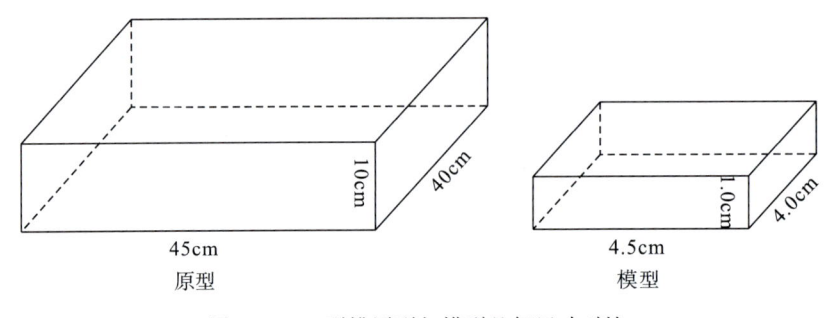

图6-15 X型排原型与模型几何尺寸对比

6.2.3 模型各项比尺的确定

1. 模型几何比尺的确定

鉴于实验水槽尺度限制，本次模型滩体以边滩为主。水槽概化模型对边滩的形态只能作概化模拟。

河段宽度和试验水槽的宽度相差 3 个数量级，为了充分模拟滩体对束窄河床的影响，模型滩体宽度按水面收缩比 μ 与原型相等的原则进行设计，即模型滩体宽应满足式(6.33)：

$$\left(\frac{b}{B}\right)_P = \left(\frac{b}{B}\right)_M = \mu \tag{6.33}$$

式中，b、B 分别表示滩体宽和河宽。

由前文可知，由滩体引起的水面收缩比 μ 范围为 0.28~0.52，试验水槽宽度为 2m，根据收缩比来定出模型滩体宽度：

$$b_{M1} = \left(\frac{b}{B}\right)_{P1} B_M = \mu_1 B_M = 0.28 \times 2.0 = 0.56\text{m}$$

$$b_{M2} = \left(\frac{b}{B}\right)_{P2} B_M = \mu_2 B_M = 0.52 \times 2.0 = 1.04\text{m}$$

故模型滩体的宽度应为 $0.56\text{m} \leqslant b_M \leqslant 1.04\text{m}$，考虑到不同收缩比的滩体束窄河床对流态(流速、水深、流向)的影响不同，收缩比小，束窄水流的作用明显，流速和水深增加较大，故认为对边滩的作用力也较明显。试验滩体收缩比按较不利情况选取 0.6，试验水槽宽为 2m，则相应的滩体宽为 120cm，比原型资料的最小收缩比 0.52 略大。

根据河宽以及滩体形态尺寸，鉴于试验水槽宽度和流量控制系统的实际条件，水槽概化模型仅考虑模拟部分工程长度，采用平面比尺：$\lambda_L = 10$。概化模型设计为正态模型，故水平比尺等于垂直比尺为

$$\lambda_L = \lambda_H = 10$$

2. 模型水流比尺的确定

为了实现水流运动的相似，各相似比尺应满足：

$$\lambda_V = \sqrt{\lambda_H} \tag{6.34}$$

$$\lambda_V = \frac{1}{\lambda_n} \lambda_H^{1/6} \frac{\lambda_H}{\sqrt{\lambda_L}} \tag{6.35}$$

联解式(6.34)及式(6.35)，得到要求的糙率比尺以及要求的模型糙率为

$$\lambda_n = \lambda_H^{1/6} \sqrt{\frac{\lambda_H}{\lambda_L}} = 10^{1/6} \sqrt{\frac{10}{10}} = 1.46 \tag{6.36}$$

$$n_m = \frac{n_p}{\lambda_n} = \frac{0.025}{1.46} = 0.0171 \tag{6.37}$$

为保证模型水流运动的相似，应采用

$$\lambda_V = \sqrt{10} = 3.162, \quad \lambda_Q = \lambda_H \lambda_L \lambda_V = 10 \times 10 \times 3.162 = 316.2$$

在水槽中进行概化模型试验,尽管水槽和滩体形成的横断面形状与原型的横断面形状不尽相同,但试验中模型滩体历经的流量过程保持与原型非恒定流过程特征相似。试验非恒定流过程根据汉口水文站的日均流量数据模拟。汉口水文站河段多年最大洪峰流量为69000m³/s。若模型按上述比尺释放流量,则模型洪峰流量达到218.21m³/s,显然流量比尺不能完全按照公式 $Q=AV$ 计算。故试验流量过程流量最值尽量模拟原体河道一定流带宽度的水流运动的最值,考虑到供水设备的供水能力,三个流量过程的最大流量在模型中设计为 Q=93L/s、145L/s、166L/s。

3. 模型时间比尺的确定

如果完全按正态模型比尺考虑 $\lambda_t = \sqrt{\lambda_L} = \sqrt{10} = 3.16$,则全年流量过程的放水时间 $t_M = t_p/\lambda_t = 365/3.16 = 115.5$(d),即便只放汛期6、7、8三个月共90天流量过程,放水时间也需要28.48d。实际的动床试验放水28d,动床模型将会被冲得一干二净,这显然也与实际工程不相符。综上所述,为了使流量过程的作用效果与实际工程相近并缩短试验时间至可操作区间,试验流量过程只取汛期三个月共90d的流量过程,时间比尺按作用力相似准则来取:

$$\lambda_t = \lambda_L^{\frac{5}{2}} = 10^{\frac{5}{2}} = 316.2$$

则模型放水时间为

$$t_M = t_p/\lambda_t = 90/316.2 = 0.285$$

综合以上结果,模型主要比尺见表6-3。

表6-3 模型主要比尺

比尺类型	比尺名称	符号	比尺
几何相似	平面比尺	λ_L	10
	垂直比尺	λ_H	10
水流运动相似	流速比尺	λ_V	3.162
	时间比尺	λ_t	316.2
	流量比尺	λ_Q	316.2

6.2.4 非恒定随机流量过程模拟

通过对汉口水文站实测资料的处理,试验模拟了三种不同分布频率的非恒定随机流量过程。新的非恒定流过程模拟步骤可分为三步:①由若干年的实测流量数据求得日均流量序列的期望流量序列和标准差流量序列,期望流量序列与不同倍数的标准差流量序列叠加得到若干个具有不同统计频率的新流量序列,该序列简称为基波流量序列。②从各年的实测流量过程线中分别选取若干个明显的波动序列，得到各年的原始波动流量序列。对若干年提取出的若干个原始波动流量序列进行统计处理，用随机方法模拟出特定统计频率的随机波动流量序列。③将模拟的基波流量序列和随机波动流量序列叠加得到随机流量序列，即非恒定流量序列。第 3 章指出模拟得到的非恒定流量序列可由一个表征了该序列流量大小和变率的指标，即累计频率 p_Q 表示。

本研究选取三种累计频率基波流量序列分别与同一累计频率的随机波动流量序列得到三个非恒定流量序列，如图 6-16 所示，试验采用的三个随机流量过程的累计频率如表 6-4。

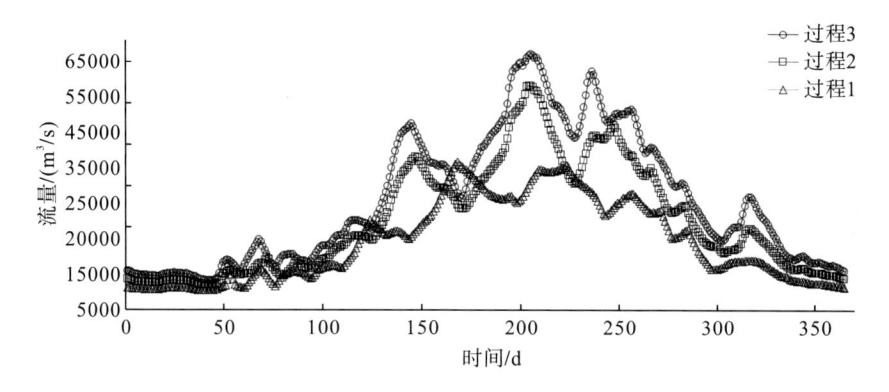

图 6-16　试验采用的随机流量过程

表 6-4　各流量过程的累计频率

过程	基波	谐波	叠加后
流量过程 1	0.5	0.9772	0.4886
流量过程 2	0.8413	0.9772	0.8221
流量过程 3	0.9772	0.9772	0.9549

水槽试验的目的主要是得到 X 型排系结条的最大可变荷载，而系结条荷载来源于水流对 X 型排的作用，在固定水槽中该荷载的大小与流量大小有直接关系，故水槽试验流量过程截取全年流量过程中汛期段，选取 6~8 月共 90 天的流量过程作为试验流量过程。

6.2.5　试验方案设计

1. 模型滩体几何特征值选取

1) 滩顶高

高度分布在纵向变化不大，而横向上变化明显，尤其体现在陡坡段，试验中滩顶高根据滩体横向高度来确定。资料显示，长江中下游滩顶洪水期流速为 1.5~2.0m/s，试验 X 型排模型比尺为 1∶10，根据流速比尺可得试验滩体滩顶洪水期流速应达到 0.47~

0.63m/s。根据汉口水文站丰、中、枯洪峰流量 166L/s、145L/s、93L/s 放水,反算滩顶高,试验按较不利的流速确定滩体高度,即模型流速为 0.63m/s,相应水深为 13.1cm、11.5cm、7.3cm。试验滩顶高按较大值选取 12cm。

2) 横纵坡降

滩体的横纵坡降是影响其受水流作用大小的主要因素。坡降越大,阻碍水流效果愈加明显,坡面对水流流态的改变作用愈加明显。考虑到实际滩体的纵坡是沿水流方向且坡降较小,试验中纵坡坡降按较不利情况选取固定值 6%。滩体横向滩顶坡降非常小,且实际边滩的滩顶相当长的时间是在水面以上,故滩顶坡降选取固定值 1.5%。滩体横向陡坡垂直流向,受水流作用显著,试验中对陡坡坡降选取多个不同值,虽然原型观测资料均值正负标准差的范围为 5.5%~14.5%,但试验倾向于取受水流作用明显的较不利值,因此试验滩体的坡降在均值和最大坡降值之间(10%~20%)取值,分别取为 12%、16%、20%。

3) 长宽比

设计考虑较不利影响及模型水槽尺度,模型边滩长宽比设计为 4.9∶1。

另外,考虑到实际河道中滩体下游附近通常为回流区,平面形态多为弧度较小的弯段,故试验中的滩体下游弯段弧度按照上游弯段弧度的 1/2 设计。滩体布置如图 6-17。综上所述共设计 3 种滩体,具体如表 6-5 所示。

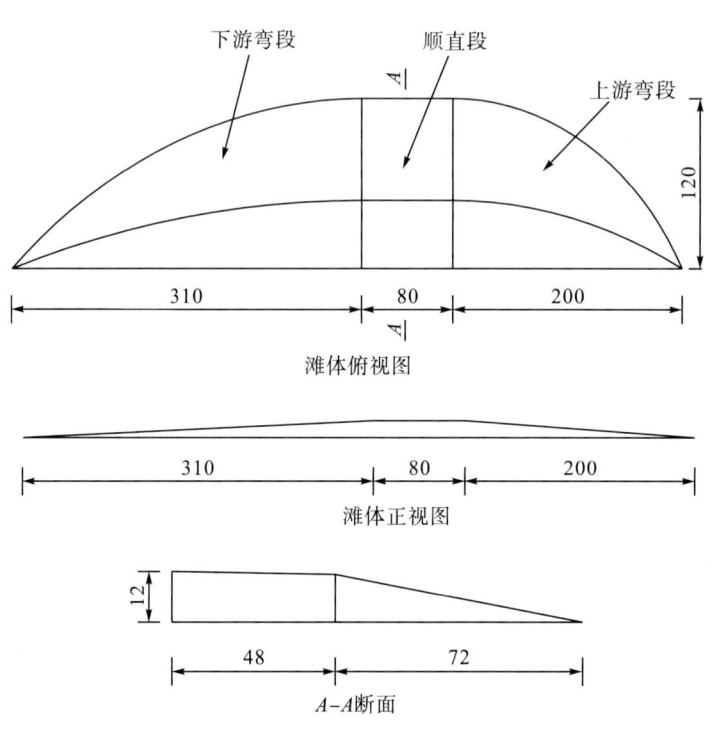

图 6-17 试验滩体结构示意图

表 6-5　试验滩体几何特征取值表

滩体编号	滩顶高/cm	滩体纵向					滩体横向	
		滩体长/cm	滩尾长/cm	滩头长/cm	平直段长/cm	滩体宽/cm	陡坡坡降/%	缓坡坡降/%
Ⅰ	12	590	310	200	80	120	12	1.5
Ⅱ		590	310	200	80	120	16	1.5
Ⅲ		590	310	200	80	120	20	1.5

2. X 型排布置

考虑到目前不少实际边滩守护工程中 X 型排采用了整体守护，加之整体守护下系结条拉力测试效果要比间隔守护效果明显，即能更好地研究最大可变荷载的规律，试验中 X 型排采用整体守护。根据已有研究对滩体冲刷较严重，流态变化较大的滩头和滩体直段进行守护，具体守护范围如图 6-18 所示，试验工况如表 6-6 所示。

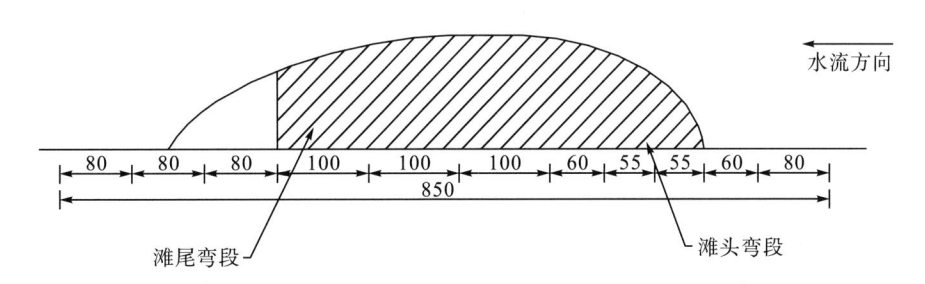

图 6-18　护滩软体排布置图(阴影区为护滩软体排)(单位：cm)

表 6-6　试验工况表

工况	滩体编号	流量过程	纵坡坡降/%
M1		过程 1	12
M2	Ⅰ	过程 2	12
M3		过程 3	12
M4		过程 1	16
M5	Ⅱ	过程 2	16
M6		过程 3	16
M7		过程 1	20
M8	Ⅲ	过程 2	20
M9		过程 3	20

3. 系结条拉力测量

在 X 型排原型中块体与块体之间的系结条多为柔软的聚丙烯、丙纶长丝机织带，测量系结条受力只考虑拉力。护滩建筑物系结条所受的脉动拉力与流量和水深有关系，而边滩对水流的阻碍作用会使滩头上游开始壅水，在滩头位置附近壅水达到最高后开始回落，在滩尾的弯段部分往往是到滩尾段水深回落到最低的位置；边滩的阻碍还会束窄水流，使得水流流速、流向发生改变，滩体附近的流速在其中部位置往往是最大的。综上所述，试验在滩头、滩尾的弯段部分及滩体的中部位置选取若干断面布置拉力测点，平面示意如图 6-19 所示。

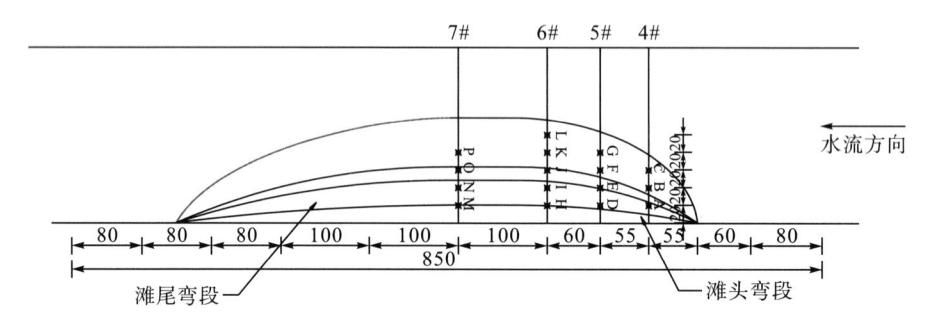

图 6-19 拉力测点布置图（单位：cm）

4. 流速测量

为了观测各工况下滩体附近及滩体表面的流速分布并确定系结条最大可变荷载与水流特征的关系，需在系结条拉力测点的对应位置布置流速测点，故上文拉力测点所在横断面均为流速测点的布置断面。另外，为了研究最大拉力在滩体上的荷载分布，流速测点断面应基本覆盖滩体上游到下游段，故还需另外布置若干。试验中总共布置了 12 个流速测点断面，滩尾附近和滩体上、下游流态变化较小，测点断面布置间距略大；滩头流态变化较大，测点断面布置间距略小。平面示意如图 6-20 所示。

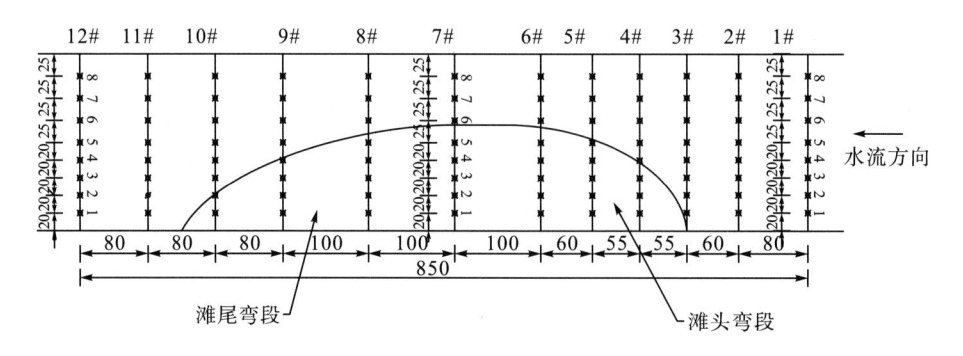

图 6-20 流速测点布置图（单位：cm）

滩体上的流态变化比其他位置的更大，各断面测点间距在滩体上为 20cm、在河槽中为 25cm。若所有断面同时布置测量仪器，会对滩体附近的水流产生不可忽略的影响，为了减小影响，试验中每次放水过程只选取间隔较远的两个断面进行布置，每次放水测试间隔较远的两个断面，一个随机流量过程重复 6 次以完成 12 个断面的流速测量工作。流速测试断面编号顺序，从上游至下游依次为 C1#，C2#，…，C12#。

6.3 试验结果分析

6.3.1 边滩附近的水流流态

边滩的存在改变了河道过水断面的形状，束窄了主流过水断面宽度，表现为阻碍了水流前进，使来流水流结构发生变化，影响显著的位置其水流形成漩涡或水流分离，这些位置主要分布在滩头和滩尾滩体结构较为复杂的区域。因此，边滩附近的局部水流结构非常复杂，呈现出剧烈的三维紊流特性，甚至引起高紊动强度以及自由表面变化等水流现象，通过研究边滩附近水流的紊动可以了解上述水流现象对 X 型排的作用情况。

对于明渠渐变非恒定流，其能流守恒关系为：势能沿流程的变化，理解为克服阻力而做功和转化为加速度而做功。势能沿流程的变化表现为水面线沿流程的变化，转化为加速度而做的功可由流速沿流程的变化体现。接下来主要从滩体附近水面线分布规律、平均流速分布规律两方面分析流量过程和滩体特征对水流结构的影响规律，为后一步分析系结条所受荷载做铺垫。

试验放水为非恒流量过程，流量大小随时间发生变化，为了便于分析，选取工况 M8 具有代表性的时刻分析滩体附近的水面线与流速分布规律。各过程对应时间段水流的相关情况见图 6-21 和表 6-7 所示。

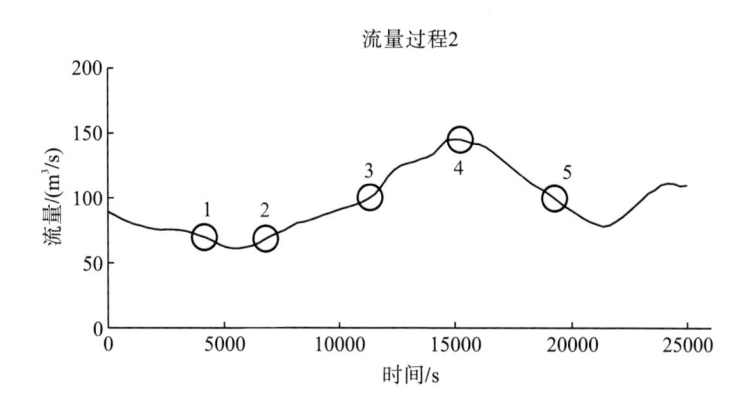

图 6-21 非恒定流过程时间段标识图示

表 6-7　非恒定流量过程特殊时段要素表

流量过程	编号	对应时间/s	流量/(L/s)	水流状态
过程 2	1	4000	70.04	枯期落水
	2	6920	69.87	枯期涨水
	3	11280	100.2	峰期涨水
	4	15080	145	最大峰值
	5	19180	100.19	峰期落水

6.3.2　水面线分布规律

1. 单个测点水位随时间变化规律

为了方便对比，选取 V1#、V5#、V8#三个纵断面上的测点水位作为本部分分析的特征纵断面。三个断面依次过滩顶、滩体陡坡、深槽的纵断面，在地形变化上具有较好的代表性，V1#断面经过了滩顶，地形起伏最大；V5#断面经过滩体陡坡，地形变化最急剧；V8#断面经过深槽，地形基本平缓不变。上述三个断面在试验段的位置如图 6-22 所示。

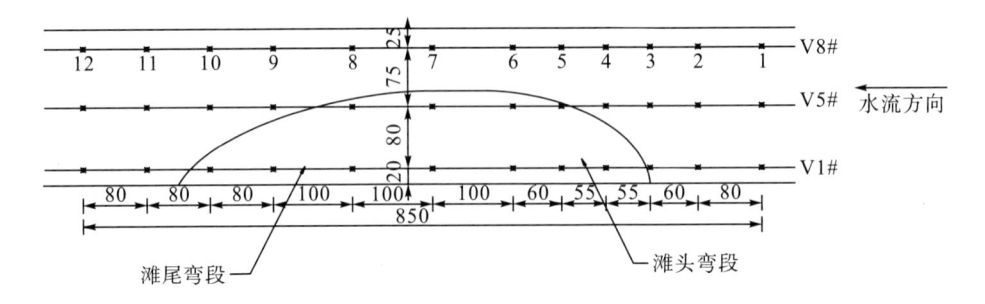

图 6-22　V1#、V5#、V8#纵断面在试验段的位置示意图

本次试验放水采用的是非恒定流量过程，来流流量随时间不断变化，各测点的水位也相应地随时间变化。试验中测得各测点的水位随时间的变化具有基本相同的过程，即水位-时间曲线和流量时间曲线的形状基本相同。图 6-23 展示的是工况 M8 下，特征纵断面 V1#、V5#、V8#上各测点整个流量过程的水位变化过程(图中水位是基于零点水位以上的读数，在试验水槽中零点水位对应的实际水深为 0.15m)。过滩顶的纵断面 V1#沿水流方向滩体高程变化较大，且 1-3 至 1-10 测点均位于滩体上方；V5#断面位于滩体上的测点较少，且接近深槽，高程变化较小；即沿水流方向各断面地形起伏程度 V1#>V5#>V8#，明显可以看出 V1#断面上同一时刻测点水位值范围最大，V5#次之，V8#最小。

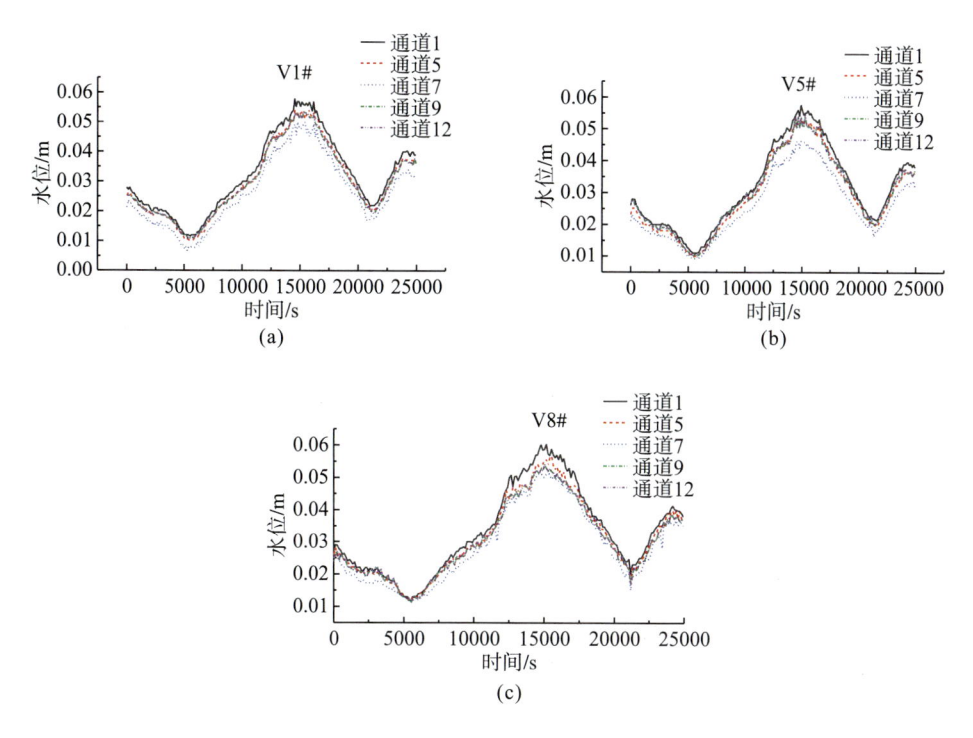

图 6-23 工况 M8 纵向断面各测点水位变化过程线

2. 纵向水面线分布

由于边滩的存在，来流受阻，纵向水面线会发生显著的变化。滩体上游由于滩体束窄水流，将产生局部壅水现象，水位抬高；滩体中游附近发生跌水局部的跌水现象，水位显著抬升；滩体下游水流变宽，水位将逐步上升，达到平稳。

图 6-24 展示的是工况 M8 下，分别过滩顶、滩体陡坡、深槽的纵断面 V1#、V5#、V8#上各测点在 5 个特征流量下涨、落水位的变化过程。纵向水面线分析从同一断面不同流量和同一流量不同断面两个角度开展，通过不同角度的对比研究流量、地形对水面线的影响。

1) 同一断面不同流量

对比同一断面不同流量下的水面线，主要从水面线最大坡降和变化趋势两方面入手。最大坡降反映了水位沿程的变化速率，而变化趋势则反映了水位的局部变化。

（1）对比 V1#、V5#、V8#三个断面可发现各流量下，各纵断面的最低水位出现在距 C1#断面 4m 左右的位置，即 C7#断面附近，则说明滩体上游壅水后，在滩体平直段发生轻微的跌水现象，至 C7#跌至最低，随后水位开始上涨，并达到下游尾水水位。表现为滩体上、下游水位高于滩体中部的水位。

（2）对比各断面的涨水 100L/s 和落水 100L/s 的水面线，水位的沿程变化基本一致，即水面线的最大坡降基本相同，水面线的整体形状基本相同。同样地，各断面涨水 70L/s 和落水 70L/s 的水面线也符合此规律。说明洪水期涨、落现象对水面线影响不大。

(3) 对比各断面 5 个流量下的水面线可知，流量越大对应位置的水位最高，水位的沿程变化越明显，即水面线的最大坡降越大，但水面线的整体形状基本相同。以 V1#断面为例，流量 145L/s、100L/s、70L/s 对应水面线的最大坡降分别为 0.24‰、0.17‰、0.15‰，但对应水面线的变化趋势均是中部微微下弯，两头平缓。即说明流量大小对水面线坡降有较明显的影响，对其变化趋势不明显。

(4) 纵向水面线的水位变化主要集中在距 C1#断面 2~6m 的范围(即 C4#~C9#)，该部分是滩体的主体部分，充分说明滩体对纵向水面线的影响是显著的。

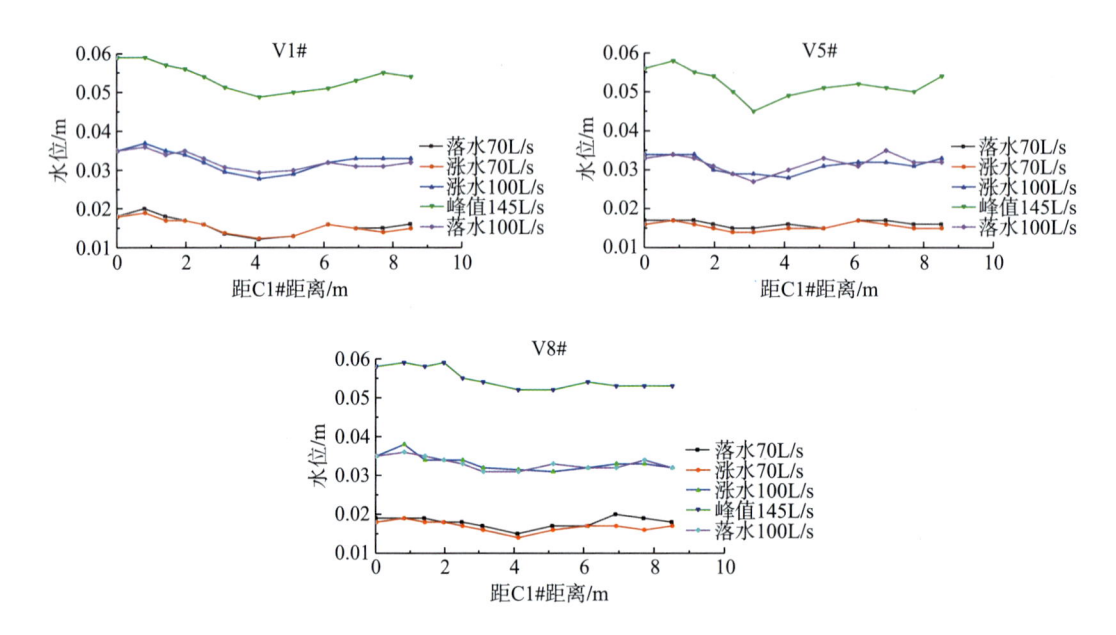

图 6-24 工况 M8 不同流量下纵向断面各测点水位

由上述分析可知，同一断面不同流量下，纵向水面线的沿程变化趋势基本一致；对于长江中、下游，河道水面较宽，单宽流量随时间变化较缓慢，使得洪水期涨、落过程中同流量下各位置的水位基本相同，即绳套现象不显著；流量越大，滩体对应位置的水位越深，这一规律与恒定流情况相同。

2) 同一流量不同断面

对比相同流量时各断面的水面线，可发现同一流量下，V5#断面的水面线沿程变化最为剧烈，V1#其次，V8#最平缓。V5#在距 C1#断面 3m 左右的位置存在明显的跌水现象，随后水位回升，水面线有陡增陡降的部分，而 V1#、V8#水面线基本是平缓地下降和上升。V1#断面水面线中部有明显弯段，而 V8#水面线整体较为平直；这是因为 V5#断面经过了滩体陡坡和弯段位置，边滩束窄水流现象在该断面 3m 处最为明显，水流流态变化最为剧烈，而由上述分析可知，地形对水面线的影响较为显著，地形变化越剧烈越复杂的位置，水面线的形状变化也最为明显。

通过分析纵向水面线可知：①来流流量大小对纵向水面线的影响主要体现在水面线的最大坡降方面，流量越大，水面线最大坡降越大，即水位沿程变化较快；流量大小对水面线变化趋势影响不大，即水位的局部变化影响不明显。②水槽地形对纵向水面线的影响主要体现在水面线的变化趋势上，地形变化越大(如坡降较大、凸起较明显的情况等)，水面线局部变化越剧烈。

3. 横向水面线分布

由于滩体对水流的阻碍作用，水流行进至滩体附近时，左岸水流流向发生改变，导致一部分横断面的水面线发生相应的改变。分析横向水面线可以帮助了解滩体在横向上对水流的影响。为了便于分析与比较，选取 C1#、C5#、C7、#C9#、C12#五个具有代表性的特征横断面上的测点作为本部分分析对象。C1#、C5#、C7、#C9#、C12#分别处于滩体上游、滩头弯段、滩体平直段、滩尾弯段、滩体下游位置。上述 5 个断面在试验段的位置如图 6-25 所示。

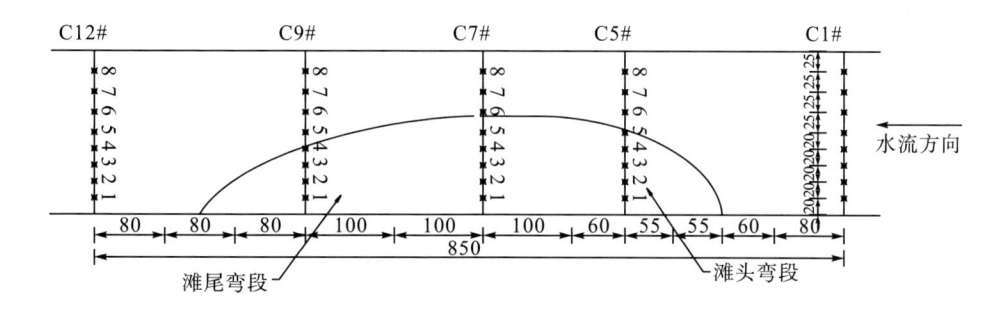

图 6-25　C1#、C5#、C7、#C9#、C12#横断面在试验段的位置示意图

图 6-26 展示了在 M8 工况下，5 个特征位置横断面上的各测点，在 5 个特征流量下的水位(图中水位是基于零点水位以上的读数，在试验水槽中零点水位对应的实际水深为 0.15m)。横向水面线分析也是从同一断面不同流量和同一流量不同断面两个角度开展，通过不同角度的分析研究流量、地形对水面线的影响。

(1)对比断面涨水 100L/s 和落水 100L/s 的水面线，水位的沿程变化基本一致，即水面线的最大坡降基本相同，水面线的整体形状基本相同。同样地，各断面涨水 70L/s 和落水 70L/s 的水面线也符合此规律。说明洪水期涨、落现象对水面线影响不大，这一点与纵向水面线一致。

(2)分别对比各断面的左、右岸，发现左岸水位略高于右岸，即滩体所在岸水位高于右岸的位置。对于 C1#、C5#、C7#的断面，是因为滩体阻碍了水流前进，在滩头处有明显的壅水现象，滩体位于左岸，使得大部分水流从右岸的深槽流过，即滩头附近左岸流速会小于右岸，水位则略高；对于 C9#、C12#，则是因为滩尾弯段和滩体下游的左岸处于回水区，水位要略高于右岸。

(3)C5#、C7#断面水面线在距左岸 0.5～1.0m 的位置有突变，这是由于滩头(C1#附近)和滩体所在岸存在壅水现象，水流行进至 C5#、C7#断面距左岸 0.5～1.0m 的位置是滩体弯段和陡坡段,地形急剧变化,滩体弯段将水流挑向右岸,使得该位置存在横向落水现象。C1#、C9#、C12#断面横向水面线不存在突变,比较平缓,尤其是C12#断面基本是一段直线,一定程度上反映了这些断面所处位置水流流态变化不大。

分析横向水面线可知:流量大小对横向水面线沿横向变化及整体形状影响不明显,即对水面线坡降和局部突变影响不明显;滩体对水面线的影响较为明显,一方面体现在滩体的存在使滩体所在岸的水位要略高于滩体对岸的水位;另一方面,在滩体地形变化复杂的位置(如坡降较大、滩头弯段),横向水面线有局部的突变。

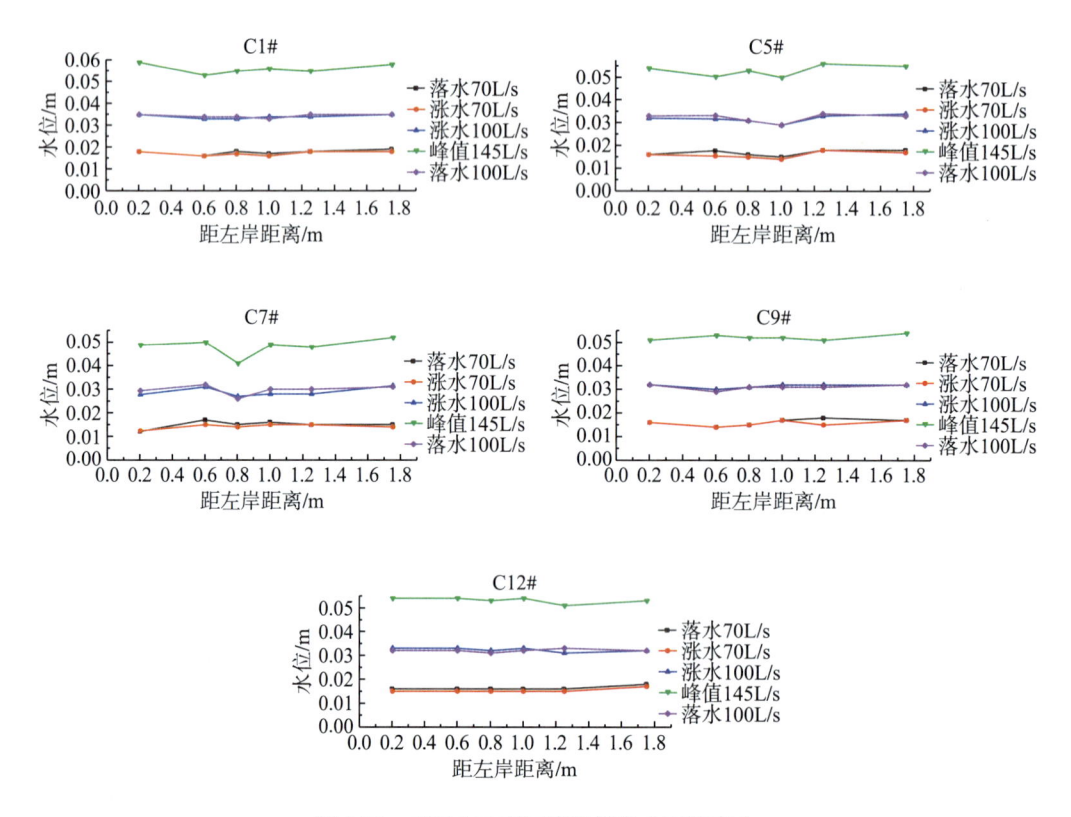

图 6-26 工况 M8 不同流量横向水面线变化

6.3.3 平均流速分布规律

滩体对于流经其附近的水流流速影响作用非常明显。本节将从横、纵断面平均流速分布、平均流速在测区内的分布分析滩体形态以及流量大小对于水流平均流速的影响规律。分析特征断面的平均流速时主要从流速沿断面方向上的变化、流速在不同断面上分布的特点两方面进行。

1. 横断面流速分布

横断面流速分布分析选取的特征断面和横向水面线分析的一致,图 6-27 展示了 M8

工况下，5个特征横断面上的各测点在5个特征流量下的流速变化图。从断面的峰值流速大小看，C1#、C5#、C12#的峰值流速最小，C9#较大，C7#最大；这与滩体上游壅水，下游回水，滩体平直段落水的现象吻合。

对比同一断面5个特征流量下的流速分布，可知流量大小对平均流速在横断面的流速分布规律的影响主要体现在数值上，流量越大，相同位置流速越大；而对于断面上流速分布规律影响不大。对比同一流量5个特征断面的流速分布，可发现C1#、C5#断面上各测点流速变化较小，只是从左岸至右岸略有增加，断面处于壅水区，水流因滩体挑流作用从左岸向右岸束窄，右岸流速偏大；C7#断面位于滩体平直段，左岸经过滩顶，水流速度较大，右岸为深槽主流流过，流速也较大；水流C9#、C12#断面上各测点流速变化较大，均是从左岸至右岸快速增加，这是由于左岸处于滩尾回水区，沿下游方向流速很小，有些位置甚至是逆流，而右岸是主流经过的位置，流速较大。

通过横向流速分布对比，边滩明显地改变了其附近水流平均流速在横向上的分布规律。滩头与滩体上游段壅水，左岸水流向右岸束窄，左岸流速大于右岸；滩体中部平直段，为滩顶和深槽所处位置，左右岸流速均较大；滩尾和下游左岸为回水区，左岸流速很小甚至为逆流，深槽水流开始向左岸发散，左岸流速明显小于右岸。

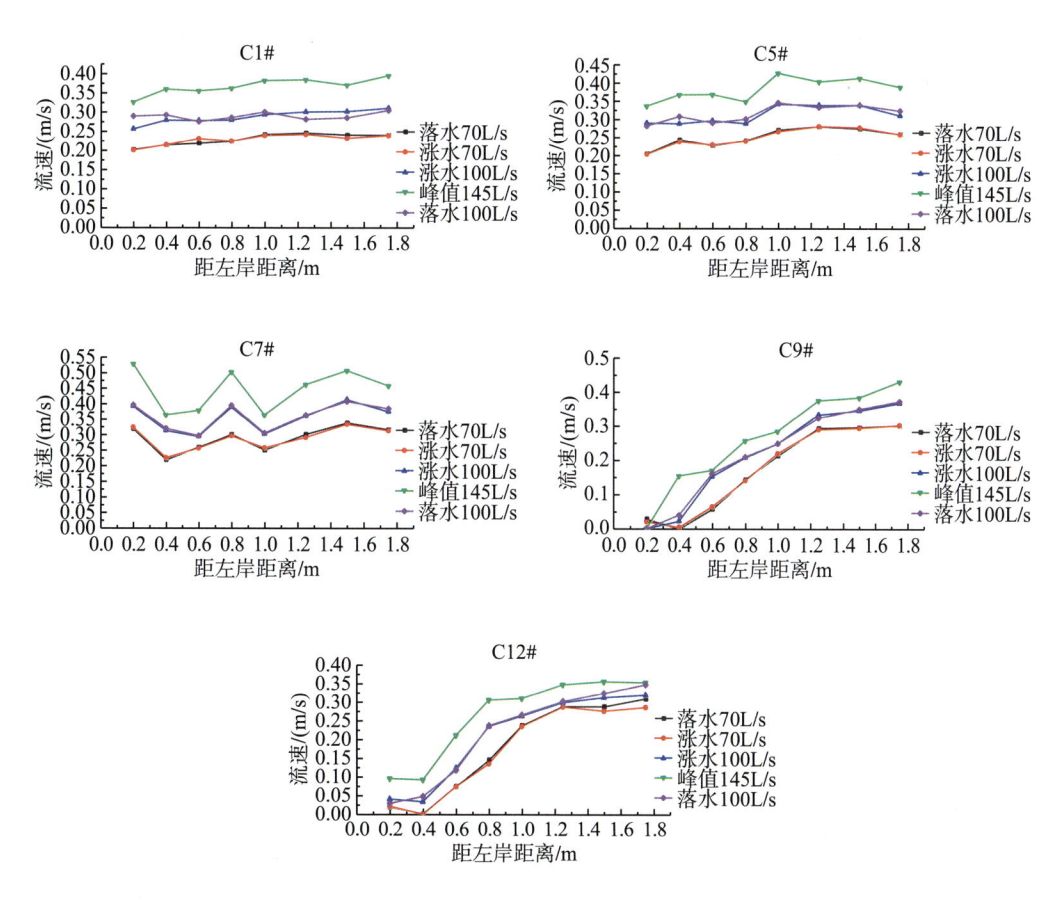

图6-27 工况M8不同流量横断面流速变化

2. 纵断面流速分布

纵断面流速分布分析选取的特征断面和纵向水面线分析的一致。图 6-28 展示的是工况 M8 下，3 个特征纵断面上各测点在 5 个流量下的流速变化图。同样地，流量大小对于流速分布规律的影响主要体现在数值上，不再赘述。滩体对于纵向流速的影响依旧很明显，表现为：对于 V1#断面，滩体上游壅水区流速较小，从上游往下测点流速逐渐增加，流经滩顶(距 C1#4m 左右)时流速达到最大值，流过滩体进入滩尾回水区，流速迅速减小，甚至为零；对于 V5#断面，滩体上游也受壅水影响，流速较小，沿流程逐渐增加，但是该断面经过滩体弯段的地形急剧变化位置，弯段挑流使得该断面流速最值出现的位置偏上游(距 C1#3m 左右)，随后流速减小，流至滩尾主流从右岸向左岸扩散，流速逐渐稳定；对于 V8#断面，滩体上游和滩头位置流速依旧是逐渐增加，但由于该断面水流同时受滩体束窄和挑流作用，其流速最值出现在距 C1#3～4m 的区域内。

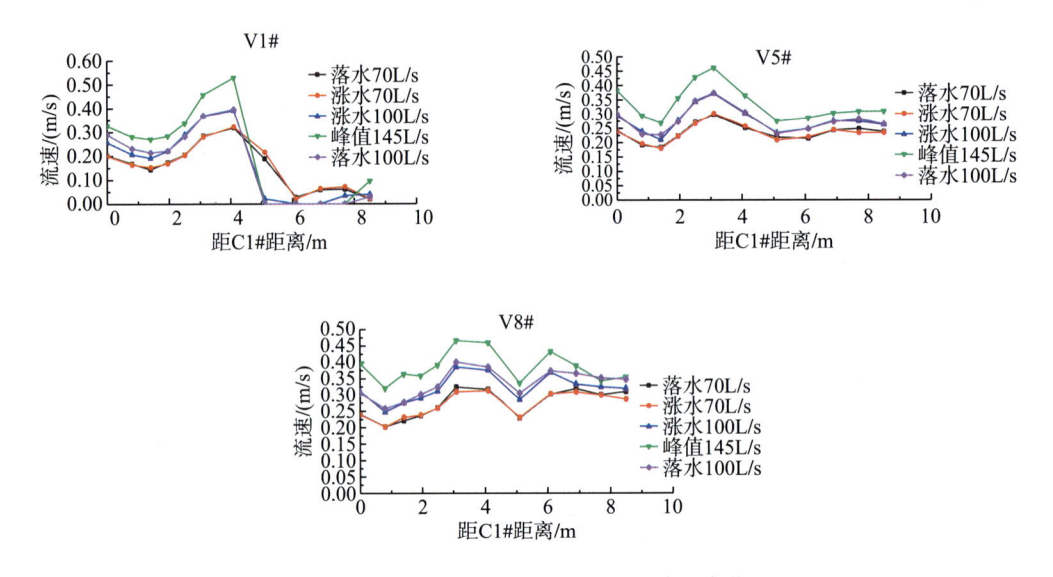

图 6-28 工况 M8 不同流量纵断面流速变化

由纵向流速分布可知，滩体上游壅水使得水流流速沿程逐渐大幅增加，在滩体地形变化较大的弯段和平直段达到最大值后逐渐减小，滩体尾部所在岸由于对岸主流流速较大，出现回水区，容易淤积泥沙，使滩尾增长。

3. 流速在整个测区的分布规律

边滩的存在，使滩体附近的水流发生较明显的变化，这已是普遍的共识。但是边滩的形态，尤其是滩头和滩槽交界处陡坡坡度的变化对边滩附近水流的影响规律还有待讨论，本次研究通过水槽试验对这一问题进行了探索。以下将分析滩体的形态(主要体现为陡坡坡降)和流量过程对于平均流速在整个区域内分布规律的影响。

试验中设计了三种不同形态的滩体，形态的区别主要体现在滩槽交界位置滩体陡坡坡度的不同。通过对长江中游主要的顺直边滩陡坡坡降的搜集、统计，设计了陡坡坡降为12%、16%、20%的滩体1、滩体2、滩体3，由于陡坡的不同，各滩体弯段的坡降也会发生相应的变化。

为了便于分析比较，根据流速大小及变化规律可将试验区分为若干个区域。①壅水区：水流行进至滩体滩头位置，滩头的阻水作用使该位置发生壅水，流速减小，同时水流往深槽位置偏转，使横断面左岸的流速略小于右岸；②落水区，壅水区过后发生落水，水流行进至滩头弯段所在位置，流速变化较快，水流在该区域水位落至最低，流速达到最大值；③流速最值区，流速在该区域保持在最值附近；④回水区：水流落水至最低处后，水位沿流向逐渐回升，流速逐渐减小，该区域左岸是滩尾回水区，流速最小。

1）同一流量下不同滩体的流速分布对比

图 6-29 展示了流量过程 2 中峰值 145L/s、涨(落)水 70L/s、涨(落)水 100L/s 五个流量值对应时刻的试验区流速分布情况，并将同一流量下不同滩体的流速分布情况进行了对比。主要图中的 x 轴是垂直于水流方向，以流速测试第一断面重合，以左岸作为横坐标零值位置，表示的是测点与左岸的距离；y 轴沿水流方向，与左岸边壁重合，左岸边壁与流速测试的第一个断面的交点作为坐标零点，表示的是测点到流速测试第一断面的距离。下文其他等值线图 xy 坐标系的选取方法一致。

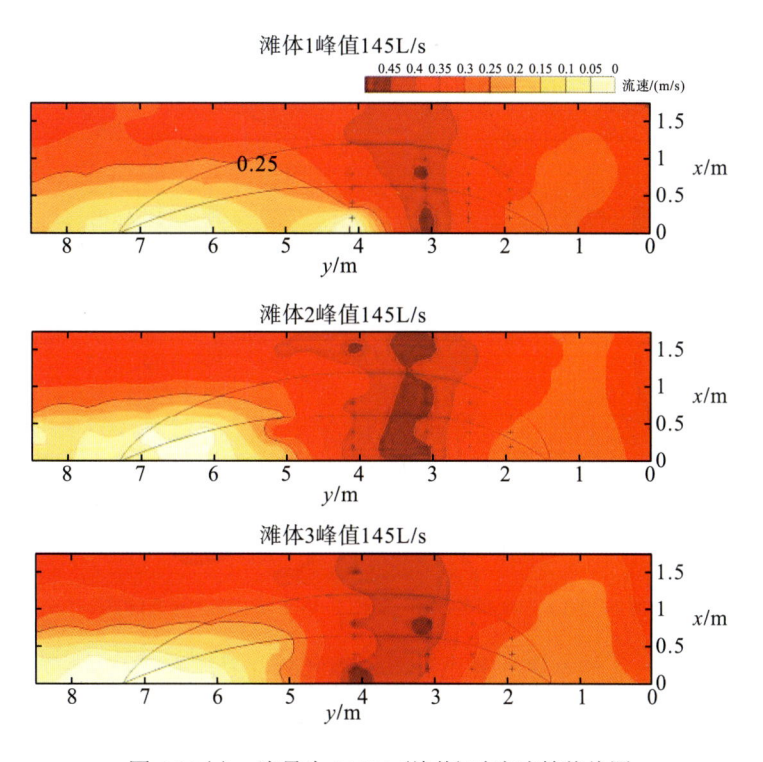

图 6-29(a)　流量为 145L/s(峰值)时流速等值线图

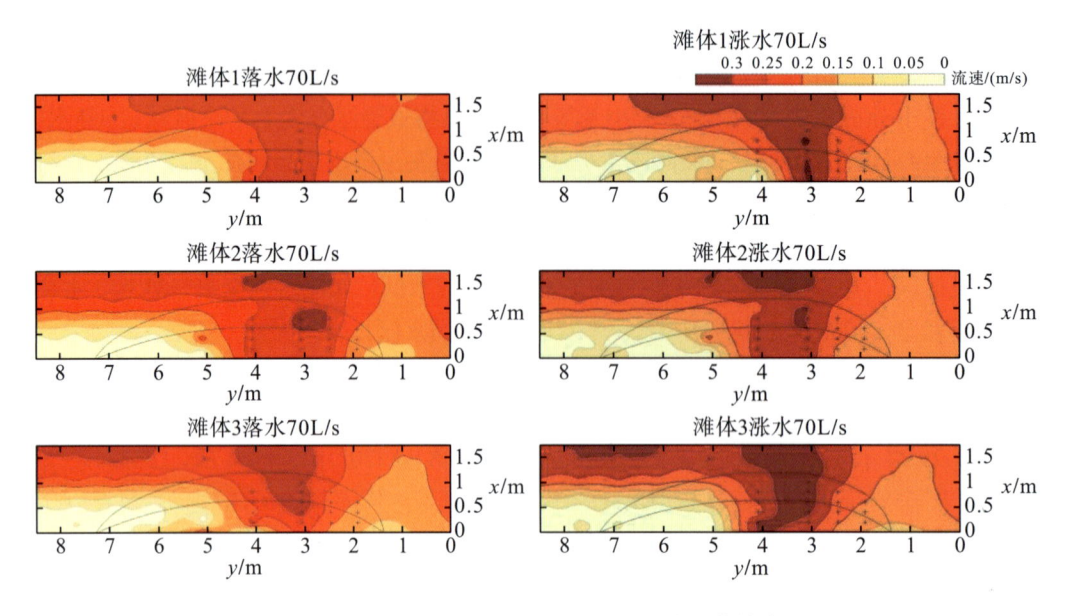

图 6-29(b)　流量为 70L/s(涨、落水)时流速等值线图

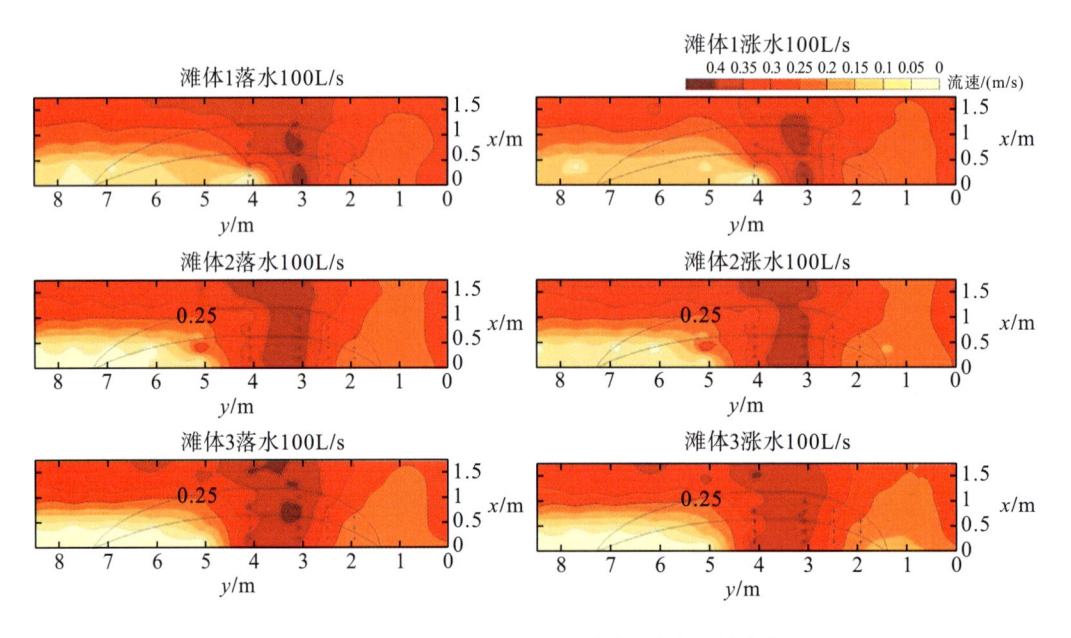

图 6-29(c)　流量为 100L/s(涨、落水)时流速等值线图

通过对比可发现：①壅水区。各工况下壅水区的范围基本处于 y 轴方向 $y=1$m 左右。滩体陡坡坡度增加，壅水区的范围略有增大，流速略有减小。②落水区。$y=2\sim3$m 是滩体弯段所处区域，该处地形变化复杂，横、纵方向坡降均沿程变化，各滩体该区域的流速等值线都比较密集，流速沿 y 轴方向增加较快，左岸流速增加速度明显快于右岸。③流速最值区。图中 $y=3\sim4$m 的区域为滩槽陡坡与深槽所在位置，各滩体该区域的流速均是最大

的，同流量下滩体陡坡坡降越大，流速越大。以峰值流量 145L/s 为例，滩体 3、2、1 的峰值流速范围分别是 $v_{3\max}>0.5\text{m/s}$、$0.5\text{m/s}>v_{2\max}>0.45\text{m/s}$、$0.5\text{m/s}>v_{1\max}>0.45\text{m/s}$，虽然滩体 2、1 的最值数值范围相同，但滩体 2 的最值分布区域明显大于滩体 1，该流速值范围内滩体 3 的区域要大于滩体 2。y 轴方向各滩体流速值大于 0.45m/s 的区域基本上都是从 $y=3$m 的位置向下游发展，并随着滩体陡坡坡降的增大，范围逐渐增大。④回水区：滩尾 $y=6\sim8$m，$x=0\sim0.5$m 的范围为滩尾回水区，同一流量涨、落水区别不明显。

2) 同一滩体不同流量下流速分布对比

图 6-30 展示的是滩体 3 在流量过程 2 中 5 个特征流量下的流速分布图。从图中可以看出，各流量下试验区的流速分布情况基本一致，依旧是滩槽陡坡与深槽区流速最大，滩头壅水区流速较小，滩尾回水区流速最小。随着流量的增加，试验区各区域的流速均有所增加，各区域范围基本保持一致。另外，同一流量值下涨、落的流速分布有所不同，如涨水 70L/s 和落水 70L/s 的流速分布图对比可发现同一流速区前者的范围较大或同一位置的流速较大，这是由于非恒定流各纵断面同样的流量下涨水期水位小于落水期水位，对应的流速值则偏大。落水时同样是上游先退水，使水面坡降变缓，对应的流速值偏小。

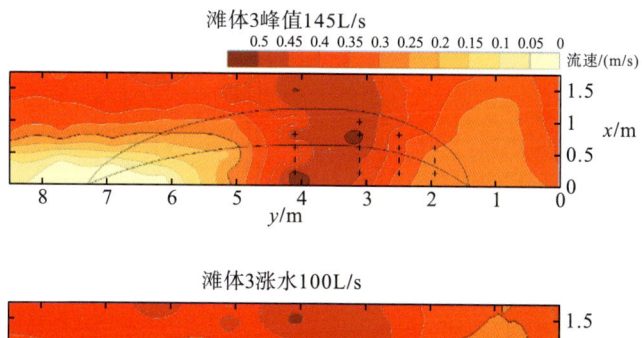

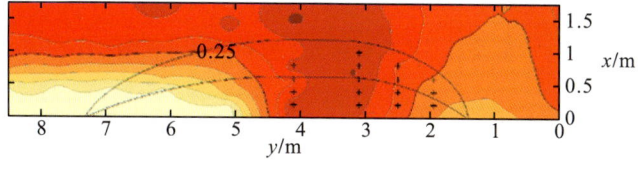

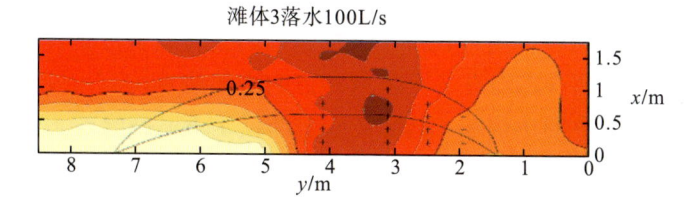

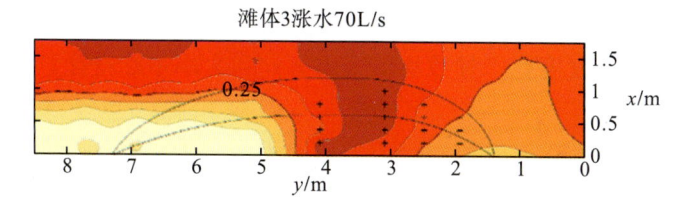

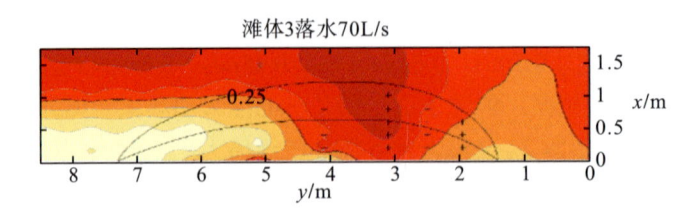

图 6-30 滩体 3 流量过程 2 不同流量等值线图

6.3.4 X 型排系结条荷载分析

1. 系结条荷载随时间的变化

根据前人的研究成果,试验在滩体冲刷较为严重和水流变化剧烈的位置布置了 16 个拉力测点,每个测点上布置上、下游及左、右岸 4 个方向的传感器测试拉力,则一个流量过程可得到 64 个系列的拉力变化过程,具体编号及布置见图 6-31。

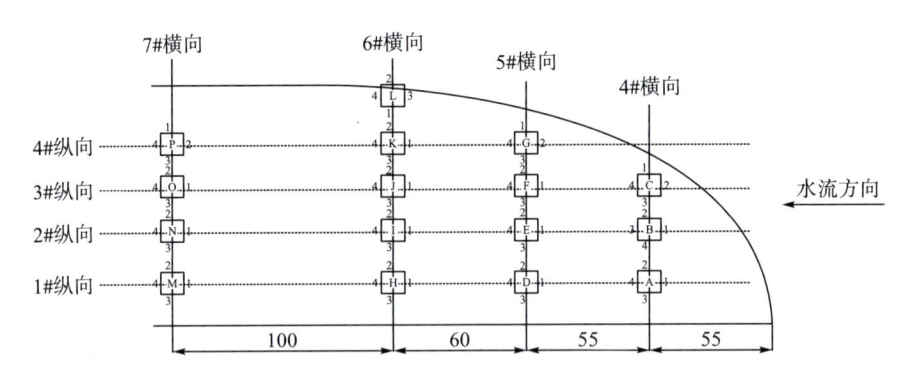

图 6-31 拉力传感器布置和编号示意图

注:图中单位为 cm。

2. 拉力随时间变化过程

根据实测拉力随时间变化的过程线,可按全程的变化趋势分为持续紧绷型、持续松弛型和反复变化型。前两种趋势在各个位置和方向上的测点均有出现,是最为普遍的变化趋势,而反复变化型主要出现在 C5# 和 C6# 的滩槽位置。持续变化型是非恒定流的紊动作用使得护滩块在垂向发生上下振动,块体与地面接触面积减小甚至完全扬起,位于滩槽斜坡和滩头斜坡位置的块体在水流持续冲刷和重力分量的作用下,将沿坡产生一定位移趋势,从而使得 X 型排整体出现沿斜坡方向绷紧的趋势。而反复变化型往往是水流流速和方向的急剧且反复变化,导致块体受力方向和大小不断变化。3 种类型拉力过程见图 6-32。

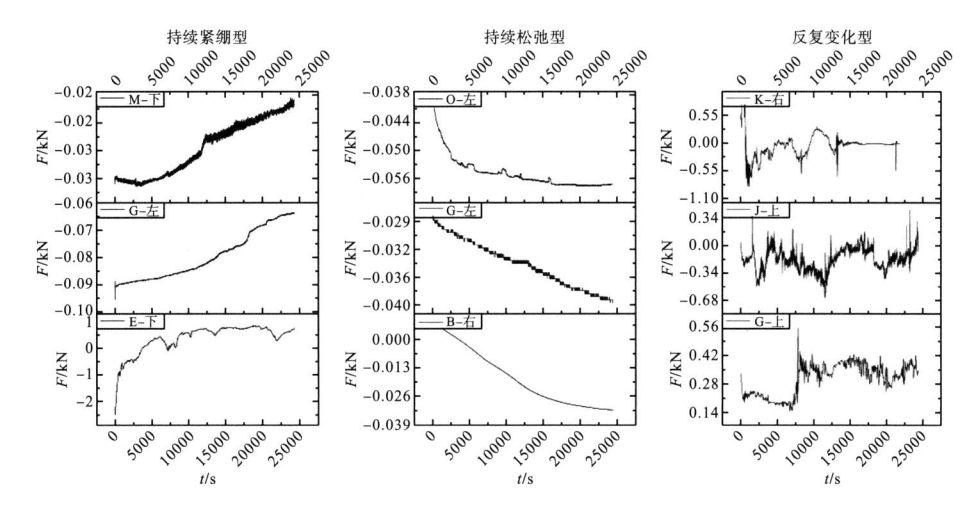

图 6-32 3 种类型的拉力变化图

3. 最大可变荷载 S_Q 的提取

试验中为了减小流速仪测杆扰动水流对测试结果的影响,同一工况下的 12 个流速断面分 6 次完成测量工作,因此同一工况下各传感器进行了 6 次测量。同一传感器 6 次测量的变化趋势和数值大小不尽相同,提取最大可变荷载时需先对各次测量过程进行统计,得到各次测量过程中的拉力最大值 $F_{\max i}$ 与拉力最小值 $F_{\min i}$,最大值减去最小值得到全过程的变幅最大值作为该次测流量过程的最大可变荷载 S_{Qi},即

$$S_{Qi} = F_{\max i} - F_{\min i} \quad (i=1,2,3,4,5,6) \tag{6.38}$$

再取所有 S_{Qi} 中的最大值作为该传感器位置系结条的最大可变荷载 S_Q,即

$$S_Q = \text{Max}[S_{Qi}] \quad (i=1,2,3,4,5,6) \tag{6.39}$$

试验中各工况下所有传感器实测 S_Q 值转化为原型后的值见表 6-8 所示。

表 6-8 各工况下系结条 S_Q 值(按升序排列) (单位:kN)

序号	工况 1	工况 2	工况 3	工况 4	工况 5	工况 6	工况 7	工况 8	工况 9
1	0.078	0.001	0.160	0.019	0.002	0.090	0.061	0.002	0.219
2	0.155	0.003	0.169	0.121	0.021	0.178	0.105	0.004	0.231
3	0.175	0.009	0.272	0.142	0.040	0.286	0.189	0.125	0.373
4	0.189	0.011	0.300	0.156	0.156	0.346	0.215	0.315	0.411
5	0.218	0.019	0.300	0.245	0.204	0.361	0.324	0.378	0.410
6	0.254	0.108	0.330	0.265	0.396	0.384	0.375	0.405	0.452
7	0.332	0.201	0.369	0.347	0.400	0.411	0.401	0.489	0.506
8	0.365	0.237	0.382	0.374	0.490	0.465	0.415	0.521	0.523
9	0.389	0.276	0.419	0.397	0.542	0.490	0.512	0.642	0.574
10	0.402	0.280	0.454	0.412	0.652	0.798	0.547	0.712	0.622
11	0.425	0.290	0.520	0.457	0.674	0.812	0.561	0.787	0.713

续表

序号	工况1	工况2	工况3	工况4	工况5	工况6	工况7	工况8	工况9
12	0.443	0.645	0.660	0.564	0.743	0.824	0.675	0.824	0.904
13	0.554	0.745	0.843	0.756	0.820	0.843	0.821	0.878	1.154
14	0.559	0.775	0.899	0.864	0.915	1.110	0.897	0.946	1.231
15	0.610	0.785	0.896	0.876	0.921	1.125	0.901	0.978	1.227
16	0.645	0.801	0.957	0.902	0.966	1.188	0.912	1.001	1.311
17	0.685	0.821	0.972	0.902	0.979	1.228	0.921	1.015	1.331
18	0.701	0.849	1.004	0.937	1.008	1.301	0.934	1.041	1.375
19	0.705	0.855	1.029	0.948	1.012	1.322	0.951	1.053	1.409
20	0.764	0.872	1.037	0.955	1.100	1.325	0.964	1.212	1.421
21	0.785	0.920	1.063	0.981	1.132	1.336	0.991	1.245	1.456
22	0.801	0.947	1.096	0.995	1.206	1.446	0.995	1.281	1.502
23	0.822	0.982	1.115	1.004	1.235	1.500	1.005	1.329	1.528
24	0.876	1.023	1.184	1.017	1.257	1.526	1.007	1.383	1.621
25	0.926	1.042	1.164	1.028	1.258	1.544	1.064	1.409	1.595
26	1.000	1.049	1.152	1.050	1.263	1.572	1.149	1.419	1.578
27	1.031	1.074	1.272	1.061	1.265	1.590	1.185	1.453	1.743
28	1.069	1.095	1.538	1.110	1.275	1.610	1.229	1.481	2.107
29	1.171	1.121	1.440	1.115	1.343	1.623	1.346	1.517	1.972
30	1.293	1.193	1.548	1.185	1.357	1.706	1.486	1.613	2.121
31	1.350	1.199	1.537	1.275	1.374	1.708	1.551	1.622	2.105
32	1.352	1.223	1.610	1.318	1.401	1.752	1.554	1.655	2.206
33	1.362	1.364	1.616	1.318	1.423	1.816	1.566	1.845	2.214
34	1.376	1.484	1.601	1.325	1.482	1.820	1.582	2.008	2.194
35	1.487	1.485	1.624	1.337	1.521	1.874	1.710	2.008	2.225
36	1.505	1.523	1.640	1.350	1.547	1.894	1.730	2.061	2.247
37	1.557	1.552	1.688	1.546	1.631	2.002	1.790	2.100	2.312
38	1.564	1.628	1.689	1.637	1.638	2.033	1.798	2.203	2.314
39	1.624	1.645	1.732	1.644	1.642	2.116	1.867	2.226	2.372
40	1.675	1.655	1.758	1.649	1.648	2.212	1.925	2.239	2.408
41	1.736	1.671	1.801	1.762	1.736	2.213	1.996	2.261	2.467
42	1.948	1.682	1.804	1.821	1.769	2.316	2.239	2.275	2.471
43	1.851	1.695	1.873	1.862	1.947	2.357	2.127	2.363	2.566
44	1.934	1.700	1.903	2.018	2.047	2.394	2.223	2.379	2.607
45	1.942	1.745	1.937	2.050	2.091	2.456	2.232	2.361	2.654
46	2.021	1.836	2.017	2.063	2.224	2.546	2.303	2.484	2.763
47	2.064	1.884	2.384	2.103	2.254	2.569	2.312	2.549	2.873
48	2.081	1.903	2.490	2.128	2.256	2.575	2.322	2.574	3.000
49	2.097	1.961	2.574	2.160	2.287	2.591	2.411	2.653	3.102
50	2.147	2.101	2.665	2.196	2.402	2.629	2.468	2.843	3.211
51	2.202	2.363	2.711	2.313	2.478	2.663	2.531	2.995	3.266

续表

序号	工况 1	工况 2	工况 3	工况 4	工况 5	工况 6	工况 7	工况 8	工况 9
52	2.214	2.392	2.800	2.354	2.491	2.674	2.544	3.031	3.374
53	2.228	2.424	2.843	2.363	2.639	2.761	2.561	3.071	3.425
54	2.276	2.429	2.868	2.570	2.695	2.848	2.616	3.077	3.456
55	2.347	2.523	3.071	2.653	2.773	2.864	2.697	3.197	3.700
56	2.390	2.557	3.144	2.839	2.910	2.935	2.812	3.240	3.788
57	2.401	2.565	3.197	2.855	2.910	2.980	2.825	3.251	3.852
58	2.460	2.770	3.330	2.896	3.031	3.034	2.895	3.510	4.012
59	2.509	2.771	3.512	3.025	3.098	3.042	2.952	3.512	4.231
60	2.649	2.820	3.573	3.049	3.153	3.561	3.117	3.573	4.305
61	2.720	2.844	3.599	3.139	3.400	3.684	3.200	3.604	4.336
62	2.728	2.948	3.735	3.255	3.450	3.704	3.209	3.735	4.500
63	2.805	3.271	3.983	3.279	3.521	3.800	3.300	4.145	4.799
64	2.860	3.379	4.282	3.303	4.121	4.737	3.365	4.282	5.159

4. 系结条荷载在整个测区的分布

1) 不同流量过程下最大可变荷载分析

系结条受力与其相连的块体附近的水流特征有密切的关系。不同的流量过程具有不同洪峰流量和变化趋势，流量过程的不同造成同一滩体同一位置的水流特征的区别。本研究对各测点各方向不同流量过程下的拉力变化情况进行分析统计，得到各位置不同方向上（上游、下游，左、右岸）的系结条最大可变荷载 S_Q 在不同流量过程下的分布特征对比图，见图 6-33，展示的是滩体 3 的分布。通过对比可发现，同一方向上 S_Q 的分布情况较为相近，如上游方向各流量下 S_Q 较大值主要分布在 C5#附近，下游、左岸和右岸方向 S_Q 主要分布在 C7#、C6#附近以及 C5#的滩槽位置；同一方向上不同流量 S_Q 的区别主要体现在数值大小方面，累计频率越高的流量过程（累计频率对比：流量过程 1<流量过程 2<流量过程 3），其对应位置的 S_Q 越小。

2) 不同滩体系结条最大可变荷载分布

滩体阻水是河道水流流态变化的根本原因，前文中的流速分析已经明确了不同滩体特征下滩体相同部位的流态影响区别，即滩槽坡降越陡阻水效果越明显，滩体相同位置的壅水和跌水作用就更加明显，相应位置的水流特征也会发生变化。水流特征是引起系结条荷载的根本原因，故相同流量过程下不同滩体的系结条 S_Q 也会有所不同。图 6-34 展示了相同流量和方向的不同滩体上 S_Q 的分布对比情况，由图可知，不同滩体的 S_Q 值在测区上的分布情况基本一致，S_Q 的较大值集中分布在流速值较大的 C6#、C7#附近以及滩头斜坡位置。但不同滩体相同位置的 S_Q 值有所区别，基本上符合滩槽坡降越大，对应位置 S_Q 值越大的规律。

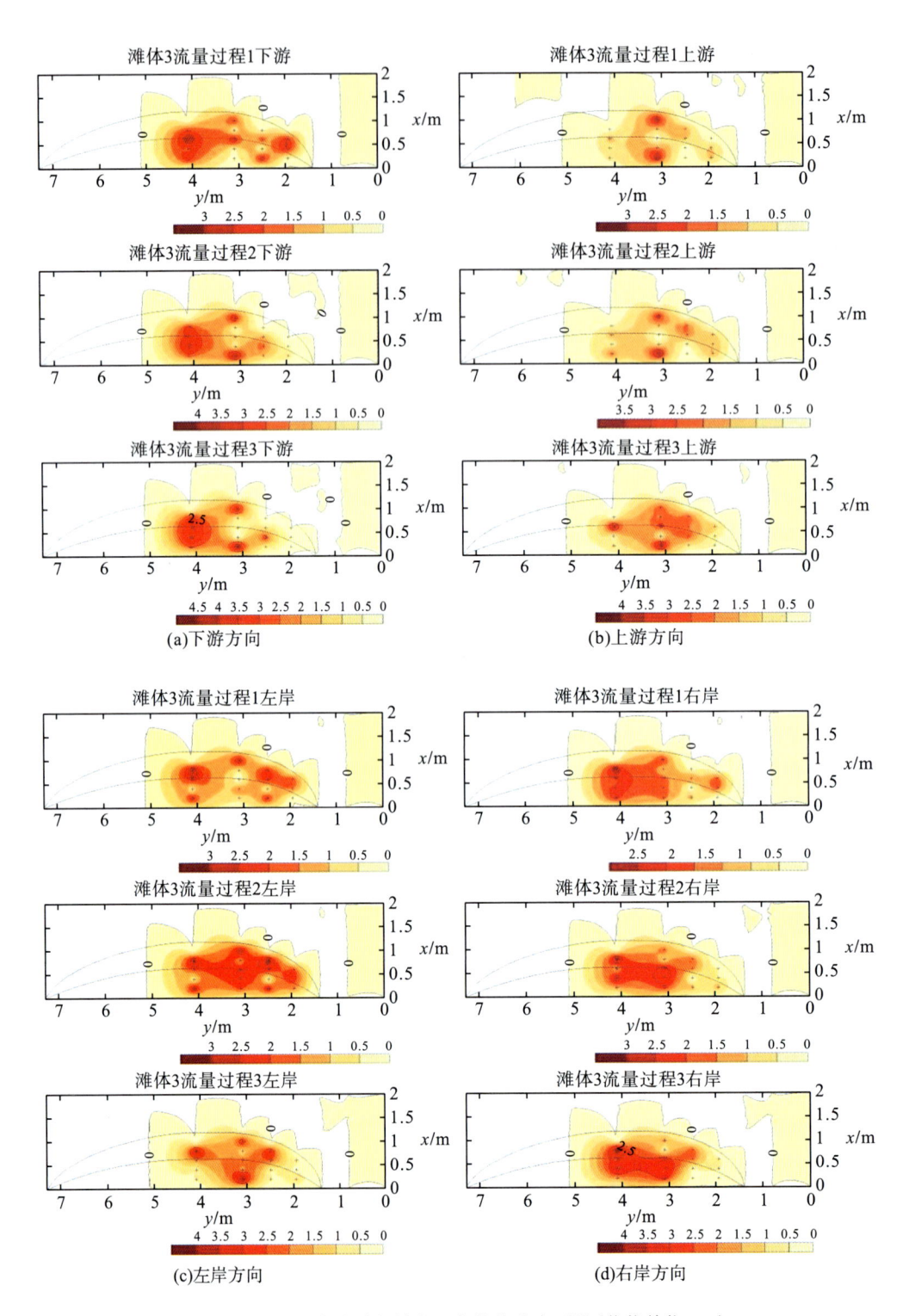

图 6-33　不同流量过程最大可变荷载分布对比(荷载单位：N)

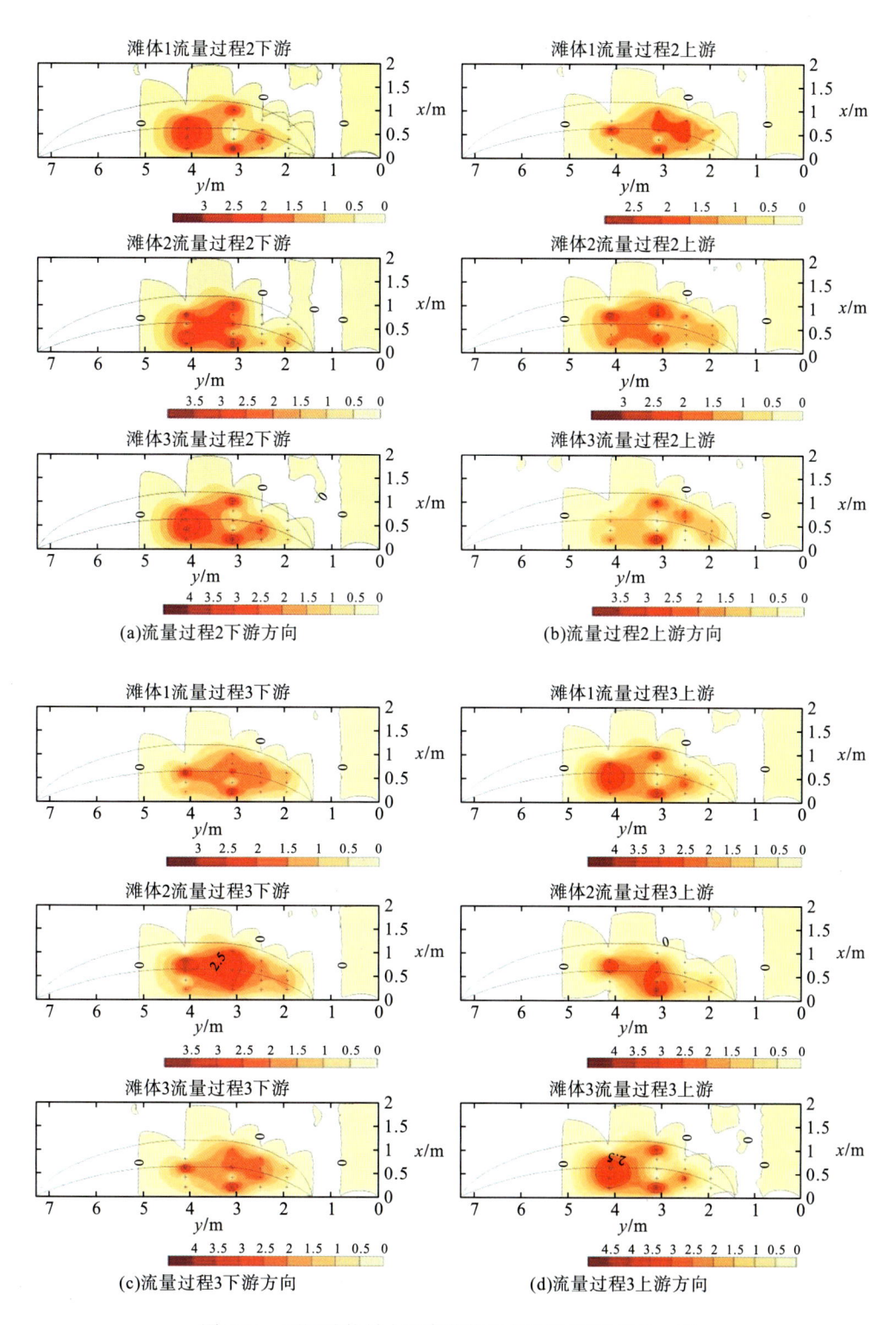

第6章 非恒定流条件下护滩软体排可靠度及使用寿命分析

(a) 流量过程2下游方向

(b) 流量过程2上游方向

(c) 流量过程3下游方向

(d) 流量过程3上游方向

图 6-34 不同滩体最大可变荷载分布对比(荷载单位：N)

6.4 X型排使用寿命计算研究

6.4.1 使用寿命定义

构筑物的使用寿命应从其所处的环境及其发挥的功用去界定。X型排的主要作用是保护滩体，防止滩体破坏而失去稳固河岸和洲滩、稳定枯水航槽、控制河道格局的作用。实际的航道整治工程中，应尽可能在建筑物失去整治功能之前对其进行维修，而不是整治建筑物失效后进行拆除重建，这样做一方面可及时维持滩体对航道的整治作用，另一方面可降低维修难度和工作量。基于这样的前提，软体排使用寿命不能同一般的钢筋混凝土结构那样按结构功能失效时所经历的时间来定义，而应定义为其功能退化至需要及时维修所经历的时间。根据X型排的作用及多年的实际工程经验，长江航道部门提出了航道整治建筑物维修等级评判方法，评判方法中将整治建筑物技术状况分为四类，并针对评定为一至四类的建筑物给出了及时维修（三、四类）、暂缓维修（二类）、不维修（一类）三种维修等级。

技术状况评判方法：

一类：技术状况良好，功能发挥正常，不需要进行维修；

二类：建筑物有少量变形，不影响建筑物稳定和整治功能；

三类：建筑物有较明显损坏，并存在不利发展趋势，影响整治功能充分发挥，需及时修复；

四类：建筑物损坏严重或有明显缺陷，已经或即将失去整治功能，需及时修复并采取局部改善措施。

综上所述，X型排使用寿命是指其从某一能正常发挥其整治作用的时刻 t_1 至其技术状况退化至三类的时刻 t_2 所经历的时间 T，即

$$T = t_2 - t_1 \tag{6.40}$$

技术状况三类是指建筑物损坏明显，并存在不利发展趋势，影响整治功能充分发挥，需及时维修的状况。具体到护滩工程，将排体的破坏总量超过10%，但小于40%作为技术状况三类的判断指标。故软体排使用寿命可进一步定义为：软体排排体破坏总量达到10%所经历的时间。

6.4.2 系结条荷载的表达形式

1. X型排失效临界荷载 S_{Qq}

通过第5章对系结条最大可变荷载 S_Q 的分析，可知 S_Q 的值与流量过程和滩体特征均有明显的关系，这是因为两方面的因素都会直接导致水流特征变化（流速、水位），水流特征变化直接影响系结条受力。另外，滩体特征还影响系结条荷载中的重力部分 G'。故系结条 S_Q 应与护滩块所处位置的坡降（与系结条同方向的斜坡坡降）及相应的水流流速有

关。即
$$S_Q = f(C_D, C_L, u_0, \alpha) \tag{6.41}$$
式中，C_D 为阻力系数；C_L 为上举力系数；u_0 为作用在护滩块顶部的流速；α 为滩体陡坡的坡降。

为研究 X 型排整体的使用寿命，故应从软体排整体技术状况退化至三类着手，而不是具体某一位置的系结条。按照现有的长江航道整治工程中的维修办法，当整个排体总量大于等于 10%破坏时认为软体排技术状况退化至三类。

假设软体排各位置的系结条抗力退化速度一致，即任一时刻各位置系结条具有相同的抗力 $f_y(t)$。软体排各位置排体系结条的 S_Q 大小各异，设某一荷载水平下，软体排所有系结条 S_Q 累计频率为 P 时，对应的值为 $S_Q(1-P)$，令
$$q = (1-P) \tag{6.42}$$
将 q 定义为软体排的失效比率，表示软体排所有系结条中所受荷载大于或等于 $S_Q(1-P)$ 的部分占系结条总量的比率；令 $S_Q(1-P) = S_{Qq}$，S_{Qq} 定义为软体排失效临界荷载，表示软体排所有系结条中所受荷载的值处于前 q（百分数）部分的临界值 q（最小值）；则前文中的软体排功能函数可改写为
$$Z(t) = g(R_0, S_{Qq}, S_G) = f_y(t) + G_1 \cos\alpha f - G_1 \sin\alpha - G_2 - S_{Qq} \tag{6.43}$$
当 $P=90\%$，即 $q=10\%$时，求解方程当 $Z(t)=0$，所得时间 t 即为使用寿命。

2. X 型排失效比率 q

试验中无法测得软体排所有系结条的 S_Q 值，因此也无法直接得到各个 q 值下的 S_{Qq}。但前文分析了系结条最大可变荷载在测区的分布规律与流速值在测区的分布规律，两者基本一致；对软体排系结条所受荷载的理论分析也可知系结条所受荷载与其附近的流速值有直接关系；另外，试验测区是根据实际护滩工程中主要水毁区域布置的。故可认为试验测区为系结条失效的主要区域，可用该区域系结条失效比率近似作为软体排的失效比率。

试验中系结条拉力传感器的布置区域为 C4#～C7#，该区域面积 A_1 与 X 型排全部面积 A 的比率为 q_1。对各工况所有传感器的最大可变荷载 S_Q 进行统计，并将同一工况下的 S_Q 按升序排列，可得各工况 S_Q 的概率分布曲线[概率分布函数 $F(x)$]，见图 6-35，由概率分布函数 $F(x)$ 可得指定累计频谱 P_1 下的 S_Q。

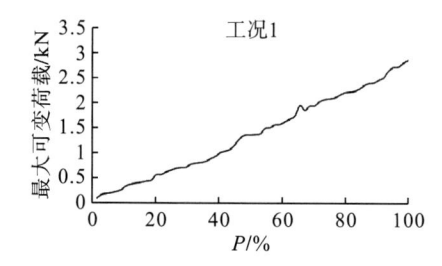

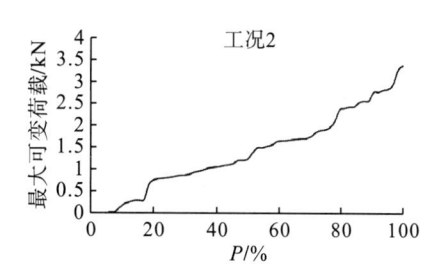

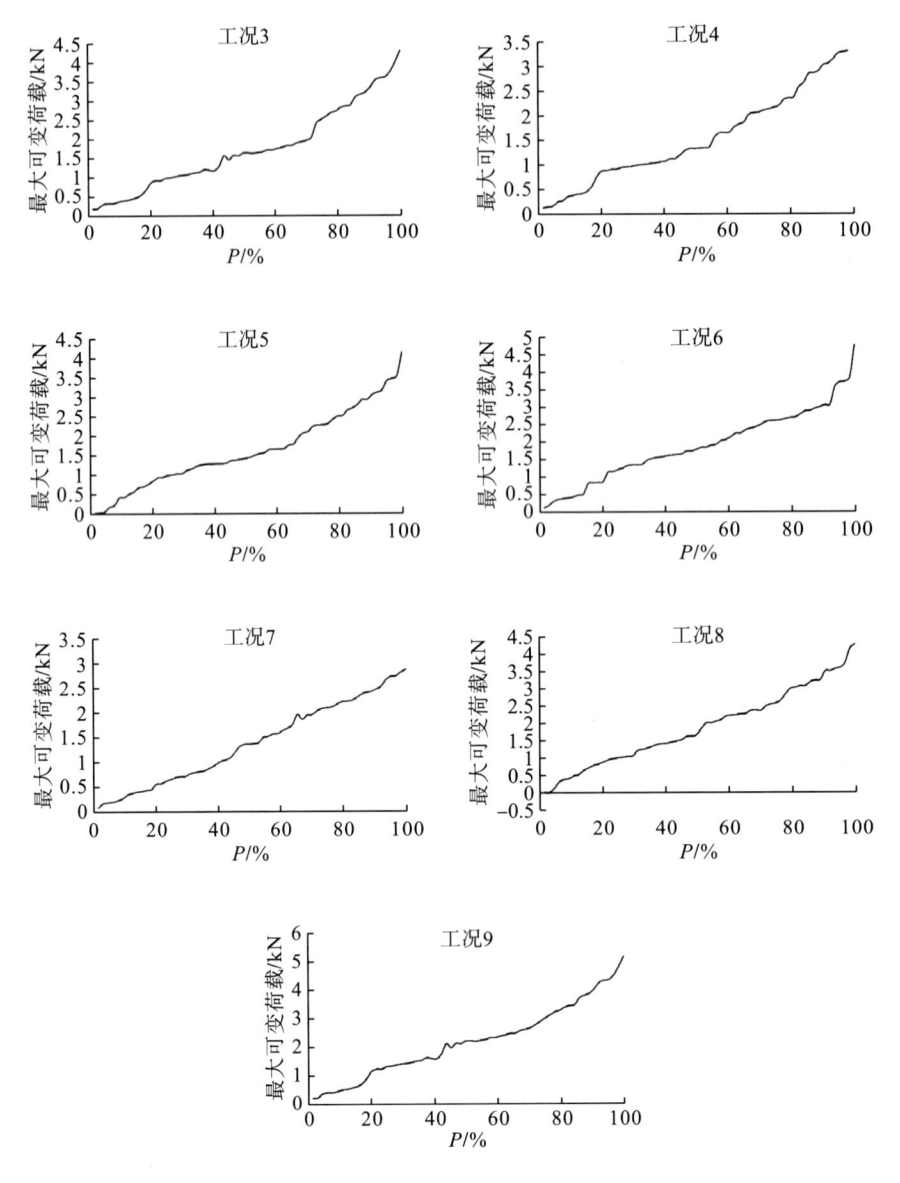

图 6-35 各工况的 S_Q 概率(P)分布曲线

则 X 型排失效比率 q 有

$$q = (1-P_1)q_1 \tag{6.44}$$

式中，P_1 为各工况实测 S_Q 的累计频率；q_1 为测区 X 型排面积 A_1 与全部软体排面积 A 的比率。

根据上文的分析，S_Q 主要受滩体特征和流量过程的影响。滩体特征可以通过滩槽陡坡的坡降 i 来加以概化，而流量过程可以由前文中提到的非恒定流模拟方法中各流量过程的累计频率 P_Q 加以概化。则 S_{Qq} 的影响因素有软体排失效比率 q、流经滩体流量过程累计频率 P_Q、滩槽陡坡的坡降 i。为了对 S_{Qq} 进行回归分析，需对 S_{Qq} 进行无因次处理，令

$$k = \frac{S_{Qq}}{f_{y0}} \tag{6.45}$$

其中，f_{y0} 为单根系结条的初始屈服强度，根据试验实测，单根系结条屈服强度平均值取 2.36kN；k 表示安全系数。则安全系数 k 可用下式表达：

$$k = f(q, i, P_Q) \tag{6.46}$$

接下来，通过回归分析的方法确定具体的函数关系式。分别讨论自变量 P_Q、q、i 与因变量 k 的关系，具体如表 6-9、表 6-10 和表 6-11。

表 6-9　流量过程与安全系数的关系

k	P_Q	q	i
0.235	0.179	0.477	0.12
0.316	0.179	0.652	0.12
0.357	0.179	0.912	0.12
0.572	0.100	0.477	0.16
0.655	0.100	0.652	0.16
0.803	0.100	0.912	0.16
1.251	0.020	0.477	0.2
1.265	0.020	0.652	0.2
1.793	0.020	0.912	0.2

表 6-10　滩槽陡坡坡降与安全系数的关系

k	i	P_Q	q
0.235	0.12	0.477	0.179
0.320	0.16	0.477	0.179
0.348	0.2	0.477	0.179
0.646	0.12	0.652	0.100
0.655	0.16	0.652	0.100
0.873	0.2	0.652	0.100
1.265	0.12	0.912	0.020
1.289	0.16	0.912	0.020
1.793	0.2	0.912	0.020

表 6-11　流量与安全系数的关系

S_{Qq}/kN	q	P_Q	i
0.141	0.199	0.477	0.12
0.235	0.179	0.477	0.12
0.297	0.162	0.477	0.12
0.371	0.141	0.477	0.12
0.548	0.120	0.477	0.12
0.638	0.100	0.477	0.12

续表

S_{Qq}/kN	q	P_Q	i
0.825	0.079	0.477	0.12
0.882	0.062	0.477	0.12
0.944	0.041	0.477	0.12
1.063	0.020	0.477	0.12
0.169	0.199	0.652	0.16
0.348	0.179	0.652	0.16
0.427	0.162	0.652	0.16
0.533	0.141	0.652	0.16
0.575	0.120	0.652	0.16
0.655	0.100	0.652	0.16
0.750	0.079	0.652	0.16
0.956	0.062	0.652	0.16
1.118	0.041	0.652	0.16
1.313	0.020	0.652	0.16
0.214	0.199	0.912	0.20
0.489	0.179	0.912	0.20
0.583	0.162	0.912	0.20
0.687	0.141	0.912	0.20
0.899	0.120	0.912	0.20
0.952	0.100	0.912	0.20
1.047	0.079	0.912	0.20
1.271	0.062	0.912	0.20
1.451	0.041	0.912	0.20
1.793	0.020	0.912	0.20

通过表6-9～表6-11分析可知，自变量P_Q、q、i与因变量k均有较好的线性相关性。故可通过多元线性回归模型确定k的函数表达式，多元线性回归模型的一般形式如下：

$$Y = E + BX_1 + CX_2 + DX_3 \tag{6.47}$$

式中，B、C、D、E为回归参数。安全系数k的多元线性回归模型如下：

$$k = E + Bq + CP_Q + Di \tag{6.48}$$

将数据代入回归模型可得

$$E = 0.786, \quad B = -6.173, \quad C = 0.406, \quad D = 2.106, \quad R^2 = 0.956$$

式中，R^2为相关系数。安全系数k的表达式为

$$k = 0.786 - 6.173q + 0.406P_Q + 2.106i \tag{6.49}$$

则有

$$S_{Qq} = k \times f_{y0} = 1.855 - 14.568q + 0.957P_Q + 4.969i \tag{6.50}$$

6.4.3 使用寿命的计算分析

由前文提到的基于时变可靠度使用寿命的基本原理，可以得到排体的功能函数为
$$Z(t) = g(R_0, S_{QT}, S_G) = F_{抗拉力} + G_1 \cos\alpha f - G_1 \sin\alpha - G_2 - S_{Qq} \tag{6.51}$$

X 型砼软体排的抗力表达式为
$$R(t) = F_{抗拉力} + G_1 \cos\alpha f = f_{y0}\varphi_y(t) + G_1 \cos\alpha f \tag{6.52}$$

将结构使用期 $t_1 = Na$ 分为 m 个时段，每个时段的长度为 $\tau = Na/m = \dfrac{N}{m}a$。这时砼软体排的抗力离散化为
$$R(t_i) = f_{y0}\varphi_y(t_i) + G_1 \cos\alpha f, \quad t_i = (i-0.5)\tau, (i=1,2,\cdots,m) \tag{6.53}$$

参考钢筋的衰减系数形式 $\varphi_y(t) = 1.0 - a \times 10^{-6} t^3$，可分别求出每一时段内系结条的衰减系数 $\varphi_y(t_1), \varphi_y(t_2), \cdots, \varphi_y(t_m)$，进而求出每一时段内系结条的屈服强度。

前文已经确定了护滩带软体排的失效临界荷载 S_{Qq} 的函数表达式，对于给定的滩体和流量过程，可以根据规定的失效比率 10%确定临界荷载 S_{Qq}，并求得 G_2、$G_1\cos\alpha f$、$G_1\sin\alpha$ 的具体值。则软体排的功能函数便转化为了未知数只有 t 的函数，当 $Z(t)=0$ 时，即软体排失效时，通过解方程可以求出相应的 X 型排使用寿命。

6.4.4 使用寿命计算实例

由上文可得 X 型排的功能函数为
$$\begin{aligned}Z(t) &= f_{y0}\varphi_y(t) + G_1\cos\alpha f - G_1\sin\alpha - G_2 - S_{QT} = R(t) - S(t)\\ &= f_{y0}\varphi_y(t) + G_1\cos\alpha f - G_1\sin\alpha - G_2 - (1.855 - 14.568q + 0.957P_Q + 4.969i)\end{aligned} \tag{6.54}$$

式中，G_1 为单护滩块自重，kN；f 为护滩块与滩体的摩擦系数；G_2 为系结条方向连接的悬挂护滩块总重，kN；α 为滩体陡坡坡角；q 为 X 型排失效比率，即当 X 型排总量的 q 失效时，认为 X 型排不能正常发挥其整治功能，使用寿命终结；P_Q 为年流量过程的累计频率；i 为滩槽陡坡坡降，则有 $\tan\alpha = i$；t 为 X 型排使用时间；$\varphi_y(t)$ 为系结条抗力衰减函数，参考钢筋的衰减系数形式，进行适当折减，即 $\varphi_y(t) = 1.0 - 4\times 10^{-6} t^3$，$t$ 的单位为月。

对于具体工程中的 X 型排，得到上述参数和变量的数值后，令
$$Z(t) = 0$$

求解方程，得到的解 t 即为使用寿命。以下通过实例计算不同情况下的使用寿命。

算例 1：使用寿命预测

选取三种不同顺直边滩，假设滩槽陡坡坡降 i_k 分别为 10%、18%、26%，X 型排铺设后第一年流量过程的累计频率 P_{Qk} 分别为 50%、87%、95%（k 为滩体号，$k=1,2,3$），当 X 型排失效比率 q 取 10%时，求各滩体 X 型排的使用寿命。

X 型排的尺寸为 45cm×40cm×10cm（长×宽×厚），密度为 2400kg/m³，单护滩块自重 G_1 =0.432kN；无悬挂护滩块，即 $G_2=0$；护滩块与滩体的摩擦系数 f 取 0.9。根据试验实测值，

单根系结条最大抗力平均值 f_{y0} 取 2.36kN。

(1) 计算最大可变荷载 $S(t)$：
$$S(t) = G_1 \sin\alpha + G_2 + S_{Qq}$$
$$= G_1 \sin\alpha + (1.855 - 14.568q + 0.957P_Q + 4.969i)$$

则 $S_1(t) = 1.417$kN；$S_2(t) = 2.202$kN；$S_3(t) = 2.708$kN。

(2) 计算抗力值 $R(t)$：
$$R(t) = f_{y0}\varphi_y(t) + G_1 \cos\alpha f$$

则
$$R_1(t) = 2.36(1 - 4 \times 10^{-6} t_1^3) + 0.39$$
$$R_2(t) = 2.36(1 - 4 \times 10^{-6} t_2^3) + 0.38$$
$$R_3(t) = 2.36(1 - 4 \times 10^{-6} t_3^3) + 0.38$$

(3) 计算使用寿命 T。

由 $Z(t_k) = 0$，分别求得方程解，可得 $t_1 = 52$（月），$t_2 = 38$（月），$t_3 = 14$（月），若 t 为负数，表示第一年流量过程后，X 型排技术状况已退化为三类，即该条件下护滩带使用一年就需要大修。

上述 t_1，t_2，t_3 的值即为对应滩体 X 型排在对应条件下能正常发挥整治作用的时间，即使用寿命 T_k。

算例 2：剩余使用寿命

算例 1 中得到的是软体排在特定累计频率的流量过程持续作用下的使用寿命，但实际工程中每一年的流量过程具有较大的随机性，即流量过程是变化的。以算例 1 中的滩体 1 为例，假如第一年过后，第二年的流量过程对应的累计频率为 87%，计算该流量过程下软体排的剩余使用寿命。

按算例 1 中的方法分别计算 $S(t_1') = 1.84$kN、$R(t_1')$，令
$$Z(t_1') = 0$$
求解方程，可得 $t_1' = 47$（月）。则滩体的剩余使用寿命 T_1' 有
$$T_1' = t_1' - t_1 = 47 - 12 = 35（月）$$

另外，在已知使用时间 T 和相应时段的流量过程等条件下，可反算已水毁软体排的比率 q_T。

第 7 章　内河航道整治建筑物服役状态演化规律

7.1　丁坝服役期间水毁演化规律研究

经调查发现，丁坝的水毁现象大部分出现在坝头、坝身以及整个坝面，特定条件下也会出现坝根损毁，而丁坝服役状态的演化过程未见系统记载。为探明丁坝在服役期间的水毁演化规律，在前面试验资料的基础上补充完善，分别设计了定流量过程和变流量过程的散抛石丁坝冲刷实验，系统研究在不同上游来流和坝体设计条件下丁坝的水毁演化过程、敏感因素和演化机理。

7.1.1　定流量过程丁坝水毁演化规律

1. 坝头及床面冲刷变形分析

1) 冲刷变形过程实验现象

观察放水过程可知，坝头位置处于跌水区域，底流和面流流速都很大。坝体后沿的坝底位置处于跌水水流的顶冲点，下探水流直接冲刷坝头和坝体后沿水槽底部的泥沙，而坝头位置跌水较为明显，所以地形最大冲深往往出现在坝头稍靠下游的位置，甚至有些水毁严重的坝，整个坝头位置已经成为冲刷坑的一部分，具体破坏情况见图 7-1。坝后的冲刷坑最大冲深随着时间推移不断增大，时间在 100min 左右，最大冲深变化减缓，直至 150min 时，冲刷坑基本达到稳定。

结合放水冲刷过程、水流冲刷现象和丁坝附近水流结构进行分析，坝后冲刷坑的形成和发展与坝头水毁破坏密切相关，冲刷坑随时间在坝头下游发展，面积和最大冲深都随时间越来越大。开始放水后，在坝头形成跌水，开始形成冲刷坑，此时坝头位置部分小粒径碎石因为涡流和跌水被冲向下游，坝头初步出现微量的水毁。从冲刷坑形成开始，坝头跌水水流下跌越来越严重，越来越大的水流势能转化为动能，所以导致此处水流流速也缓慢增大，越来越多的坝头碎石直接被水流冲走；另外，随着冲刷坑的发展，冲坑坡度越来越大，这一坡度在小于泥沙水下休止角之前，床沙和坝头碎石会不断垮塌，向坑内滚动，这也是坝头水毁破坏的一个重要原因。随着冲刷坑的进一步发展，冲坑坡角小于泥沙水下休止角，泥沙和碎石滚落现象大幅减少。当冲刷坑发展到一定范围和深度之后，坑内表层的泥沙粗化层越来越厚，其起动流速逐渐超过其附近水流流速，致使冲刷坑内泥沙起动越来越困难，冲刷坑发展逐渐放缓，直至最后基本平衡。

(a)冲刷前　　　　　　　　　　　　(b)冲刷后

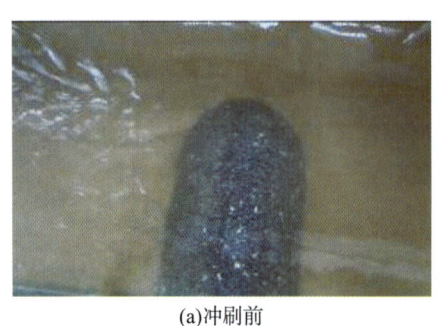

图 7-1　丁坝冲刷前后照片

  水流稳定后，坝头出现跌水，流速最大，导致坝头位置出现少量碎石被冲离坝体，碎石启动最早出现在坝头下沿圆弧段上游位置处，即坝身直线与坝头圆弧段相交的位置，此处也就是拐点位置，拐点位置是冲刷坑的起冲点，也是坝体最先受到水流冲击的部分，水流由于丁坝的阻碍，坝前水位升高，呈壅水状态。此时一部分高于丁坝的水流，翻坝而过，形成翻坝水，另一部分下层水流受到丁坝的阻碍，流速改变方向，转向右岸。这部分水流不仅方向改变了，而且受到上层水流的压制，成为压缩流，流速增大，此时这部分底流贴近丁坝坝面流动，与坝面作用强烈，易造成丁坝坝面损毁。

  冲刷坑起冲点从拐点开始，但破坏最严重的却是坝头后沿，坝头后沿泥沙启动较多，初步形成冲刷坑，此时坝头出现少量水毁。坝身上，除了坝顶跌水区域有少量碎石被冲走之外，坝前和坝后都基本稳定，几乎没有水毁现象。随着冲刷过程的进行，坝头冲刷坑在第一个小时内发展迅速，冲刷坑范围和最大冲深都在不断增大，随着最大冲深的增大，坝头跌水加强，坝头水毁程度加剧，更多的碎石被冲离坝体和顺着冲刷坑形成的沙坡滚落坑内，此时坝头部分水毁。在此过程中，坝顶持续有少量碎石被冲走，形成几个缺口，但是整体来讲，坝体基本稳定，只有少量水毁现象。第一个小时过后，由于粗化层的累积，冲刷坑范围和最大冲深发展减缓，这个时候在冲刷坑的外围已经形成了大范围的沙垄和淤积，且沙垄淤积在这个时间段迅速发展，逐渐抬高下游回流区水位，坝前坝后跌水和比降逐渐减小，此时坝头和坝体水毁基本达到最大程度。放水两个小时后，冲刷坑发展十分缓慢，坝头和坝身水毁程度增长缓慢，直至放水结束前基本保持平衡。

  2) 冲刷变形敏感因素分析

  选取不同工况下的坝体冲落块石体积进行统计(图 7-2)，在相同的控制水深和流量下，对具有统一坝体粒径和河床粒径的不同结构类型的丁坝进行对比。

  选取动床工况 H9(L=50cm)和工况 H10(L=70cm)对比两丁坝的水毁程度发现，在同等水流条件下 H10 比 H9 丁坝的水毁更严重，冲刷地形见图 7-3。

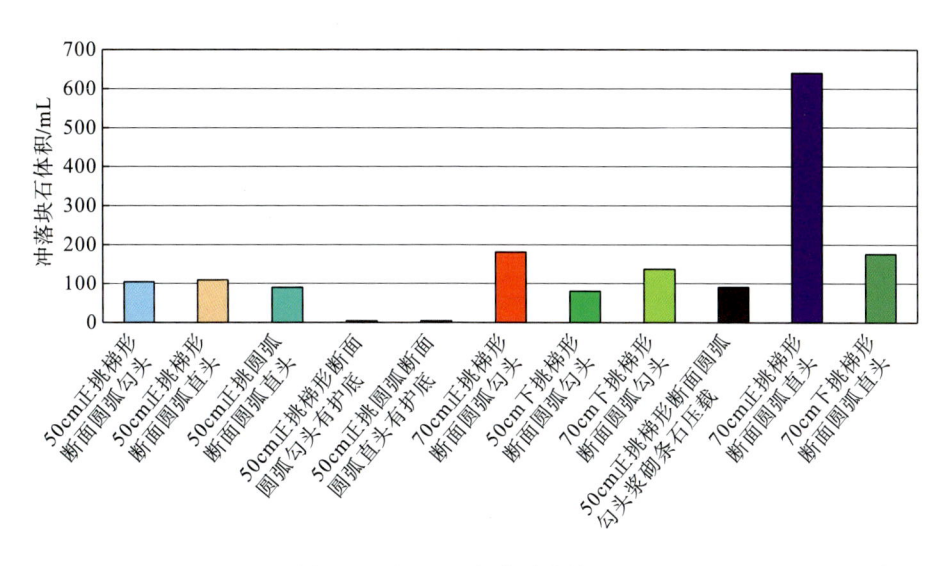

图 7-2　不同工况坝体冲落块石对比

(a) 工况H9最终冲刷照片　　(b) 工况H10最终冲刷照片

(c) 工况H9最终冲刷地形图　　(d) 工况H10最终冲刷地形图

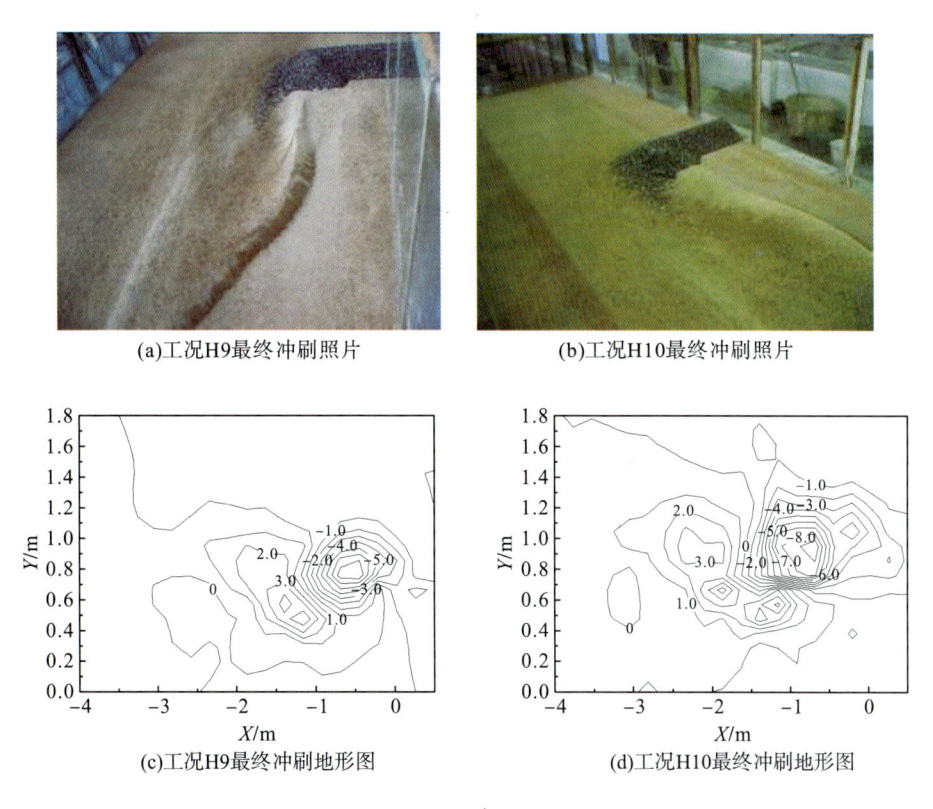

图 7-3　不同坝长最终冲刷地形

分析两种工况的最终冲刷地形图可以看出，H10 的冲刷坑面积、坝后淤积面积、最大坑深明显大于 H9，丁坝越长其束窄水流的能力越强，对丁坝附近的水流结构影响越大，平均流速和单宽流量增大幅度越大，此外坝头附近流速的增加导致更为激烈的大尺度紊动发生，在试验中也观测出工况 H10 坝头附近的卡门涡比工况 H9 要剧烈，底部流速的增大和床面漩涡扰动较剧烈是造成丁坝附近冲刷较大的主要原因，所以 70cm 丁坝比 50cm 丁坝的冲刷水毁更为严重。

选取动床工况 H4（梯形断面圆弧直头丁坝）、工况 H5（圆弧断面圆弧直头丁坝）和工况 H9（梯形断面圆弧勾头丁坝）对比分析丁坝及床面的变形特点。坝头局部最大冲深随时间的变化关系如图 7-4 所示。

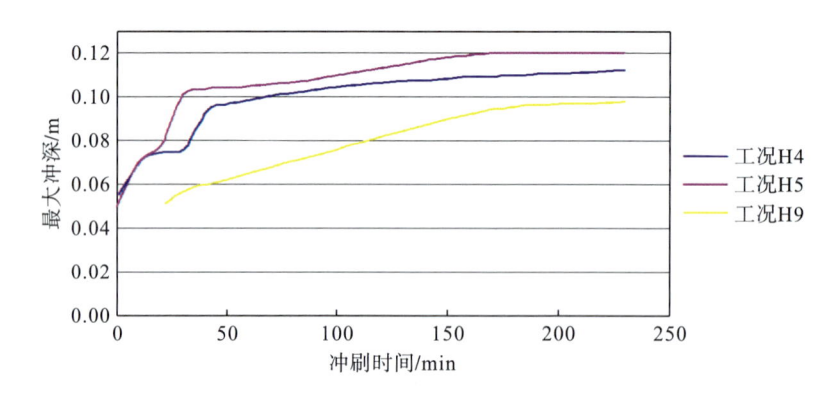

图 7-4 不同坝型最大冲深变化过程

由图 7-4 可见，工况 H4（梯形断面圆弧直头丁坝）与工况 H5（圆弧断面圆弧直头丁坝）最大冲深的发展过程大致相似，后者的冲深在各个时间段略大：在前 40min 的冲刷过程中，冲深先迅速加大，接着短暂放缓，之后再迅速增大；40min 之后冲深持续发展，但速度明显放缓。与前面两个工况相比，工况 H9（梯形断面圆弧勾头丁坝）的坝头冲坑深度随时间基本呈线性增大趋势，冲深曲线无明显拐点，并且各个时间段的冲深也较小。出现这种冲深发展过程的主要原因是：坝前后水位有较大比降，跌水产生向下运动的水流，冲刷河床，冲深迅速增大，达到一定的冲深时，冲刷坑上游的沙被冲入坑中，延缓了冲刷坑的发展，在上游来沙减缓以后，冲深继续迅速发展。随着大量细沙被冲走，河床表面逐渐被沙化，冲深发展速度随之减缓。相同情况下，直头坝与勾头坝相比，直头坝的阻水、挑流作用影响较大，导致坝前后水位比降加大，跌水更大，冲深更深。相同情况下，梯形断面坝与圆弧断面坝相比，圆弧断面坝糙率较小，便于水流下泄，导致流速增大，冲深较深。

结合图 7-2 分析，以上三种工况的水毁破坏过程和坝头冲刷坑的发展过程基本一致，但是工况 H5 的坝体基本没有水毁破坏，只有微量小粒径碎石被冲离坝体，这是由于工况 H5 坝体为圆弧断面，水流接触坝体表面后受坝体阻力较梯形断面小，反之，坝体对水流的阻力也较小，致使过坝流量较梯形断面坝体更大，绕过丁坝向下游行进的水流量较小，水流对坝头的破坏作用较轻；工况 H9（梯形断面圆弧勾头丁坝）损坏的部分是沿水流一侧，其他部分基本完好，这是由于工况 H9 的勾头部分使绕过丁坝的水流较平顺，一定程度上对坝头起着保护作用，这样就可以在相同的水流条件下坝头抵抗水流冲击的能力更强，丁坝稳定性比直头丁坝也更强。

综上可知,坝长较长时,对坝头的冲刷和破坏明显较大,冲刷量较多,这是由于坝长越长,坝头附近流速较大,紊动较强,冲刷较深,对坝头破坏比较严重。坝头结构形式不同时,直头丁坝对坝头的冲刷和破坏较勾头丁坝大,冲刷量较多;挑角不同时,正挑丁坝对坝头的冲刷和破坏明显较大,冲刷量较多,这是由于正挑丁坝阻水面积大,坝前坝后比降较大,坝头附近流速较大,紊动较强,导致正挑丁坝床面冲刷较深,坝头破坏较严重;有护底时,坝头前沿区域坝头冲刷和破坏明显较小;坝身断面不同时,圆弧断面坝身丁坝冲刷和破坏较小。

2. 坝身冲刷变形特点

在前期调研中,发现丁坝坝身某一段出现严重水毁,甚至出现整段被冲走或垮塌的情况,如位于宜昌上游的小米滩。试验中采取将坝体局部放大的方式(取坝身长为2m,将整个水槽拦断),造成主流顶冲坝体的水流条件出现,研究丁坝坝面及背水坡的水毁机理。

控制漫坝水流平均流速约为3m/s,坝上水深与前述试验工况一致(H=14cm),控制流量为0.038m³/s,坝体采用6~12mm混合碎石,坝顶宽7.5cm,迎水坡坡度为1:1.5,背水坡坡度为1:2,迎水坡坡顶所在横断面设置隔水层,控制坝身透水率约为3%。模型平面布置见图7-5。

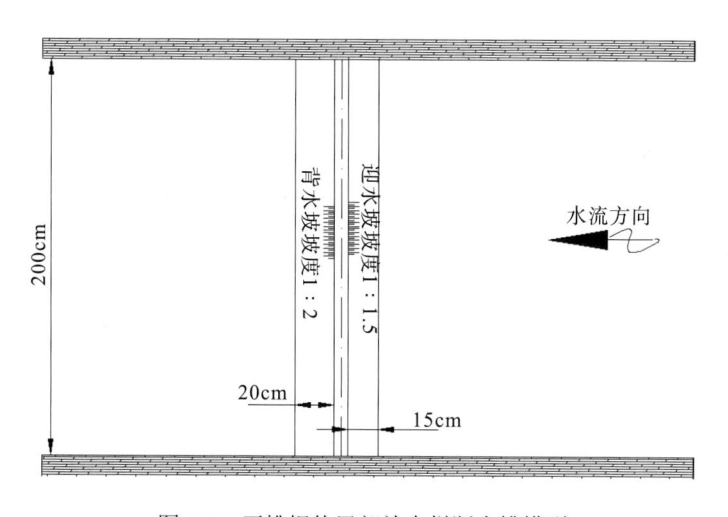

图7-5 正挑坝体局部放大拦断水槽模型

实验中不断改变出口水位,观察坝体的水毁破坏情况,并记录其对应的水流条件,过程如下。

10:40,坝前水深14.4cm,坝顶水深3.2cm,跌水3.1cm。坝顶少量碎石滚落,破坏不明显,破坏程度属于少量破坏。

10:50,坝前水深14.3cm,坝顶水深3cm,跌水3.8cm,坝顶部分碎石持续偶尔滚落,破坏程度属于一般破坏。

11:10,右岸65cm处,背水坡坝底出现缺口,河床有冲刷,左岸50cm处,背水坡坝底出现缺口,河床有冲刷。

11：20，坝前水深 14.25cm，坝顶水深 2.8cm，跌水 4.5cm，坝体持续破坏一部分，破坏程度属于大量破坏。

11：40，坝前水深 13.75cm，坝顶水深 2.7cm，跌水 5cm。这时坝面及背水坡完全破坏。

由上述记录看出，在流量不变的情况下，随着下游水位的下降，丁坝上游水位变化不大，造成上下游落差逐渐增大，翻坝水流特别是坝顶背水坡处流速很大，对坝面及下游河床形成冲刷，当这一落差达到一定程度之后，坝面及下游河床承受不了水流的冲击力，最终造成坝面及背水坡的水毁。

图 7-6 是坝体局部放大方案冲刷前后对比图，从中可以看出，坝体的破坏主要从坝顶开始，集中在坝顶和背水坡，且破坏方式主要是垮塌和碎石滚落，由于透水率低，在背水坡形成了少量淤积，现场调研中也发现有这种现象的出现。

(a)冲刷前　　　　　　　　　　(b)冲刷后

图 7-6　散抛石坝体局部放大冲刷前后对比图

3. 坝根冲刷变形规律

在某些航道地形比较复杂的河段中，坝根的损毁现象时有发生(小米滩丁坝)。为探寻丁坝坝根的水毁成因，在顺直玻璃水槽中塑造类似小米滩的河床地形条件及水流条件：在水槽中部铺设长度为 5m、平均厚度为 0.1m 的试验沙，丁坝周围区域铺设 0.22m 厚的试验沙，且在丁坝对岸上游处放置用水泥制成的梯形石梁(图 7-7)。控制来流量分别为 30L/s、40L/s、50L/s，控制水深为 6cm、8cm、10cm。

丁坝横断面取梯形断面，坝高为 5cm，顶宽为 3.75cm，挑角取 120°，坝长取 50cm 及 70cm，组成坝体的抛石粒径为 5mm 左右。

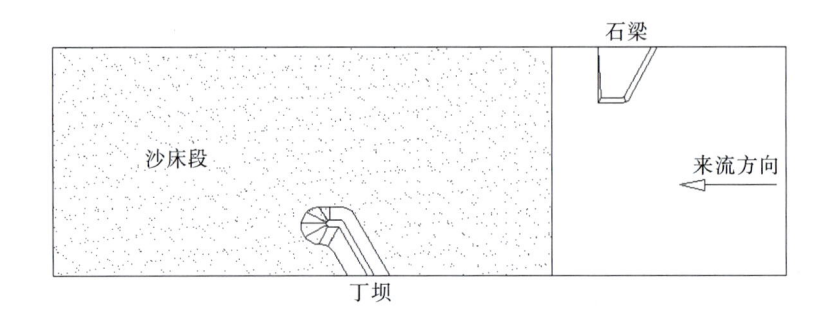

图 7-7　试验整体布置图

选取水深 6cm 和坝长 50cm 时，进口流量(Q)分别为 30L/s、40L/s、50L/s 的三种工况进行对比，得到各工况下的冲刷过程及坝根后侧河床最大冲深的变化，如图 7-8 所示。

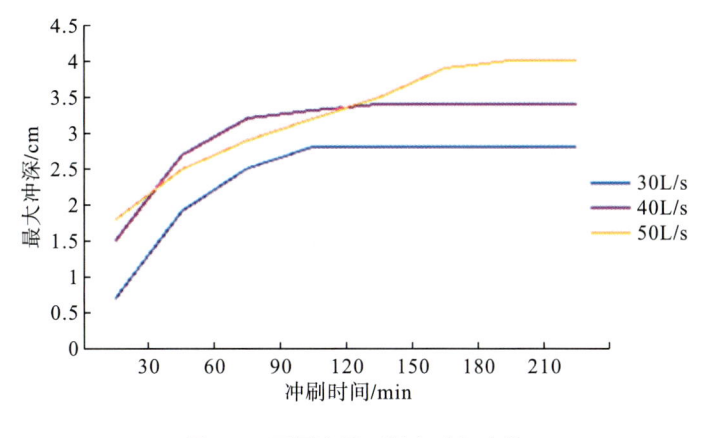

图 7-8　不同流量下最大冲深变化

当进口流量为 30L/s 时，此时在坝根处形成的跌水为 0.4cm，坝根下游产生了较大的冲刷坑，整个沙床段破坏较为明显，而坝根处基本没有破坏。当进口流量为 40L/s 时，此时坝根处的跌水为 0.9cm，且水毁现象十分明显，具体过程为：坝根后迅速产生冲刷坑，随时间的推移冲刷坑越来越大，坝根的基脚逐渐被淘刷处于不稳定的状态，基脚处的碎石由于失去了底部的支撑作用不断滚入坑中；同时坝根顶端处一小部分碎石受水流的冲刷作用脱离坝体，不断向后滑动。约 90min 之后，冲刷达到新的平衡，此时坝根处的跌水已经不太明显，顶端的碎石滑动数量也急剧减少，坝根下游处出现了一条较长的深槽，经测量，其最深处达 3.5cm，而坝根顶端的坍塌高度为 1.46cm。当进口流量为 50L/s 时，坝根处跌水瞬间高达 1.1cm，整个坝体迅速被水流冲塌，且距坝根 10cm 处的坝体直接被水流冲断形成深槽；坝前和坝后均产生了很大的冲刷坑，但在前 60min，其最大冲深变化率小于其他两种工况，其原因为随着大量坝体块石后移滚落入冲刷坑，水流对坑内泥沙的淘刷相对减轻。约 150min 后，最大冲深基本上达到稳定，其测量值为 4.2cm，此时整个坝体被完全冲塌，河床破坏十分严重。

从试验现象来看，在冲刷初期，由于沙床表面的细颗粒较易起动，因而初期的冲刷进程十分迅速。随着时间的推移，表面的细颗粒逐渐减少，不易起动的粗颗粒开始显现出来，冲刷速率逐渐降低，达到一定时间后，最大冲深基本保持不变。当来流量不同时，流量较小的工况冲刷深度基本呈缓慢上升型，且在较短的时间便达到冲深平衡，坝根破坏不明显；而当流量增大到坝根破坏的临界条件时，此时坝根处形成的跌水较大，这是由坝根处的水流形态造成的。来流到达坝前时受丁坝的阻碍作用分为两部分，一部分低于丁坝坝体的水流将沿着坝体流向河中心，成为破坏丁坝坝头的原因之一；另一部分高于丁坝的翻坝水则越过坝顶，由于前后的高度差异使该部分水流在坝后形成跌水，且来流量越大坝根处的流速便越大，在坝后所形成的跌水也越大，而此时坝根背面的坝底处于跌水的冲击点，因而较大的跌水将加速坝根后泥沙的淘刷。且来流量越大，其流速也越大，因而更易使坝体的碎石起动，造成坝根处块石的缺失，最终导致其破坏。

选取进口流量 40L/s 和坝长 50cm 时，水深分别为 6cm、8cm 以及 10cm 的三种工况进行对比，得到坝根处的最大冲深变化(图 7-9)。

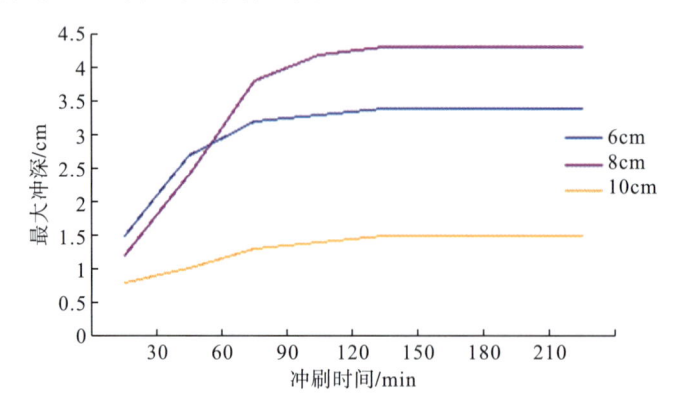

图 7-9 不同水深时最大冲深变化

图 7-10 水深为 10cm 时坝后回沙

当水深为 6cm 时，水位处于刚淹没坝顶的状态，此时坝面流速较大，坝顶块石易产生松动向下游移动，且坝后迅速产生冲刷坑，直至 90min，其最大冲深基本稳定，冲刷完毕后，丁坝坝根已经完全坍塌，坝后出现一较长的深槽；当水深为 8cm 时，此时坝面有少量块石移动，坝后逐渐形成冲刷坑，至 110min 时，坝根后的最大冲深基本保持不变，坝后有少量泥沙淤积；当水深为 10cm 时，坝体块石处于比较稳定的状态，坝后冲刷坑形成缓慢且尺寸较小，而坝顶底流的作用，导致坝后产生大面积的回沙，在坝后形成大量的泥沙淤积(图 7-10)，丁坝坝根的破坏不明显。

由图 7-9 可以看出，在相同条件下，水深为 6cm 的工况与水深为 8cm 的工况的冲深变化过程大致相似，在约 60min 之后开始出现差别，后者的冲深开始逐渐大于前者的冲深，一直呈匀速上升趋势，在大约 90min 后开始放缓；而前者在约 50min 时其最大冲深已经开始减缓，究其原因，在开始冲刷时，由于坝前后的水位比降较大，翻坝的这部分水流形成向下运动的跌水，对坝后的泥沙不断进行淘刷，因而冲刷初期坝后的冲刷坑发展十分迅速；对于前者而言，其坝根处的流速较大，致使坝上碎石不断向下游移动，落入坝后冲刷坑中，由于碎石覆盖于河床泥沙表面，因而对冲刷坑的发展起到一定的减缓作用。随着冲刷坑中碎石累积到一定高度，坝上的跌水将开始对碎石覆盖的冲刷坑下游进行淘刷，时间一久坝后下游便出现一较长的深槽。对于后者而言，由于其坝根流速不大于坝体碎石的起动流速，因而坝上产生的跌水将对坝后泥沙产生持续的淘刷，直至冲深达到新的平衡。当水深为10cm时，此时的水位为坝上5cm，在该水位下丁坝的存在对水流结构的影响相对较小，坝上的水流相对比较平缓，跌水高度基本可忽略，因而坝后的冲刷坑形成缓慢且尺寸较小。对于后面两种工况而言，坝后都有不同程度的淤沙现象产生，这是由于当坝上水位达到一定高度时，受面流挤压等影响，一部分底流贴坝而上，绕过坝顶后形成一水平轴回流区，将下游回流区的泥沙带向上游，在坝背面淤积，且水位越高坝后淤积越严重。

选取进口流量40L/s和水深6cm时，丁坝坝长分别为50cm及70cm两种工况进行对比，得到两者最大冲刷深度变化(图7-11)。

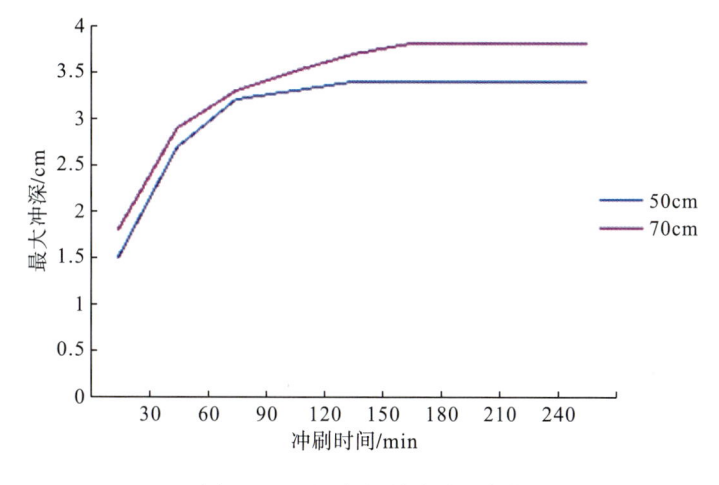

图 7-11 不同坝长最大冲深变化

如图 7-11 所示，坝长为 70cm 的最大冲深始终大于坝长为 50cm 的最大冲深，而在前30min，两者最大冲深变化率基本一致，至180min时，两者最大冲深均达到稳定。从试验现象来看，坝长为70cm的工况在冲刷初期跌水瞬间高达1.2cm左右，坝根周围紊动比较剧烈，坝根乃至整个坝体迅速被冲塌；而坝长为 50cm 的工况的水毁进程相对前者较慢，坝根在坝上碎石逐渐被水流带走及坝后产生冲刷坑导致基脚被掏空这两者共同作用下逐渐被破坏。

对比两种工况下坝根破坏的现象，不难看出坝长不同时坝水毁差异的原因：丁坝作为整治建筑物，它的存在将使水流动力轴线发生不同角度的偏转，以起到挑流及束水的作用。且丁坝越长其束水能力越强，航道过水断面也越小，因而水流对丁坝的作用也越强；而在此种航道地形中，对岸石梁的作用，使主流整体偏左岸，水流在坝根及坝身周围聚集，流速较大。一部分水流沿着坝身流动，在坝头处绕流而下，另一部分水流则越过坝顶往下，形成跌水，坝长越长其坝前水位壅得越高，其跌水也越高，且坝根周围的平均流速也会增加，因而更易造成丁坝坝根的破坏。

通过单因素控制法对可能影响丁坝坝根水毁的几种因素进行敏感性分析。为更直观反映出各因素对坝根水毁的影响大小，将上述各工况下坝根处的冲落块石体积进行汇总。如图 7-12 所示，流量不同时坝根的块石冲落体积对比很明显，流量越大，对坝根的冲刷和破坏程度也越大；水深不同时，在淹没丁坝的状态下水位越浅其形成冲刷坑越迅速，且坝顶面流速较大，因此坝顶块石易在水流作用下往后移动落入冲刷坑中；丁坝坝长不同时，坝长越长越不利于坝根的保护。

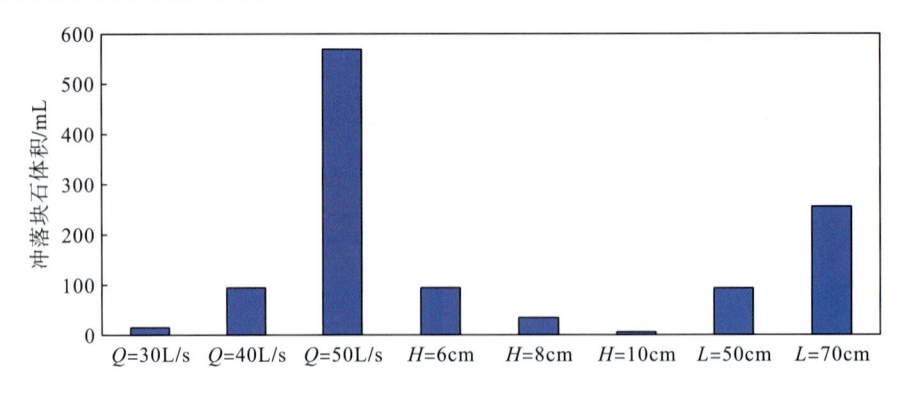

图 7-12　不同工况下坝根处冲落块石体积对比

分析表明，来流量越大，上游石梁的挑流作用越明显，坝根处流速也越快，坝体周围及其下游河床易在螺旋流等作用下产生负压，同时坝根迎水面将承受较大的动水压力，致使坝根背水坡侧产生较大的冲刷坑使得坝基不稳，坝根处块石向下游滚动；丁坝自身的长度也是影响坝根水毁的主要因素，坝体越长则坝根水毁越明显，淹没水深的变化对坝根损毁的影响较以上两种因素则相对较小。

7.1.2　变流量过程丁坝水毁演化规律

1. 坝体自身水毁特点

要弄清山区河流散抛石坝的服役状态演化规律，需要从组成坝体的块石运动的方式及特点入手，本节在模拟天然河流洪水过程(变流量过程)的基础上，观察丁坝在服役期间块石运动及坝体塌陷的特点，并分析原因。

1) 丁坝坝体冲刷变形过程

通过试验观察，当流量较小时，丁坝为非淹没状态，丁坝周围河床变化不大；当流量增加，引起的坝头流速达到泥沙起动流速，坝头冲刷坑逐渐形成锥形；随着冲刷坑的逐步发展，坝头可能有少部分块石失稳滑落至坑内；随着第一次洪峰的来临，水位陡涨，水流淹没坝顶，在坝的上下游形成明显跌水、水面比降较大，冲刷坑迅速发育，坝头出现突发性的块石坍塌，坝的背水坡和坝顶也出现突发性的水毁，坝头前沿及下游附近区域泥沙运动剧烈。第一次洪峰过后，随着坍塌块石的滑落，冲刷坑发展受限，坝头和坝面毁坏程度逐趋缓和。丁坝水毁主要发生在非恒定流过程中的第一次洪峰发生时，且毁坏具有突发性。

表 7-1 给出了 50 年一遇非恒定流过程中统计的丁坝水毁情况。

表 7-1　50 年一遇非恒定流过程丁坝水毁情况

来流过程	50年一遇流量过程曲线图（横轴：时间/s，纵轴：流量/(L/s)，标注点1~7）

水毁过程简述	在上图标识 1 点以前,丁坝处于非淹没状态。流量小且涨退幅度小,坝头前沿形成一个小小的冲刷坑,整个丁坝没有水毁。第一个洪峰来临时,水位陡涨,水流淹没坝顶,在坝的上下游形成很大的跌水,造成局部出现短时的大水面比降,坝头出现突发性的崩毁,坝的背水坡和坝顶也出现大面积的水毁。第一次洪峰(2 点)过后,丁坝整体水毁情况变化不大

时段	开始~1	1~2	2~3	3~4	4~5	5~6	6~7	7~结束
坝头水毁情况	坝头有2~3颗块石滑落	坝头突发崩塌水毁;坝头水毁最为严重时刻	坝头有7~9颗块石滑落	坝头有5~6颗块石滑落	坝头有6~7颗块石滑落	坝头有9~10颗块石滑落	坝头有3~5颗块石滑落	没有变化
坝面水毁情况	没有水毁	坝顶、背水坡均有较严重水毁,迎水坡部分水毁	没有变化	没有变化	没有变化	坝面有1~2颗块石失稳	没有变化	没有变化

8870s 坝头轻微水毁　　　　9925s 第一洪峰时坝头坝身严重水毁

2) 坝头块石运动特点

坝头块石从迎水面靠近河床表面处开始发生运动,这是由于底部水流遇到丁坝发生绕射,即沿着丁坝折向丁坝所在一侧对岸,在丁坝坝头处其所受阻力急剧减小,水流动能增大,当流速达到某一临界值时,向河坡靠上游侧块石就开始向下游运动(图 7-13),起先一段距离受到丁坝挑流的影响,运动轨迹指向对岸一侧,越过坝轴线后,由于坝头附近水流紊动剧烈,流速大小近似呈周期性变化,致使一部分块石在越过水流分离区受到主流区较大的指向丁坝一侧作用力后，运动轨迹又指向丁坝一侧，并逐渐进入冲刷坑内，而另一部分块石由于越过水流分离区时受到指向丁坝一侧作用力较小，穿过分离区进入主流区，并随着主流区泥沙颗粒一起向下游行进。

随着洪水持续或间断冲刷的不断进行，坝头靠近床面的块石不断地被水流带向下游，达到一定程度之后，底部基础不稳，导致坡面上的块石不断滚落至坡脚，同时坡面上的一些块石受到绕过坝头下潜水流的作用也被带至坡脚或下游冲刷坑，造成坝头大面积水毁，这一过程中迎水面块石水毁程度较下游侧严重；当最大洪峰过坝时，坝头水毁迅速，短时间内坝头基本全部水毁，见图7-14；最大洪峰过后，随着冲刷过程的发展，坝头块石有少量会向下游运动，但总体基本趋于稳定。

图 7-13　向河坡靠上游侧块石首先起动　　　图 7-14　坝头基本全部水毁

3) 坝身块石运动特点

丁坝处于非淹没状态时，坝身块石基本处于静止状态。水流翻坝时，坝顶及背水坡块石滑落较多，这是由于水流流速大于坝面某些块石的起动流速，另一方面由于坝体由散抛块石组成，表面局部区域凹凸不平，在局部区域所受阻力较大，形成竖轴漩涡，块石在竖轴漩涡的作用下更容易起动，影响坝面块石的稳定；背水坡块石受到洪水期下潜水流的作用稳定性下降，也易发生滚落或坍塌现象，这是由于洪水来之前，丁坝前后具有一定的水位差，当洪水来之后坝前水位迅速抬高，而此时坝后水位由于丁坝的遮挡作用，水位增长速率明显小于坝前，造成短时间内丁坝上下游水位落差较大，见图7-15，此时对背水坡及坝下游床面的冲刷力度也最强，坝顶靠下游一侧块石大面积滑动至背水坡，见图7-16。

图 7-15　洪水陡涨过程中丁坝上下游水位落差　　图 7-16　坝顶块石滑落至背水坡

随着冲刷强度的增大和冲刷历时的延长，坝顶及背水坡块石继续呈滑动、滚落方式运动，经过多次的洪水涨落过程后，坝顶块石被冲落较多，坝身横断面由原来的梯形断面逐渐被洪水冲蚀成弧线形断面，坝高减小但坝体宽度增大，且由于散抛石坝具有一定的透水性，局部区域透水率较大，水流在坝体内部紊动较剧烈，在翻坝下潜水流和内部紊动水流的综合作用下，坝体内部块石排列组合方式发生变化，造成坝顶局部区域凹陷和坍塌现象，见图 7-17。受坝后剧烈涡流的作用(图 7-18)，背水坡坡脚在遭受一定程度淘刷后，背水坡的坡面及坡脚块石在自身重力的作用下，开始向下滑落。

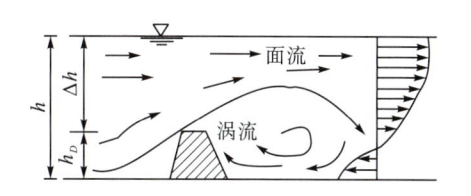

图 7-17　坝顶塌陷照片　　图 7-18　淹没丁坝横断面水流结构示意图

4) 坝体损毁程度的敏感因素分析

图 7-19 为丁坝在水流作用下坝体冲落块石体积对比图，分 6 种类别(横坐标)进行对比，对比影响因素见表 7-2。

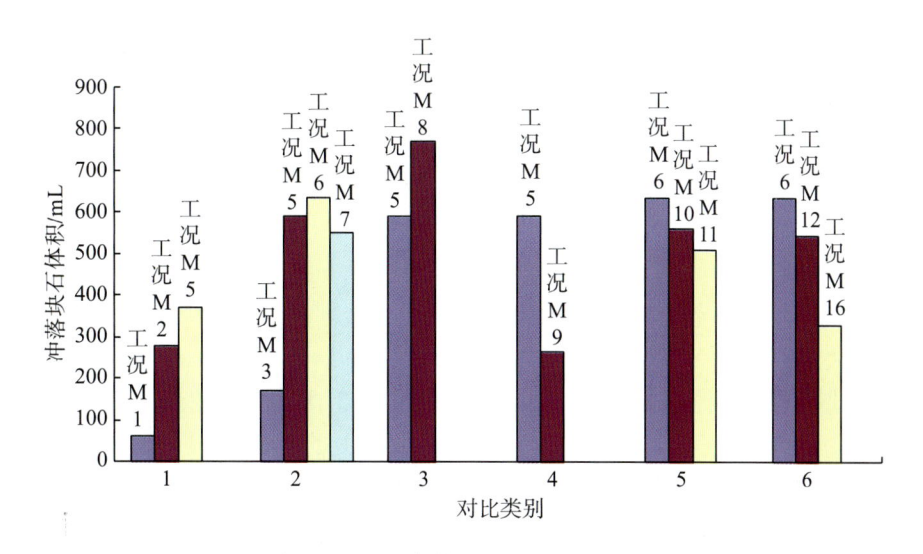

图 7-19　不同条件下坝体冲落块石对比

表 7-2 不同影响因素及坝体损毁体积

序号	工况及流量过程	影响因素		坝体损毁体积/mL
1	工况 M1—3 年一遇(Q95.45T35)	不同年最大洪峰流量/(L/s)	89	60
	工况 M2—5 年一遇(Q58.35T35)		132	280
	工况 M5—10 年一遇(Q30T35)		158	370
2	工况 M3—5 年一遇(Q30T70)	不同年有效洪水周期个数	11	170
	工况 M5—10 年一遇(Q30T35)		14	590
	工况 M6—20 年一遇(Q30T18)		15	635
	工况 M7—50 年一遇(Q30T7.5)		17	550
3	工况 M5—10 年一遇(Q30T35)	不同坝长/cm	50	590
	工况 M8—10 年一遇(Q30T35)		70	770
4	工况 M5—10 年一遇(Q30T35)	不同挑角/(°)	90	590
	工况 M9—10 年一遇(Q30T35)		120	265
5	工况 M6—20 年一遇(Q30T18)	不同坝头型式	圆弧直头	635
	工况 M10—20 年一遇(Q30T18)		圆弧勾头	560
	工况 M11—20 年一遇(Q30T18)		扇形勾头	510
6	工况 M6—20 年一遇(Q30T18)	不同床沙中值粒径/mm	1	635
	工况 M12—20 年一遇(Q30T18)		1.5	545
	工况 M16—20 年一遇(Q30T18)		2	330

年最大洪峰流量(类别 1)和坝长(类别 3)不同时,洪峰流量及坝长越大,坝体水毁体积越大,随着洪峰流量的持续增大,坝体水毁体积增大幅度减小,这是由于坝体损毁到一定程度后其抵御相同水流条件的能力是增大的。

年有效洪水周期个数(类别 2)不同时,一般来说有效洪水周期个数越多,坝体损毁体积也越大(工况 M3、M5、M6),但坝体损毁也与流量过程的峰型有关。如工况 M7 流量过程虽然有效洪水周期个数较多、洪水总量也较大,但其流量从整个过程来看陡涨陡落的趋势不明显,流量在大部分时间内较大,造成水位在大部分时间内较高,坝体块石较床面泥沙来说更加难以起动,使得坝体在损毁到一定程度后,由于流量变幅不大,坝体较床面泥沙逐渐趋于较稳定的状态,所以其损毁体积较小。

挑角(类别 4)不同时,正挑丁坝损毁体积明显大于下挑丁坝,这是由于正挑丁坝对水流的束窄程度较大,水流对其的反作用力也较大,造成坝头流速较大、漩涡较强,致使其水毁体积较大。

坝头型式(类别 5)不同时,坝体损毁体积由小到大的坝头型式依次为扇形勾头、圆弧勾头、圆弧直头,由此可见勾头型式的丁坝抵御水毁的能力较强,勾头部分对坝头起着一定的保护作用,因为有了勾头部分的存在,下游冲刷坑中心离坝头较远(图 7-20),即使其范围及深度较大,对坝体造成的影响也较小;扇形勾头比圆弧勾头丁坝损毁体积更小是由于其本身坝头体积较大,相当于对坝头来说,扇形坝头比圆弧坝头有着更加稳固的基础。

20年一遇（Q30T18）-50cm正挑圆弧直头　　20年一遇（Q30T18）-50cm正挑圆弧勾头

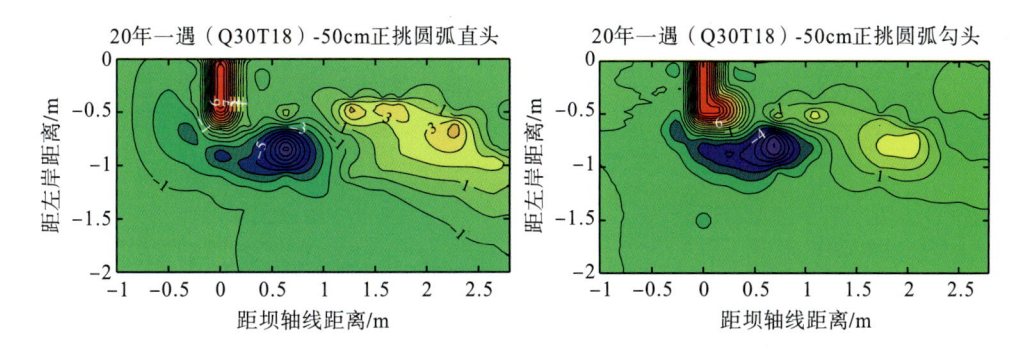

图 7-20　坝头型式不同时最终冲刷地形等值线图

床沙中值粒径(类别 6)不同时，粒径越大坝体损毁体积越小，因为床沙粒径越大，床面抗冲刷能力越强，相同的水流及坝体条件下，冲刷坑的范围及深度也越小，由于冲刷坑过大过深造成坝头块石滚落及塌陷的可能就越小，故床沙中值粒径较大时其损毁程度较轻。

5) 与恒定流冲刷过程对比

对重现期为 20 年和 50 年一遇对应的恒定流过程进行了丁坝水毁对比试验(20 年和 50 年一遇对应恒定流的模型流量分别为 38.8L/s 和 42.3L/s)。

通过试验观察，在流量 Q=38.8L/s 和 42.3L/s 的恒定流水流冲刷试验过程中，丁坝水毁过程是持续而缓慢的，随着坝头冲刷坑的逐步扩大，坝头前沿块石因基础被掏空而失去河床依托掉入坑内，整个水毁过程是渐变的，冲刷坑发展终止，坝头水毁基本终止，这与对应的重现期为 20 年和 50 年一遇的非恒定流水毁情况有诸多不同之处，不及对应的非恒定流试验的水毁现象严重，对比情况见表 7-3。

表 7-3　非恒定流与对应恒定流丁坝水毁情况对比

流量过程	水毁部位	水毁形式	水毁严重时刻	水毁程度
20 年一遇(非)	坝头、坝面	崩塌式水毁、基础掏空式水毁	第一次洪峰前后；崩塌式水毁	坝头水毁 36.6%
Q=38.8L/s(恒)	坝头	基础掏空式水毁	无	轻微
50 年一遇(非)	坝头、坝面	崩塌式水毁、基础掏空式水毁	第一次洪峰前后；崩塌式水毁	坝头水毁 38.8%
Q=42.3L/s(恒)	坝头	基础掏空式水毁	无	轻微

恒定流与非恒定流试验的最终水毁形态也不同，如图 7-21 所示。

通过以上分析可知，丁坝最易水毁的部位是坝头。恒定流试验的流量小时，坝头水毁较轻，流量大时坝头水毁严重，整个冲刷过程是渐变的；非恒定流过程下，当流量涨幅小时，坝头水毁形式跟恒定流有相似之处，即随着坝头冲刷坑的发展坝头块石基础掏空而坍塌水毁，坝面完好，当洪峰来临前后，流速迅速增大，水面比降瞬时增大，坝头和坝面上的块石在水流作用下突然失稳，导致坝头和坝面突然大面积坍塌水毁。

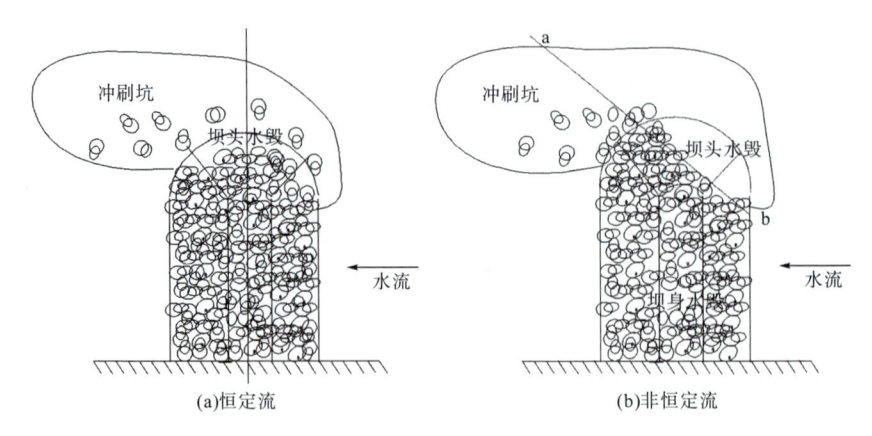

图 7-21　坝头水毁形态

2. 丁坝坝头局部冲刷演化规律

1) 基于洪水特征的坝头局部冲刷敏感因素分析

丁坝及床面冲刷与洪峰流量、洪水总量、洪水持续时间及洪水涨落过程等水文要素有关，但哪一个水文要素对冲刷起主导作用是工程设计、施工及管理部门关心的问题。基于此，以不同发生频率的年最大洪峰与半月最大洪量遭遇及年最大洪峰与洪水有效周期的 10 年一遇洪水过程为例，分析各水文要素对丁坝及床面冲刷的贡献大小。

图 7-22 为年最大洪峰流量与半月最大洪量遭遇冲刷地形及最大冲深横剖面图，图 7-22(a)、(b) 为最终冲刷地形等值线图，图 7-22(c)、(d) 为对应最大冲深点所在横断面剖面图。从整个测区来看，洪峰流量较大时整个床面冲刷程度及坝头冲刷坑深度均较大，坝后回流区淤积厚度也较大；从冲刷坑的范围来看，洪水总量较大时冲刷坑范围较大，且冲刷坑坡度较缓；从最大冲刷点位置来看，最大冲深点沿横断面方向位置基本一致，但洪水总量较大时最大冲深点距离坝轴线较近。这说明，对于同样重现期的洪水过程，洪峰流量对冲刷深度起主导作用，洪水总量对坝头冲刷坑范围起主导作用。

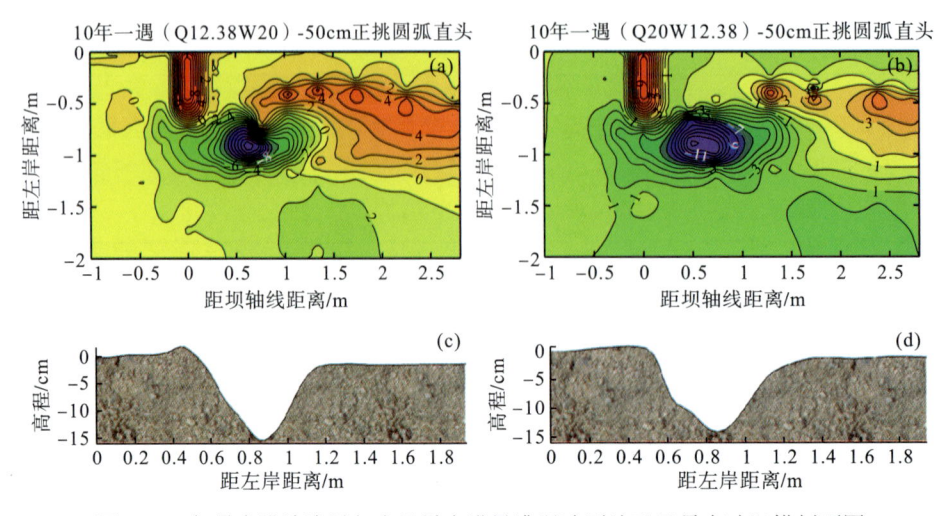

图 7-22　年最大洪峰流量与半月最大洪量遭遇冲刷地形及最大冲深横剖面图

图 7-23 为年最大洪峰流量与洪水有效周期遭遇冲刷地形及最大冲深横剖面图，图 7-23(a)、(b)为最终冲刷地形等值线图，图 7-23(c)、(d)为对应最大冲深点所在横断面剖面图。从整个测区来看，洪水有效周期个数较多时整个床面冲刷程度及坝头冲刷坑深度均较大，坝后回流区淤积范围及厚度也较大；从冲刷坑的范围来看，洪水有效周期个数较多时冲刷坑范围较大；从最大冲刷点位置来看，洪峰流量较大时最大冲深点沿横断面方向距离左岸(丁坝所在一侧)较近。这说明，对于同样重现期的洪水过程，洪水有效周期个数对冲刷坑范围及冲刷深度均起主导作用。

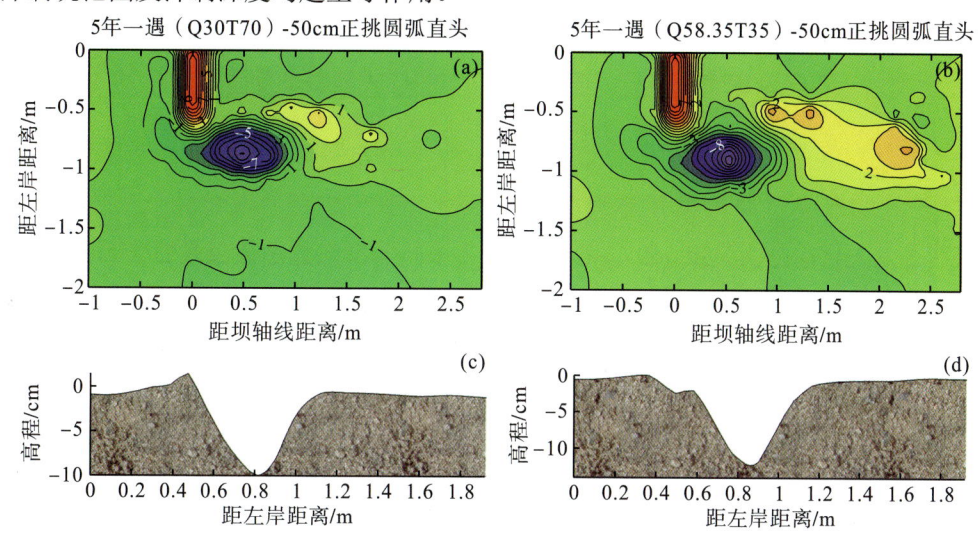

图 7-23 年最大洪峰流量与洪水有效周期遭遇冲刷地形及最大冲深横剖面图

2) 坝头冲刷坑发展过程分析

坝头上游水流行近丁坝时，在坝前分成两部分：一部分直接绕过坝头，另一部分在坝前受阻变为螺旋水流冲刷床面，并直接绕过坝脚向下游扩散。刚开始时(枯水期)，坝头处细颗粒泥沙最先起动，但坝头漩涡的规模和尺度较小，在坝头处形成浅冲刷带，冲刷随着时间的推进，靠近坝头河床逐渐粗化，裸露在床面上粗颗粒泥沙也逐渐开始向下游运动；当第一个洪峰过坝时，坝头处大量泥沙颗粒被带向下游，同时坝后冲刷坑也在短时间内迅速形成，受丁坝挑流及坝头漩涡作用，丁坝对岸一侧床面不断粗化，冲刷坑范围内的一部分细颗粒泥沙在坝头漩涡的作用下，被带向坝后负压区并在此落淤形成坝后沙垄，见图 7-24 和图 7-25，其余泥沙颗粒被带向下游。随着与坝轴线距离的增加，流速及漩涡强度逐渐减小，水流挟沙力减弱，使得泥沙颗粒也逐渐沉积下来，粒径较大的泥沙颗粒先落淤，造成了冲刷坑下游地形高程大于断面平均高程，沙垄高程沿纵向表现为缓慢增大。

当最大洪峰过坝时，冲刷坑进入第二阶段的快速发展过程，短时间内在冲刷坑下游形成第二道沙垄，最大洪峰过后，冲刷坑发展减缓。由于第二道沙垄的形成造成其所在位置水深较小，使得其所在区域流速较大，第二道沙垄向下游行进速度较快，与此同时，最初形成的沙垄由于第二道沙垄的存在，致使上游来沙未能及时补给，造成其逐渐消亡。此时形成的冲刷坑范围与最终冲刷坑范围宽度方向差别不大，长度方向随着后期洪水过程作用的不同有所差别(图7-26)。

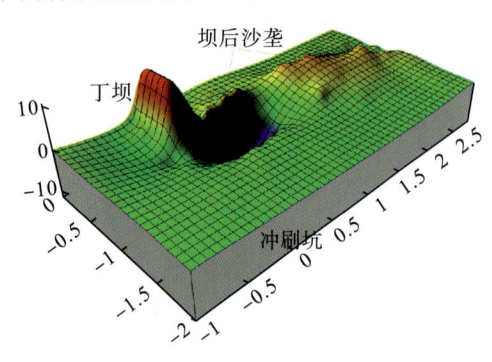

图7-24 工况M5最终冲刷三维地形

图7-25 工况M5最终冲刷地形照片

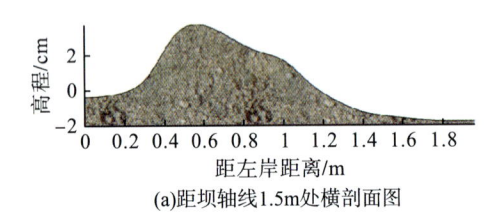

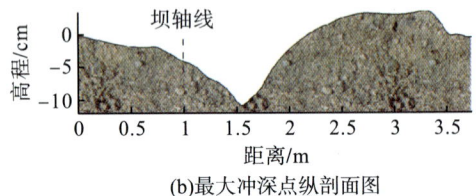

(a)距坝轴线1.5m处横剖面图

(b)最大冲深点纵剖面图

图7-26 工况M5冲淤地形局部剖面图

此后，随着冲刷历时的延长，冲刷范围变率逐渐减小，冲刷坑内的泥沙颗粒根据其运动特征大体上可分为两个区域，即滑落区和推移区，见图7-27，二者交界线距离丁坝最远点即为最大冲深点。这一阶段推移区带走一定量的泥沙，上游滑落区总按一定量补充，冲深增加逐渐变慢，且不同的冲刷坑形状类似，滑落区边坡坡度总体上保持不变，这个坡度主要取决于水流状况和床沙颗粒的内摩擦角。

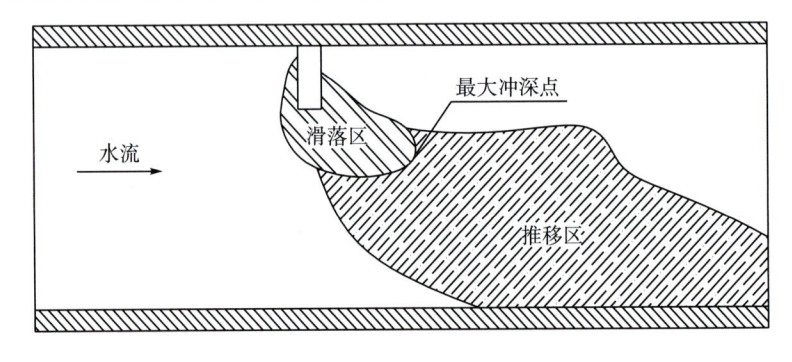

图7-27 丁坝周围泥沙颗粒滑落区和推移区示意图

3) 冲刷坑内块石运动特点

坝体块石脱离丁坝之后，绝大部分块石受坝头竖轴漩涡的作用，会逐渐运动到坝后冲刷坑边缘，其中一部分块石沿着冲刷坑上游边坡滚入坑底，另一部分块石在运动到一定阶段后，外部荷载不足以使其继续向冲刷坑内滑落时就停留在冲刷坑边坡上。在下一次洪水到来时，上游补给过来的块石也是一部分运移至冲刷坑底部，另一部分停滞于边坡上，不同的是上一次洪水作用后停留在边坡上的块石，在下一次洪水作用时其中一部分也会继续向下游冲刷坑内行进。

散落块石在运移至冲刷坑底部时，由于坝后冲刷坑最深处也即卡门涡中心所在位置，受到卡门涡的作用，漩涡中心的负压强很大，致使冲刷坑内块石一部分被带起，在水流的作用下，沿着冲刷坑下游边坡攀爬至冲刷坑下游淤积体。此处与卡门涡中心已有一定距离，受漩涡作用大大减弱，一部分大粒径块石就停留在此处，另一部分小粒径块石在水流的带动下继续向下游行进直至滑落到淤积体边缘，受到淤积体的遮蔽作用，这部分小粒径块石也停止运动并逐渐被上游输送过来的泥沙颗粒所包围或淹没；部分停留在冲刷坑内的块石，其边缘泥沙颗粒在漩涡作用下不断被带起并冲至下游形成淤积体，造成其在自身重力作用下逐渐下沉并被冲刷坑内泥沙包围或覆盖，见图7-28。

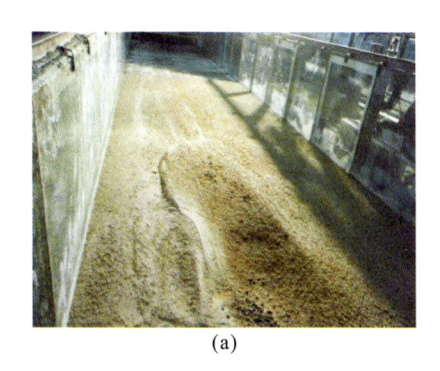

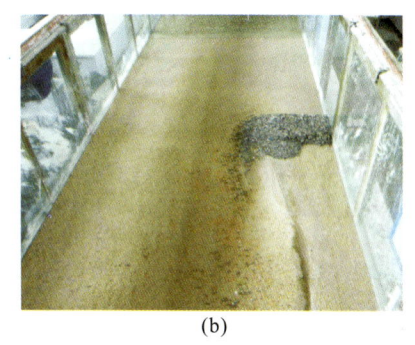

图7-28 冲刷坑内块石照片

4）坝头冲刷坑长度及宽度变化规律

冲刷坑长度和宽度随冲刷历时的增加总体来说是逐渐增大的，见图7-29和图7-30，不同的是流量的大小及流量的变化幅度对冲刷坑长度和宽度的变率会有不同的影响，表现为全过程流量较小时（工况M1）冲刷坑范围增大较缓慢，全过程流量较大时（工况M7）冲刷坑范围增大较迅速；冲刷坑范围发展最快的时刻出现在前两个较大的洪峰流量（有效洪水周期）前后，当流量过程有一个明显较大的峰值流量且流量变率很大时，这一阶段冲刷坑的发展也比较迅速（工况M3和工况M6），此后冲刷坑范围的发展比较平缓；洪水期过后，当最后一个流量峰值较大且流量陡然减小时，床面遭受落水冲刷，冲刷坑宽度增大幅度变大直至整个流量过程结束（工况M5和工况M6）。

年最大洪峰流量不同洪水有效周期相同时，冲刷坑的最终长度随着洪峰流量的增大而增大，见图7-29，冲刷坑宽度与洪峰流量的线性关系不明显；年最大洪峰流量相同洪水有效周期不同时，冲刷坑的最终长度与宽度均随着洪水有效周期的增大而增大，见图7-29和图7-30。对于同样重现期的洪水过程，洪水有效周期个数对冲刷坑范围起主导作用。

图 7-29　不同流量过程下冲刷坑长度随时间变化过程

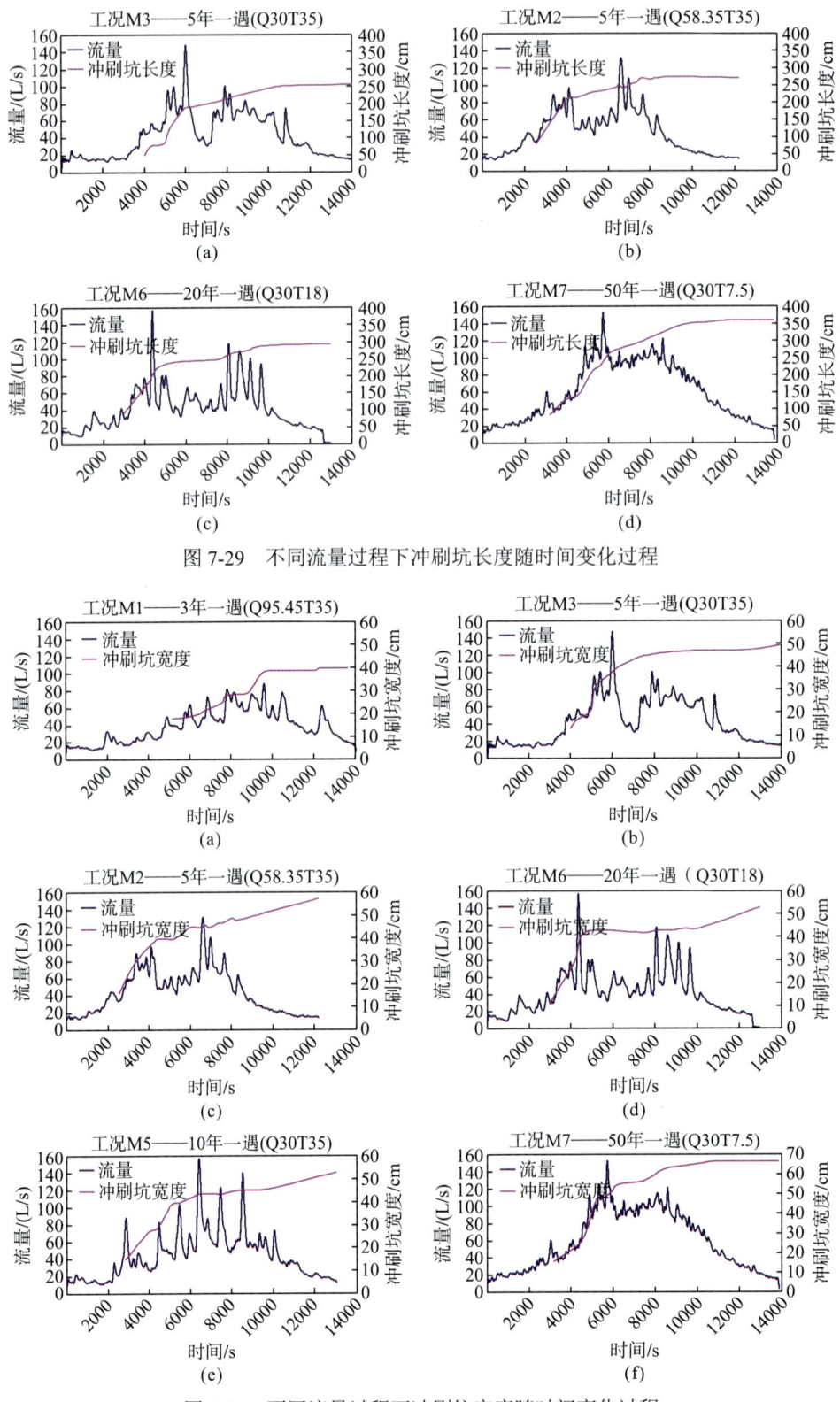

图 7-30　不同流量过程下冲刷坑宽度随时间变化过程

第7章 内河航道整治建筑物服役状态演化规律

以 10 年一遇(Q30T35)流量过程为例,分析坝长和挑角不同时,坝头冲刷坑长度及宽度变化规律。

从图 7-31 和图 7-32 可以看出,同一流量过程下,坝长较长时各时刻坝头冲刷坑的长度均较大,且在冲刷初期两者差值较冲刷后期要小。这是由于冲刷初期丁坝水毁程度较轻,坝长不同时坝头冲刷坑的形态基本一致,致使坝长较长时其位置离丁坝所在一侧较远,随着冲刷过程的持续,坝头水毁严重,特别是坝长较长时丁坝水毁的程度更为严重,水流受到的阻力也较大,达到冲淤平衡所需要的时间也越长,此时,两者坝后冲刷坑的形态出现差异,表现为坝长较长时冲刷坑的尺度较大,见图 7-33;冲刷坑的宽度表现为冲刷初期坝长较长时冲刷宽度也较大,但冲刷发展到一定程度后,床面受冲刷严重。由于试验水槽为矩形断面水槽,水槽宽度一定,当丁坝较长时其对岸一侧床面必定遭受较大程度的冲刷,会阻碍冲刷坑向其对岸一侧发展,而坝后冲刷坑范围由于受到丁坝的遮蔽作用也不可能无限制发展,因此,在冲刷后期坝长较长时其冲刷坑宽度反而较小。

挑角较大时冲刷坑宽度较小,这是由于同一流量过程作用下,下挑丁坝对水流的阻力较小,其挑流影响的范围较小,丁坝对岸一侧单宽流量较正挑丁坝要小,导致水流对床面的冲刷能力较小,因此,下挑丁坝冲刷坑宽度较小;冲刷坑长度与挑角大小关系不大,是因为虽然正挑丁坝床面整体冲刷程度较重,但下挑丁坝坝头指向下游,坝后受下挑丁坝的影响区域较大,因此在两方面的综合作用下,挑角不同时坝头冲刷坑的长度差别不大。

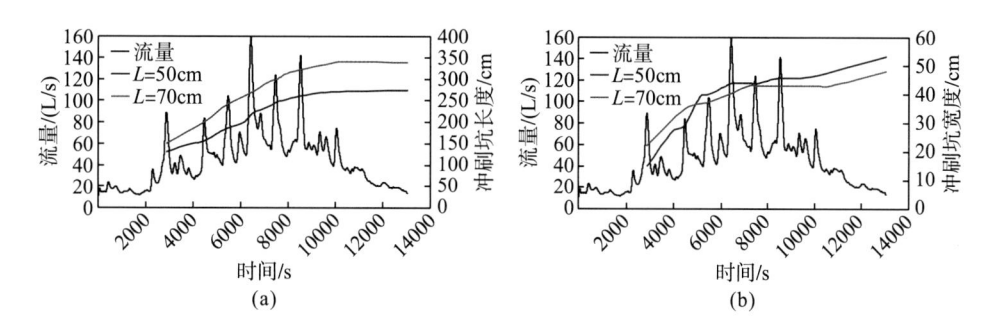

图 7-31 坝长(L)不同时冲刷坑长度及宽度变化对比

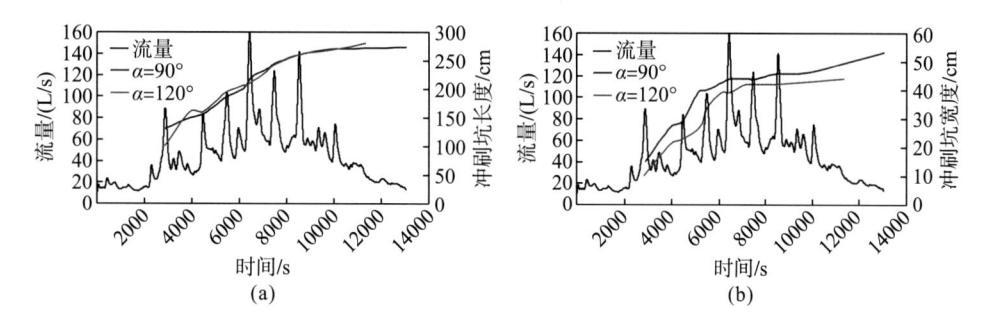

图 7-32 挑角(α)不同时冲刷坑长度及宽度变化对比

(a)　　　　　　　　　　　　(b)　　　　　　　　　　　　(c)

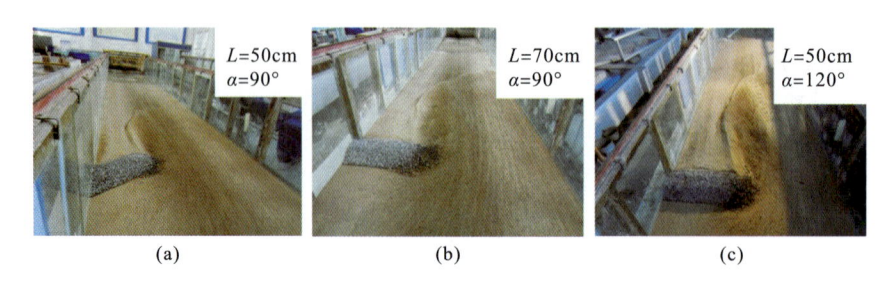

图 7-33　不同坝长(L)及挑角(α)时最终冲刷地形照片

5) 坝头冲刷坑深度变化规律

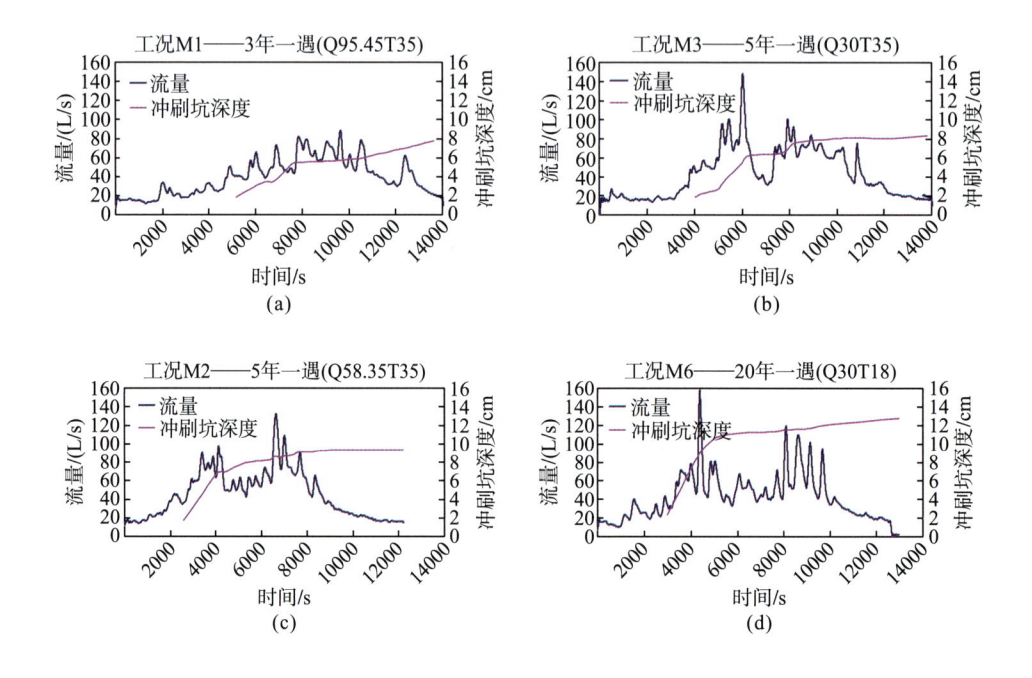

图 7-34 为冲刷坑深度随时间变化的过程曲线，从中可以看出丁坝坝头冲刷坑开始形成时，流量约为 20L/s（相当于原型 6800m³/s，由此说明试验基础流量取 5000m³/s 是合理的）。此后，随着流量过程的涨落，冲刷坑深度逐渐增大，这与恒定流条件下坝头冲刷坑深度变化是相同的，不同的是恒定流条件下坝头冲刷坑深度曲线只在冲刷初期出现拐点，冲刷后期冲深变化率越来越小并逐渐达到稳定；而非恒定流作用下，由于流量是时刻变化的，加之床面泥沙级配垂向分布的不均匀性，水流从上游携带的泥沙量也是时刻变化的，当流量变化幅度较大时对冲刷坑深度的变化会造成影响，表现为在整个流量过程中，冲刷坑深度可能会出现多个拐点（工况 M3、M5、M7），整个床面抗冲刷能力是一个不断变化的动态过程。当流量过程峰型为单峰且峰值较大时，此时冲刷坑深度发展最快，当流量过程峰型为多峰时，前两个较大的洪峰流量（有效洪水周期）前后冲刷坑深度发展最快，随后冲刷坑深度趋于稳定。

(a) 工况M1——3年一遇(Q95.45T35)

(b) 工况M3——5年一遇(Q30T35)

(c) 工况M2——5年一遇(Q58.35T35)

(d) 工况M6——20年一遇(Q30T18)

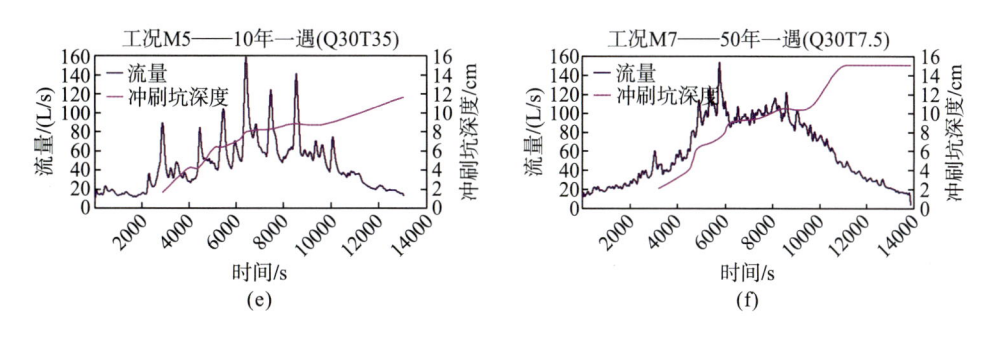

图 7-34　不同流量过程下冲刷坑深度随时间变化过程

由图 7-35 可以看出，坝长大、挑角小(正挑)时，坝头冲刷坑深度较大，这与坝头冲刷坑长度与宽度的变化规律不尽一致，这是由于坝头冲刷坑深度取决于坝头附近的流速及其下游卡门漩涡的尺度及能量。坝长大、挑角小时，丁坝的阻水、挑流作用较明显，坝头附近流速较大，冲刷坑内紊动强度也较大，所以其冲刷坑深度较大。

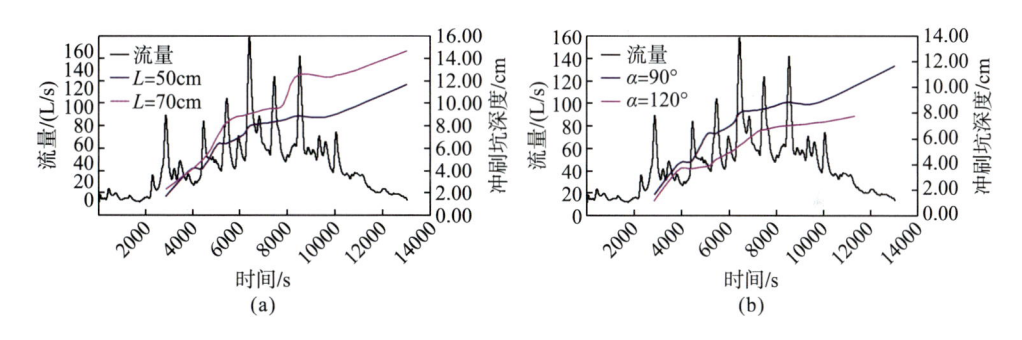

图 7-35　坝长(L)和挑角(α)不同时冲刷坑深度变化对比

3. 变流量过程下丁坝水毁演化机理

以下结合实验中测得的丁坝周围水流结构，以及坝头冲刷坑与坝体水毁过程特征，分析丁坝不同部位的水毁演化机理。

1) 坝头损毁演化机理

影响坝头水毁的因素复杂，坝头附近的下潜水流和绕过坝头的水流相互作用所生成的漩涡系(卡门涡)是形成丁坝冲刷坑的主要因素，坝头水毁是周围河床变形与汛期流量增大的适应性反应。当流量小，丁坝处于非淹没状态时，由于丁坝阻水，坝头水流收缩，流速较大，当床面流速大于坝头床沙起动流速时，在坝头前沿形成冲刷坑；随着流量增大，冲刷坑不断扩展，导致坝头前沿基础逐渐被淘刷，坝头块石失稳滑落，在汛期坝头出现突发性坍塌水毁；同时，坝头螺旋流、绕坝水流和主流的综合作用，使坝头松动的块石直接被水流带走,形成坝头溃缺;当洪峰来临时,水流越坝,一方面,坝头流速增大,冲刷坑扩展迅速,导致坝头基础掏空,坝头出现不均匀沉降;另一方面,坝头三流的交汇处随着水位上涨沿坝面上移,坝头坝面正好处于该交汇处的下方,坝头涡体随着下潜水流传递到坝头与坝面,然后破碎、撞击、分离形成很大的能量,脉动流速很大,再加上流速大的绕坝水流和主流的共同作用,使坝头坝面块石容易瞬时松动,发生突发性坍塌水毁。

2) 坝身损毁演化机理

试验观测表明,坝身发生水毁都出现在丁坝处于淹没状态时。坝身水毁相对严重的部位是丁坝坝顶面、背水坡面,其次是迎水坡面。随着流量增加、水位上涨,丁坝逐渐处于淹没状态,从坝体流速变化分析可知,坝顶流速一般较大,特别是坝顶和坝顶与背水坡的交界处,当坝顶水深为3cm左右时,坝顶流速就已达到主流区流速,当流量继续增加,坝顶最大流速可以超过坝前主流速约20%;由坝体周围水面比降变化分析可知,最大纵向比降出现在坝体上,该处比降随流量的增减速度很快,特别是最大洪峰来临时,流量陡增,坝下游水位还较低,与坝上游陡涨的水位形成瞬时大比降,该处比降最大值是主流比降的3~4倍。由于坝顶处流速大比降大,所以坝顶面块石往往容易失稳,特别是第一次大洪峰来临时,坝体形状阻力相对较大,失稳的块石更易被水流卷走而形成缺口,导致更多块石失稳剥离原位。被水流破坏的块石继续撞击下游背水坡上的块石,而背水坡的流速也较大,加上背水坡脚有顺时针环流,综合作用导致背水坡发生坍塌水毁,由于整个过程需要一定的流量大小和流量变率,坝身发生水毁的时间不长,往往一发生就非常严重。

3) 坝头附近局部冲刷演化机理

丁坝的存在使丁坝附近的水流流速场和压力场都随之发生改变,水流的非恒定性越强,这种变化越剧烈,流速场和压力场随着洪水涨落过程不断变化,造成丁坝周围床面泥沙颗粒所受的上举力和拖曳力也在不断变化,而坝头附近的卡门涡造成水面形成负压区,致使床沙易于起动,这样在流量的不断变化过程中,当行进水流遇丁坝受阻后,水流在重力作用下动能转变为势能,一部分水流被迫向坝头绕流而下,另一部分水流则指向床面后而流向下游,坝前水位壅高,在丁坝迎水面河道断面上出现水面横比降,同时坝前水流还受离心力作用产生加速度,在一个垂直面上的所有水质点都受到横向压力梯度作用。坝前一单元水柱两侧的动水压力分布,见图7-36(a)。纵向行进水流在铅垂线上的流速分布是自水面向河底逐渐减小的,见图7-36(b)。横向水面坡度所引起的压强差γJ_r沿垂线分布是不变的,与离心力叠加合成后的分布,见图7-36(c),当离心力与压强差γJ_r平衡时,该点的合力为0。该点以上各质点,离心力大于压强差,合力指向河心,成为流向河心的横向水流。同理,在该点以下各质点,离心力小于压强差,合力指向丁坝所在岸,成为流向坝根的横向水流,沿垂线的横向水流分布,见图7-36(d)。

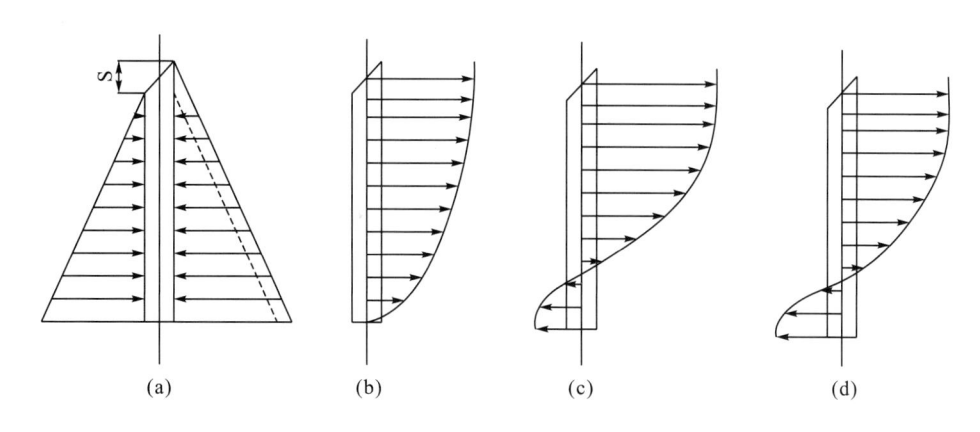

图7-36 横向环流形成原理

丁坝限制了河流断面,并且很明显地影响了其附近的水流运动结构,见图7-37,引起平均流速和单宽流量增大。坝头平均流速的增加导致了流速梯度的增大和更为激烈的大尺度紊动的发生,底部流速的增大和可动床沙上大漩涡的扰动是造成丁坝附近冲刷的主要原因。试验发现,丁坝坝身前部水平轴向常有一股较大的半马蹄涡形漩涡产生,使坝前水位壅高,底部水流以逆时针方向旋转,由坝头流向主流。沿丁坝头部下游的水流分离线,存在竖轴环流(卡门涡),这个环流是由主流与尾流中的固定回流之间的切力层旋转产生的。这种漩涡有一点像龙卷风,将泥沙吸入其低压中心,这种作用被认为是丁坝下游冲刷的主要原因之一。

坝头附近的卡门涡致使丁坝冲刷坑逐渐形成,冲刷坑形成的过程中,丁坝周围的水流结构也发生变化,当前两个流量较大的洪水来临时,坝头卡门涡能量较大,冲刷坑发展较快,此后冲刷坑发展速率有所减小,在最大洪峰流量前后冲刷坑进入一个快速发展期,冲刷坑基本形成。

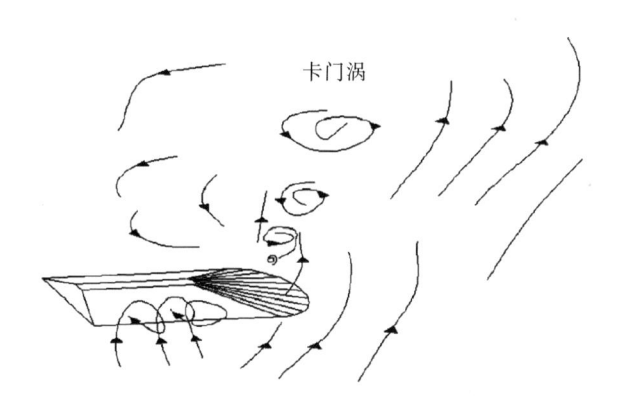

图7-37 丁坝附近水流结构图

7.2 丁坝损伤引起的航道断面流速特征变化特点

分析不同损伤位置对航道流态的影响权重排序，绘制不同损伤位置的垂线流速分布曲线，见图 7-38。

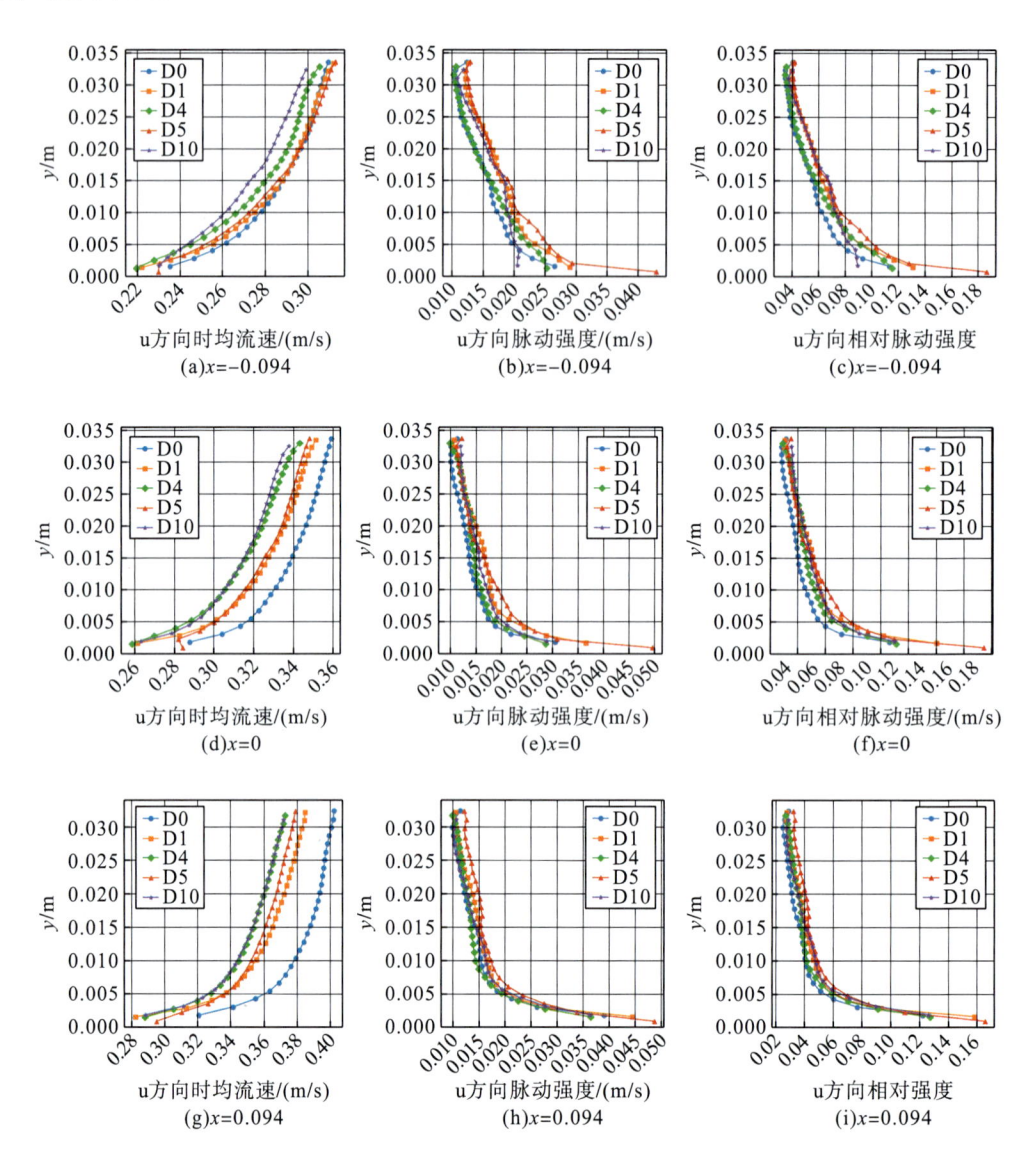

图 7-38 不同损伤位置丁坝附近航道的流速特征垂线分布

注：来流条件为 5。

图 7-38 中显示，丁坝在相同损伤程度下，坝下游时均流速垂线分布的整体改变比上游明显，当丁坝发生损伤时，对坝下游垂线流速的降低程度影响相对显著。靠近水底差异

越小，越靠近水面差异相对拉大。脉动强度和相对脉动强度则没有明显规律，沿水深分布的大致趋势均和流速相反，越靠近水底值越大，越靠近水面值越小。

以坝轴线正对点（$x=0$）为代表，绘制坝头不同损伤位置的不同流量垂线流速分布曲线，见图7-39。

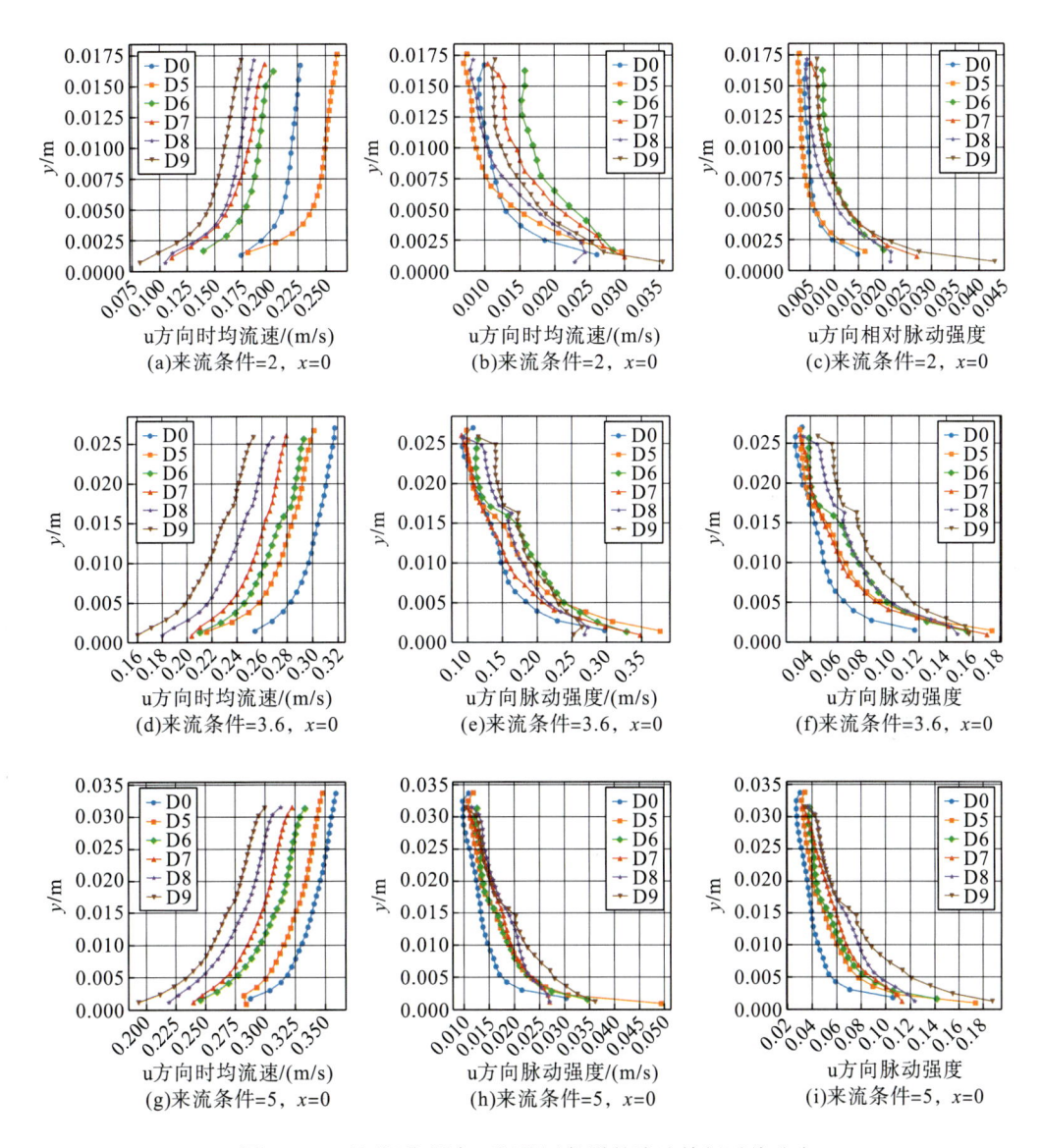

图7-39 不同损伤程度丁坝附近航道的流速特征垂线分布

从图7-39中看出，不同坝头坍塌程度对紊动强度的垂向分布影响显著。较大的坍塌程度会导致更高的紊动强度，尤其是在靠近水底的区域。脉动强度的变化规律与流速大致相反，通常伴有一定的随机性。越靠近丁坝上游随机性越强。不同损伤位置对航道流态更偏向于随机影响，流量不同影响排序也不同，其中丁坝淹没和非淹没时航道流态变化的差异最大。

7.3 基于深度学习的多因素损伤条件航道流场生成

由前面的实验测量和分析结果可知,丁坝航道系统具有高维度和非线性的复杂性,难以用简单规律描述,实验控制变量离散程度较高和涵盖范围有限,导致刻画出的变化规律和回归分析结果与现实系统有不小的偏差。本节通过引入多层感知器的深度学习算法,对 PIV(粒子图像测速,particle image velocimetry)实验数据进行探索和学习,尝试对多因素损伤条件的航道流场进行生成和预测,用以加密实验变量和流场响应数据。通过和前面的量化评价指标配合使用,就可以对多因素损伤引起的丁坝航道流场的响应规律进行细致描述和量化。

7.3.1 原理介绍

深度学习是一种基于人工神经网络的机器学习方法,擅长处理具有高度非线性和复杂结构的数据。它通过模拟人脑的神经元连接方式,构建多层的神经网络来学习数据的特征表示和规律。在本研究中,选择了多层感知器(multilayer perceptron,MLP)作为深度学习模型的架构,用于预测丁坝损伤条件下的航道流态变化。

深度学习模型,特别是 MLP,用于建模复杂的非线性关系。MLP 的输出可以表示为:

$$y = f\left\{W_n \cdot g\left[W_{n-1} \cdots g(W_1 \cdot x + b_1) \cdots + b_{n-1}\right] + b_n\right\} \tag{7.1}$$

其中:x 是输入特征向量;W_i 和 b_i 分别表示第 i 层的权重矩阵和偏置向量;$g(\cdot)$ 表示激活函数(如 ReLU 函数);$f(\cdot)$ 表示输出层的激活函数,通常在回归任务中为线性函数。

MLP 是一种前馈神经网络,由一个输入层、多个隐藏层和一个输出层组成。每一层中的神经元与相邻层的每一个神经元全连接,这使得 MLP 能够捕捉输入特征与输出之间的复杂非线性关系(如图 7-40 所示)。通过这些层次结构,MLP 可以逐层提取和组合输入数据的特征,从而在更高层次上表达出数据的深层模式。

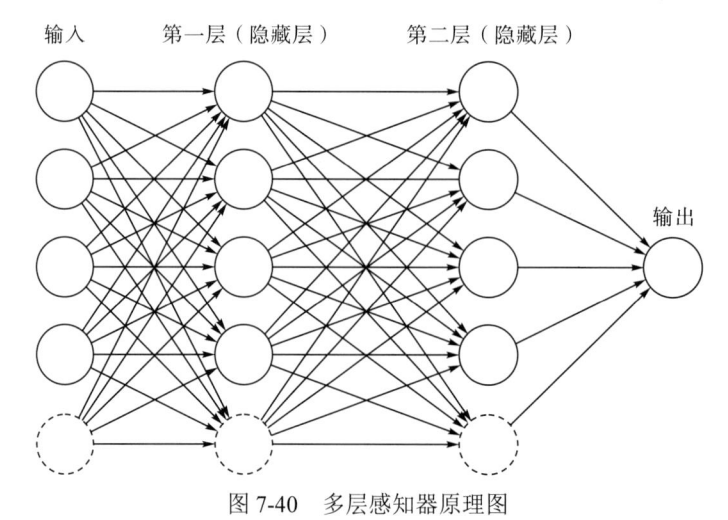

图 7-40 多层感知器原理图

在预测丁坝损伤对航道流态影响的过程中,输入特征包括了丁坝的损伤参数(如坝头坍塌程度、坝身冲断程度、坝根冲蚀程度和坝顶侵蚀程度)和来流条件。这些特征经过输入层进入网络,经过多个隐藏层的非线性变换,最终在输出层得到目标变量的预测值。

为了应对深度神经网络中的常见问题,例如梯度消失和过拟合,本研究在模型设计中采用了 ReLU(rectified linear unit)激活函数和 Adam(adaptive moment estimation)优化器。ReLU 激活函数通过对输入小于零的部分输出零,大于零的部分保持不变,解决了深度网络中梯度消失的问题,同时简化了计算,提高了训练效率。Adam 优化器是一种自适应学习率的优化算法,能够根据梯度的一阶矩估计和二阶矩估计来动态调整学习率,使得模型在训练过程中能够更快收敛,并且在面对稀疏梯度时表现良好。

ReLU 激活函数定义为

$$g(x) = \max(0, x) \tag{7.2}$$

Adam 优化器用于调整模型参数,其更新规则为

$$\theta_{t+1} = \theta_t - \frac{\eta}{\sqrt{\hat{v}_t} + \epsilon} \hat{m}_t \tag{7.3}$$

其中,η 是学习率;$\hat{m}_t$ 和 $\hat{v}_t$ 是动量和平方梯度的偏差校正估计;ϵ 是一个小数,防止除零。

通过这些技术手段,深度学习模型能够有效地学习丁坝损伤特征与航道流态之间的复杂关系,提供更为精确的预测结果,从而为航道管理与维护提供有力的支持。

7.3.2 数据准备与预处理

在基于深度学习的多因素损伤航道流态预测模型中,数据准备和预处理是确保模型性能和准确性的重要环节。为了构建一个有效的深度学习模型,需要对实验数据进行系统的准备和预处理。以下是数据准备与预处理的主要步骤:

数据收集与整理:本研究的数据来源于实验室对丁坝损伤条件下航道流态变化的测量。这些实验使用高频 PIV 技术,记录了在不同来流条件和损伤状态下的流场速度分布。实验产生了大量的原始数据,包括水流方向上的速度分量(u)、水深方向上的速度分量(v),以及各测量点的空间坐标(x, y, z 据被存储为.mat 文件格式,包含了在不同实验条件下的完整流速场信息。

数据清洗:原始数据在采集过程中可能受到噪声或其他误差的影响,因此数据清洗是一个重要的步骤。清洗过程包括去除因传感器错误或实验操作误差导致的异常值和噪声数据。通过统计分析和可视化手段(如直方图、箱线图等),识别并去除异常数据点,确保数据的准确性和可靠性。

特征提取与选择:在深度学习模型的输入部分,需要使用最相关的特征来进行训练。根据本研究的需求,提取的主要特征包括丁坝的损伤参数(如坝头坍塌程度 bttt、坝身冲断程度 bscd、坝根冲蚀程度 bgcs 和坝顶侵蚀程度 bdqs 以及来流条件 lltj)。这些特征从原始数据文件中提取出来,并转化为适合深度学习模型输入的格式。

数据归一化:由于不同特征的量纲和取值范围可能存在较大差异,需要进行归一化处

理。归一化的目的是将所有特征值缩放到相同的范围(通常为[0, 1]),以消除不同特征之间的量纲差异,提高模型训练的稳定性和收敛速度。归一化处理通常使用特征的最小值和最大值来进行缩放计算,也可以使用零均值和单位方差的标准化方法。

数据集划分:为了训练和评估深度学习模型,需要将数据集划分为训练集、验证集和测试集。训练集用于模型的训练,验证集用于模型的超参数调整和防止过拟合,测试集用于评估模型的最终性能。一般情况下,数据集的划分比例为70%用于训练,15%用于验证,15%用于测试。通过合理地划分,能够确保模型在不同数据上的泛化能力。

通过以上步骤的数据准备和预处理,确保了模型输入数据的质量和一致性,为深度学习模型的训练和预测提供了坚实的基础。这些预处理步骤有助于提高模型的性能,减少训练过程中的误差,增强模型对丁坝损伤条件下航道流态变化的预测能力。

7.3.3 深度学习模型设计

在本研究中,为了预测丁坝损伤条件下航道流态的变化规律,选择了 MLP 作为深度学习模型的架构。MLP 能够有效捕捉输入特征与输出结果之间的非线性关系,是处理回归任务的经典模型。基于数据特性和问题复杂性,MLP 架构在解决高维度、多变量的预测任务中展现了优越性。

模型的输入层包含了多种特征变量,这些特征变量包括丁坝损伤的相关参数(如坝头坍塌程度 bttt、坝身冲断程度 bscd、坝根冲蚀程度 bgcs 和坝顶侵蚀程度 bdqs 以及来流条件 lltj)。这些输入特征经过归一化处理,以消除量纲差异对模型训练的影响,并确保各特征在同一尺度上进行优化。输入层的节点数与特征数量相对应,确保所有相关变量都被纳入模型的预测中。

隐藏层的设计是模型的关键部分。基于模型的复杂性和数据规模,设计了两层隐藏层,每层包含 64 个神经元。这些神经元使用 ReLU 激活函数,ReLU 函数能够有效解决深度网络中的梯度消失问题,同时加速模型的收敛。隐藏层的层数和神经元数量是通过实验确定的,确保模型能够充分学习输入特征与目标变量之间的复杂非线性关系。隐藏层的设置旨在提供足够的灵活性,使模型能够捕捉到损伤特征和流态响应之间的细微差别。

输出层由一个节点组成,采用线性激活函数,直接输出预测的目标变量,即分别是航道的时均流速(u_mean)、沿程水深(max_y)、相对紊动强度(u_wdqd)。输出层的设置简洁,符合回归任务的需求,即预测一个连续的实数值。

在模型优化过程中,选用了 Adam 优化器,其结合了动量法和 RMSProp 的优点,能够在面对稀疏梯度或非平稳目标时表现出色。优化器的学习率初始设为 0.001,这一数值是通过验证集性能反复调试后选定的,能够在保证模型收敛速度的同时避免陷入局部最优解。此外,为了进一步提升模型的泛化能力,采用了早停策略(early stopping),当验证集损失在连续若干个训练轮次内不再改善时,提前停止训练,以防止过拟合。模型的超参数(如隐藏层神经元数量、学习率、正则化系数等)均通过网格搜索和交叉验证方法进行优化,确保模型在各个损伤条件下的预测性能最优。

7.3.4 模型训练与验证

在本节中,对基于 MLP 模型进行的模型训练与验证进行了详细说明。训练与验证过程旨在确保模型能够准确预测丁坝损伤条件下航道流态的变化,主要包括航道线附近时均流速、近水位高度及相对脉动强度等重要流态参数。

模型训练使用了前文准备和预处理过的数据集,包括损伤参数和来流条件等输入特征。将数据集划分为训练集和验证集,分别用于模型的训练和性能评估。训练过程中,采用 Adam 优化器来调整模型的权重,并使用均方误差(MSE)作为损失函数,以最小化训练误差。

在模型的训练和验证过程中,还观察了过拟合的迹象。为了防止过拟合的发生,使用了早停策略,当验证集误差在连续若干次迭代后不再显著改善时,提前终止训练。这样做能够有效防止模型在训练数据上表现良好但在实际应用中泛化能力较差的情况。

具体结果见图 7-41、7-42 和 7-43。

(1) 航道时均流速模型构建

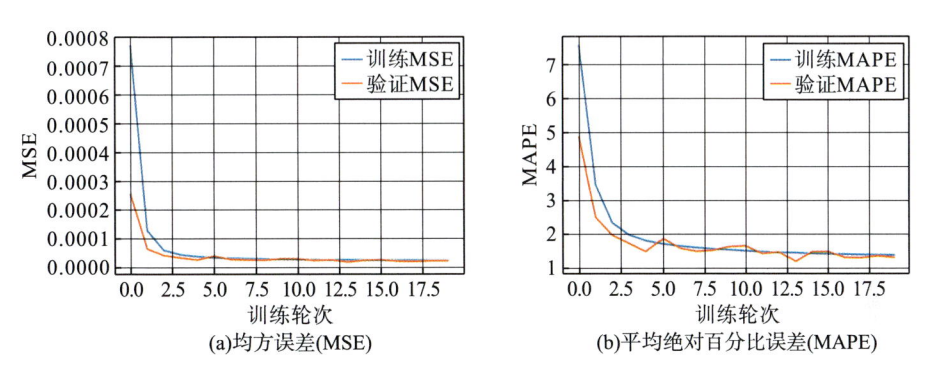

(a) 均方误差 (MSE) (b) 平均绝对百分比误差 (MAPE)

图 7-41 航道时均流速训练值和验证值误差随迭代次数的变化曲线

注:RMSE=0.0034,MAPE=0.0025,R^2=0.9978。

(2) 航道水位模型构建

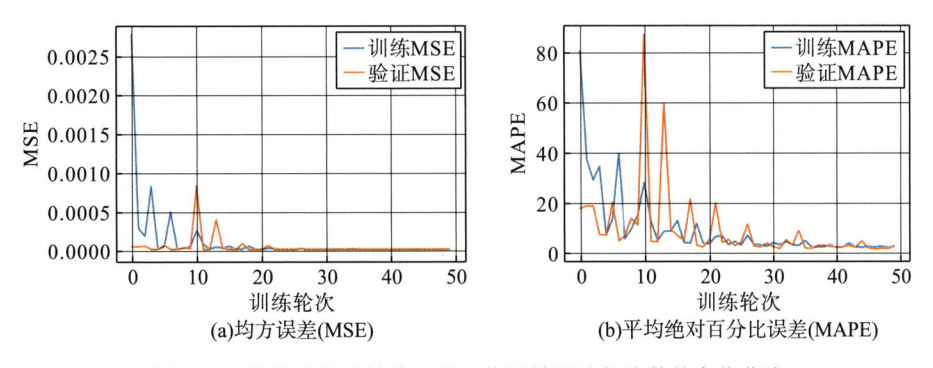

(a) 均方误差 (MSE) (b) 平均绝对百分比误差 (MAPE)

图 7-42 航道水位训练值和验证值误差随迭代次数的变化曲线

注:RMSE=0.0005,MAPE=0.0160,R^2=0.9943。

(3) 航道相对脉动强度模型构建

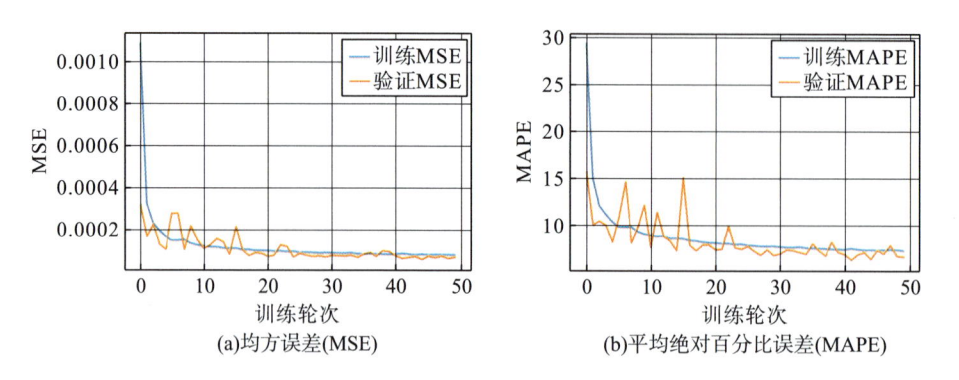

图 7-43 航道相对脉动强度训练值和验证值误差随迭代次数的变化曲线

注：RMSE=0.0079，MAE=0.0051，R^2=0.9606。

训练曲线展示了训练集和验证集上的 MSE 和 MAPE 随迭代次数的变化情况。图中的结果显示，随着训练的进行，模型的训练误差和验证误差逐渐下降，最终趋于稳定，表明模型的收敛效果良好。以下是具体分析：

从 MSE 变化曲线可以看出，在初始的训练阶段，误差较高，但随着训练的迭代次数增加，MSE 迅速下降，并在后期逐渐趋于平稳。这表明模型在学习过程中逐渐优化参数并减小误差。

MAPE 曲线显示了模型在训练和验证集上的百分比误差随训练的进展而减少。与 MSE 相似，MAPE 在初期有较大的下降，随后趋于稳定，显示模型逐渐适应训练数据，并且具有较好的预测能力。

为了进一步验证模型的准确性和泛化能力，计算了模型在验证集上的性能指标，包括 RMSE、MAE 和决定系数（R^2）。指标的计算结果如下：

模型的 RMSE 值为 0.0034，表明模型对航道流态变化的预测误差较小，能较好地拟合实际数据。MAE 值为 0.0025，进一步验证了模型的预测精度高，误差较小。R^2 接近 1(0.9978)，说明模型的拟合效果非常好，能够解释大部分输入特征对输出结果的影响。

通过上述训练和验证步骤，得到了一个性能良好的深度学习模型，能够准确预测不同损伤条件下的航道流态变化，为航道管理和维护提供了有效的决策支持工具。

7.3.5 模型评估与预测效果分析

在本节中，对基于深度学习的多因素损伤航道流态预测模型进行了全面的评估和分析。模型的预测结果与实测值进行了对比，分析了流速、水位和相对紊动强度三个主要参数的预测性能。通过对比散点图（图 7-44）可以直观地看到模型预测值与实际值的吻合程度，从而评估模型的准确性和鲁棒性。

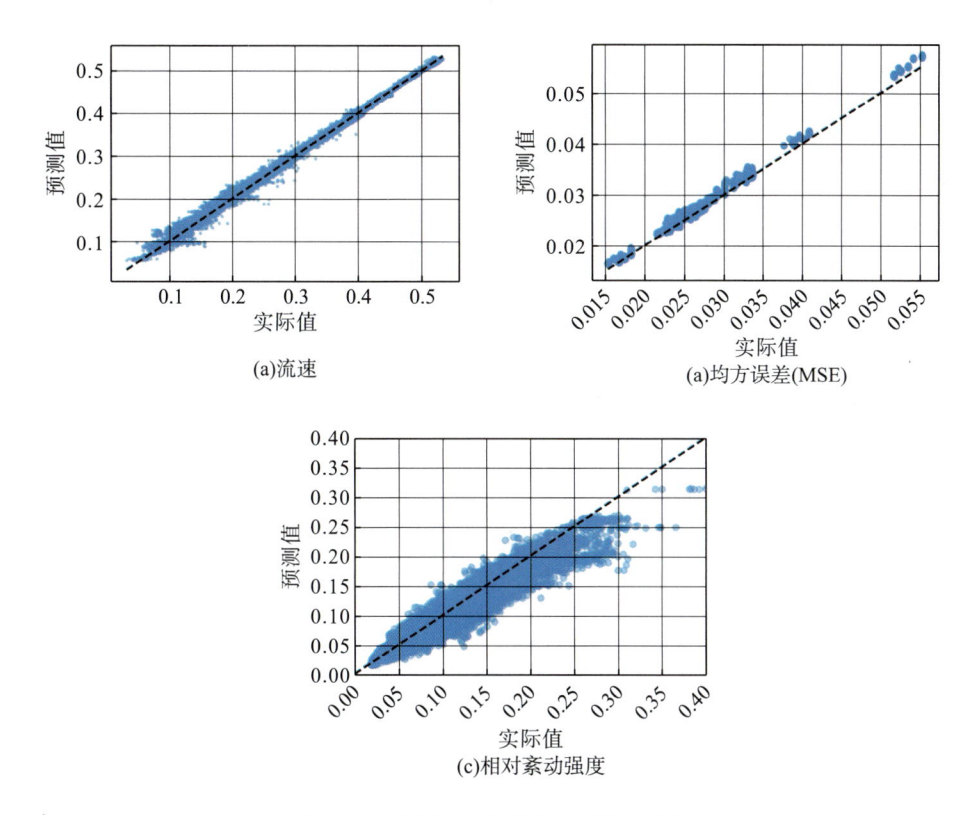

图 7-44　实测值与预测值的对比散点图

(1) 流速预测效果分析

图 7-44(a) 显示了流速的实测值与预测值的对比散点图。横坐标表示模型预测的流速值，纵坐标表示实际测量的流速值。理想情况下，所有点应沿着对角线($y=x$)分布。

从图可以看出，大多数散点均匀分布在对角线附近，表明模型在流速预测方面具有较高的准确性。虽然在部分极端值区域（如高速流动或低速区域）存在一定的偏差，但整体上，模型的预测结果与实际值高度一致。模型的 RMSE 和平均绝对误差（MAE）也支持这一观察结果，说明模型能够有效地捕捉航道中的流速变化规律。

(2) 水位预测效果分析

图 7-44(b) 展示了水位的实测值与预测值的对比散点图。同样，点的分布应尽可能靠近对角线，以证明预测的准确性。

从图可以看出，水位的预测结果与实测值之间具有非常高的线性相关性，大部分点紧密分布在对角线附近。模型对水位的预测误差极小，这从 R^2（接近 1）中也可以看出，表明模型能够很好地拟合水位数据。这种高精度预测结果说明，模型在处理水位数据时具有很强的泛化能力，可以可靠地用于实际的航道管理和决策中。

(3) 相对紊动强度预测效果分析

图 7-44(c) 显示了相对紊动强度的实测值与预测值的对比散点图。相对紊动强度是评价流态紊动程度的重要指标，对航道的通航安全性有直接影响。

从图可以看出,相对紊动强度的预测值与实测值之间的关系略显复杂,相较于流速和水位,散点的分布稍有分散。这可能是由于相对紊动强度本身受多种因素影响且变化较为剧烈所致。然而,大多数点仍然集中在对角线附近,表明模型在相对紊动强度预测上也有较好的表现。模型的误差分析(如 RMSE 和 MAE)显示误差虽然略高于流速和水位,但仍在可接受范围内,说明模型对于复杂的流态特征也具有一定的预测能力。

综合以上三个主要流态参数的预测结果可以看出,基于深度学习的多因素损伤航道流态预测模型在各个维度上均表现出良好的预测能力。模型能够准确捕捉丁坝损伤条件下航道流态的变化规律,尤其在流速和水位预测上表现出色,具有较高的预测精度和泛化能力。相对紊动强度的预测虽然稍逊色于前两者,但仍然能够提供有价值的预测信息,为实际航道管理提供指导。未来的研究可以进一步优化模型结构和输入特征,提升在相对紊动强度等复杂特征上的预测性能。所采用的深度学习模型在复杂的航道环境下具有良好的应用潜力,能够为整治建筑物服役状态的管理和决策提供科学依据。

7.3.6 生成流场实例演示

用物理模型实验工况(D1 坝型 $x=0$,$z=0.38$,lltj=2 恒 1 流量)的垂线流速数据作为检验,通过构建的智能模型进行流场生成,可以看出垂线流速分布的生成计算值和实测值非常接近(图 7-45),进一步验证了模型的准确性和可靠性。

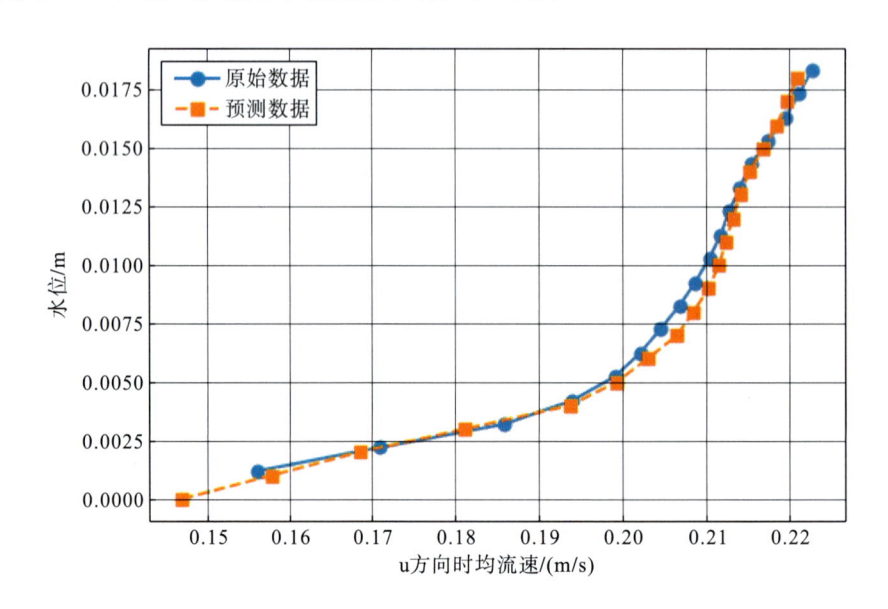

图 7-45　D1 坝型,$x=0$ 处生成流场垂线分布的计算值和实测值对比

通过构建的智能模型,对多因素损伤条件下的丁坝航道流场分布进行生成,生成实例中,包括不同坝身损伤程度的垂线流速分布(图 7-46)、不同来流流量的垂线流速分布和不同来流流量的航道水深平均流速沿程分布(图 7-47),结果显示生成流场的响应变化情况与实际规律是相符的。

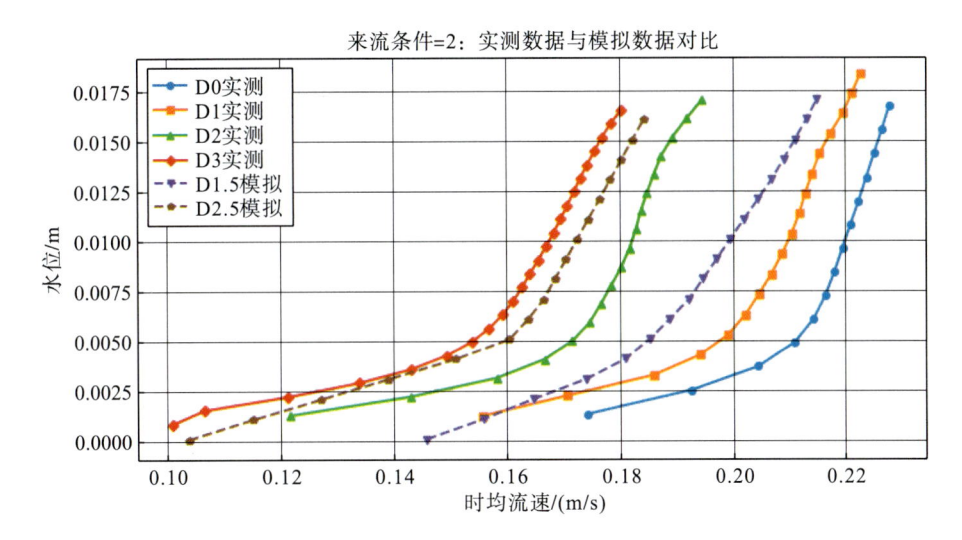

图 7-46 不同坝身冲断恒 1 流量条件下的实测与模拟数据对比

上图中各坝型的损伤特征(缺损投影面积,单位 cm²)如下:D0 坝型,bttt=0,bscd=0,bgcs=0,bdqs=0;D1 坝型,bttt=0,bscd=7,bgcs=0,bdqs=0;D1.5 坝型,bttt=0,bscd=10,bgcs=0,bdqs=0;D2 坝型,bttt=0,bscd=14,bgcs=0,bdqs=0;D2.5 坝型,bttt=0,bscd=18,bgcs=0,bdqs=0;D3 坝型,bttt=0,bscd=22.4,bgcs=0,bdqs=0。

结果显示,该智能模型能够有效预测丁坝损伤引起的航道流态变化,因此将该模型和航道流态变化率指标共同作为损伤致丁坝航道流态响应的量化推荐方法。

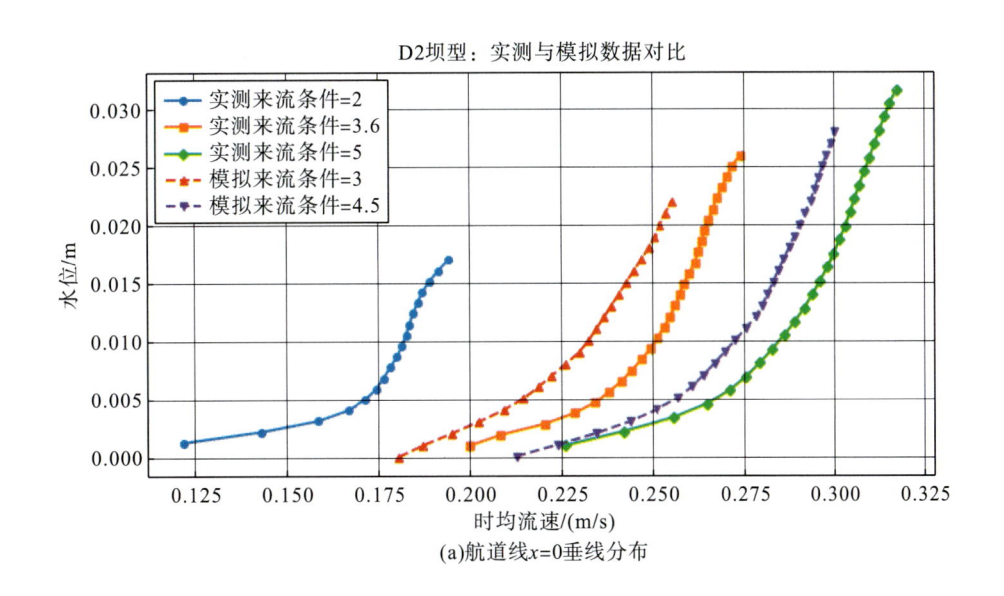

(a)航道线 $x=0$ 垂线分布

(b)水深平均流速的沿程分布

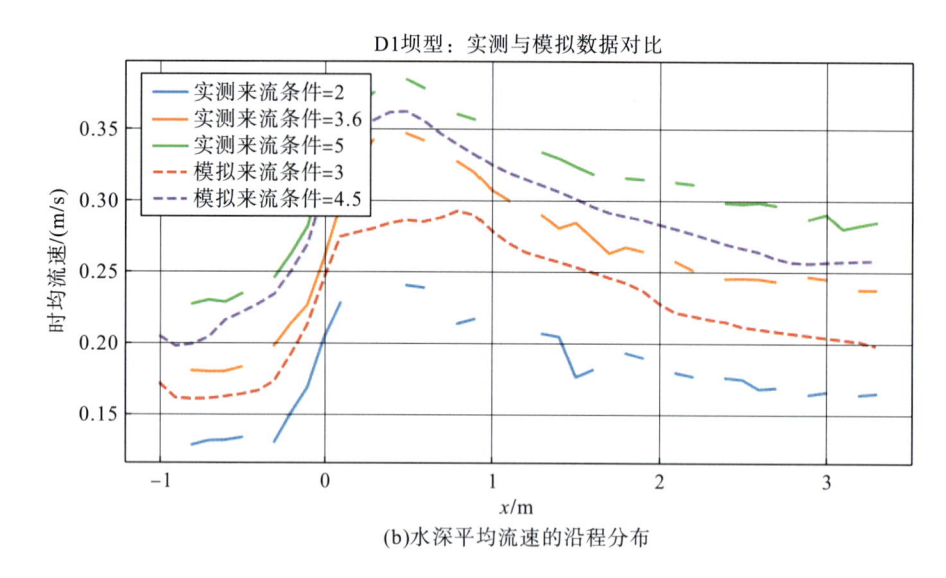

图 7-47　不同来流条件下生成流场实测与模拟对比

注：来流条件为流量值，单位 L/s。

7.4　丁坝损伤条件下航道流速特征响应的量化评价指标

航道流态分布具有空间和时间的多维度特征，难以定量分析损伤引起的变化规律，因此需要对其进行量化，甚至时间、空间上的平均和简化。量化和简化思路为：首先将损伤与完好丁坝航道中各流速特征进行比较，求得损伤与完好丁坝航道之间的差值，以此来表征损伤发生后航道流态的变化响应。然后对损伤与完好丁坝航道中各流速特征的相对差异（百分比）计算，以此表征损伤发生后的航道流态变化率，并作为丁坝损伤影响航道流态的评价指标。

具体步骤为：

(1) 消除水深差异，统一水位尺度

因丁坝损伤会引起水位变化，需要首先消除不同水深的影响，对于每个水深位置 y 下的流速特征数据，计算其相对于最大水深 h_{max} 的相对水深：

$$y_{相对} = \frac{y}{h_{max}} \tag{7.4}$$

(2) 对特定水深对应数据进行平滑和插值，以确保不同分辨率数据在水深位置上一一对齐。这里采用线性插值方法进行插值，垂线取 20 个点，结果如图 7-48 所示。

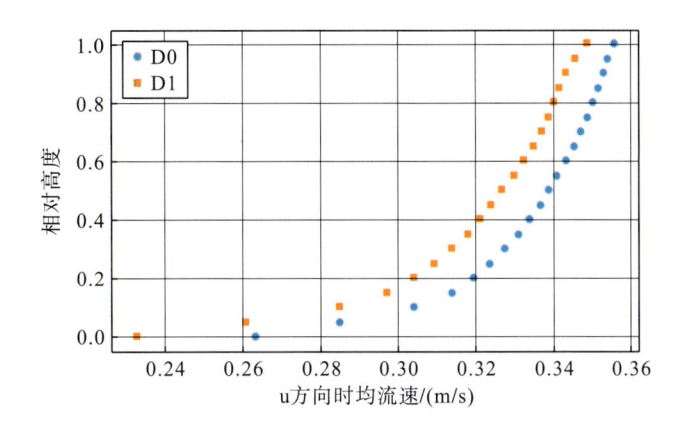

图 7-48　损伤前后的垂线分布流速插值结果

(3) 求特定水深位置，损伤坝型引起的航道流态相对于完好坝型的变化值和变化率，计算公式为：

在统一的相对水深位置上，计算损伤前后流速特征的变化率。例如，时间平均流速的变化率 $R_{u_{\text{mean}}}$ 可以计算为：

$$R_{u_{\text{mean}}} = \frac{u_{\text{mean},损伤(y相对)} - u_{\text{mean},完好(y相对)}}{u_{\text{mean},完好(y相对)}} \times 100\% \tag{7.5}$$

注意"变化值"是带量纲有方向（正负号）的量，"变化率"是无量纲有方向的量，正向代表特征值增加，负向代表特征值减小。变化率可以消除不同特征值之间的量级差异，方便进行对比。计算结果如图 7-49 所示。

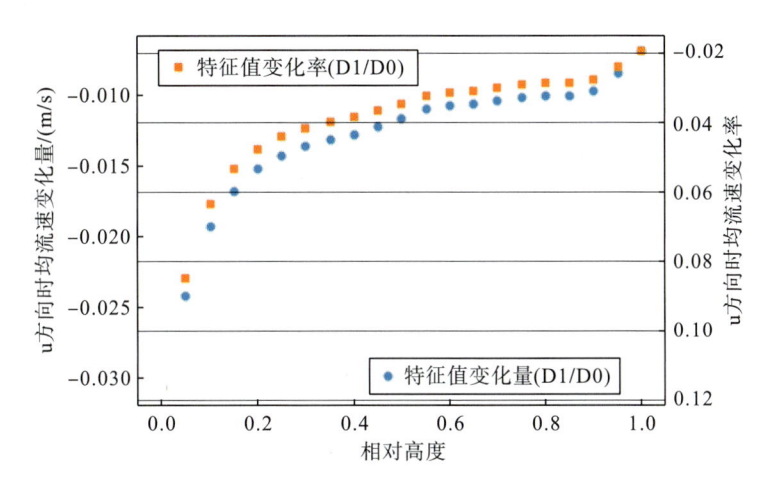

图 7-49　损伤后的垂线分布流速变化率

(4) 求多水深平均变化率

为了简化分析并概括不同水深的影响，可以计算多水深上的平均变化率。即：

$$\overline{R}_{u_{\text{mean}}} = \frac{1}{N} \sum_{i=1}^{N} R_{u_{\text{mean}}}(y_i) \tag{7.6}$$

其中，N 为所选的水深数；$R_{u_{mean}}(y_i)$ 为第 i 个水深位置上的变化率。

这样可以得到一个平均的变化率，反映整体水深方向上的特征变化。

(5) 计算出不同变量因素对应的变化率，由此即可得到响应规律的量化信息。各水深层的变化值、变化率和多水深平均变化率均可以作为丁坝损伤影响航道流态的量化评价指标。其中，各水深层的变化值和变化率可以刻画垂线分布上的细致变化，多水深平均变化率则代表了航道断面的整体响应趋势，同时对垂线位置上的突出变化赋予了较高权重，也能够反映一定的垂线波动性。因此本文推荐多水深平均变化率这一量化评价指标，并在后面的分析中统一采用。

7.5 单变量损伤条件下航道断面流速特征的变化规律

7.5.1 坝头坍塌不同程度

在坝轴线正对 $x=0$ 处，随着坝头损伤程度不断增加，航道的时均流速不断减小，并且变化程度越来越大；脉动强度和相对脉动强度在洪中枯水期均呈现一定的随机性波动，在坝头严重损伤时变化率大幅增加，但大部分变化率均为正值，且两特征的变化趋势始终保持一致。由此可见坝头损伤会导致时均流速比完好丁坝时减小，且变化程度与损伤程度呈正相关关系，紊动特征比完好丁坝时增强，变化程度与损伤程度不成简单规律，具有一定随机性。

另外在丁坝上游 ($x=-0.094$) 和丁坝下游 ($x=0.094$) 均发现有类似的规律，且关系曲线具有一定的相似性，说明丁坝附近航道不同空间位置的流态变化具有一定关联性和同步性（图 7-50）。

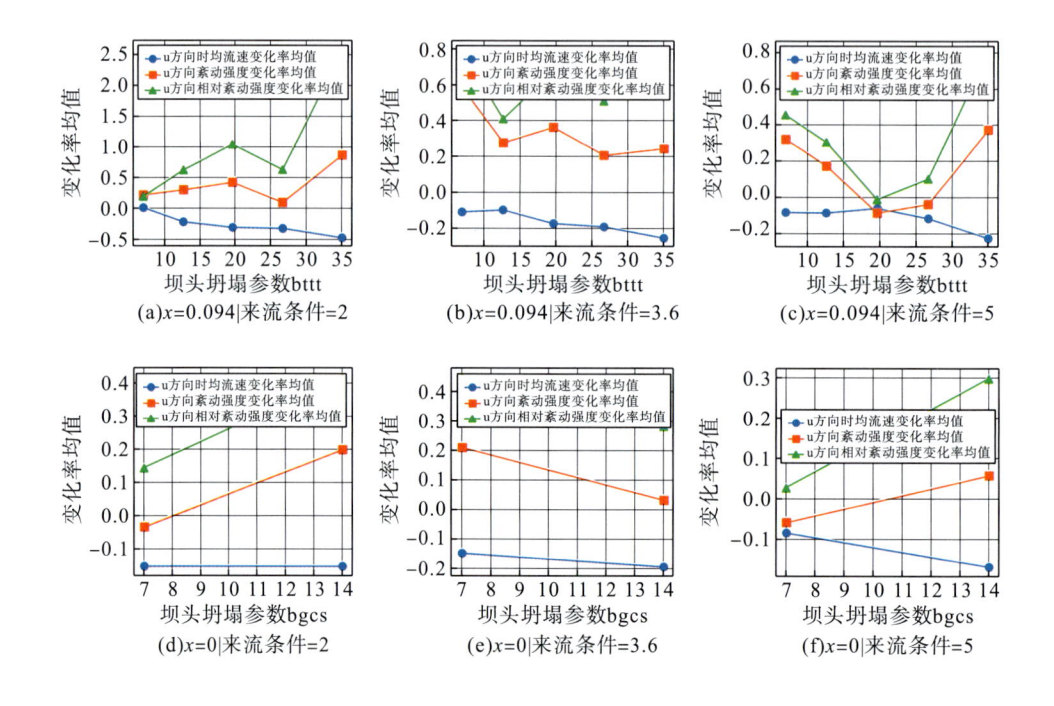

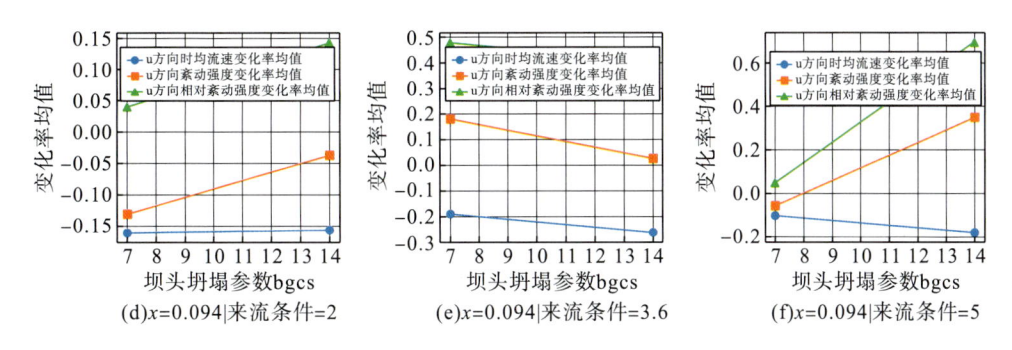

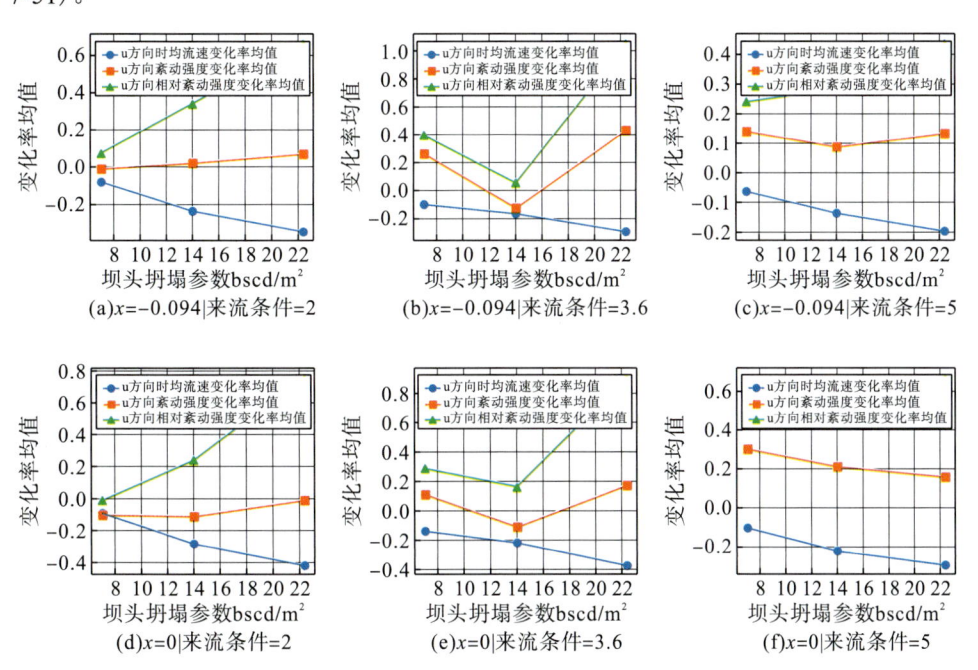

(d) $x=0.094$|来流条件=2　　　　(e) $x=0.094$|来流条件=3.6　　　　(f) $x=0.094$|来流条件=5

图 7-50　坝头坍塌不同程度的丁坝附近航道流速特征响应

7.5.2　坝身冲断不同程度

在坝轴线正对 $x=0$ 处，随着坝身损伤程度不断增加，航道的时均流速不断减小，并且变化程度越来越大；脉动强度的变化率在枯水期为负值，洪水期为正值，变化程度均随损伤程度增加而减小，平水期的增减则呈现一定随机性；相对脉动强度在枯水期随着损伤程度增加而大幅增加，洪水期随着损伤程度增加而增加，平水期呈现随机性增长，但变化率始终为正值。由此可见坝身损伤会导致时均流速比完好丁坝时减小，且变化程度与损伤程度呈正相关关系，紊动特征的变化率与坝身损伤程度不成简单规律，具有一定随机性。

另外在丁坝上游($x=-0.094$)和丁坝下游($x=0.094$)均发现有类似的规律，且关系曲线具有一定的相似性，说明丁坝附近航道不同空间位置的流态变化具有一定关联性和同步性（图 7-51）。

(a) $x=-0.094$|来流条件=2　　　　(b) $x=-0.094$|来流条件=3.6　　　　(c) $x=-0.094$|来流条件=5

(d) $x=0$|来流条件=2　　　　(e) $x=0$|来流条件=3.6　　　　(f) $x=0$|来流条件=5

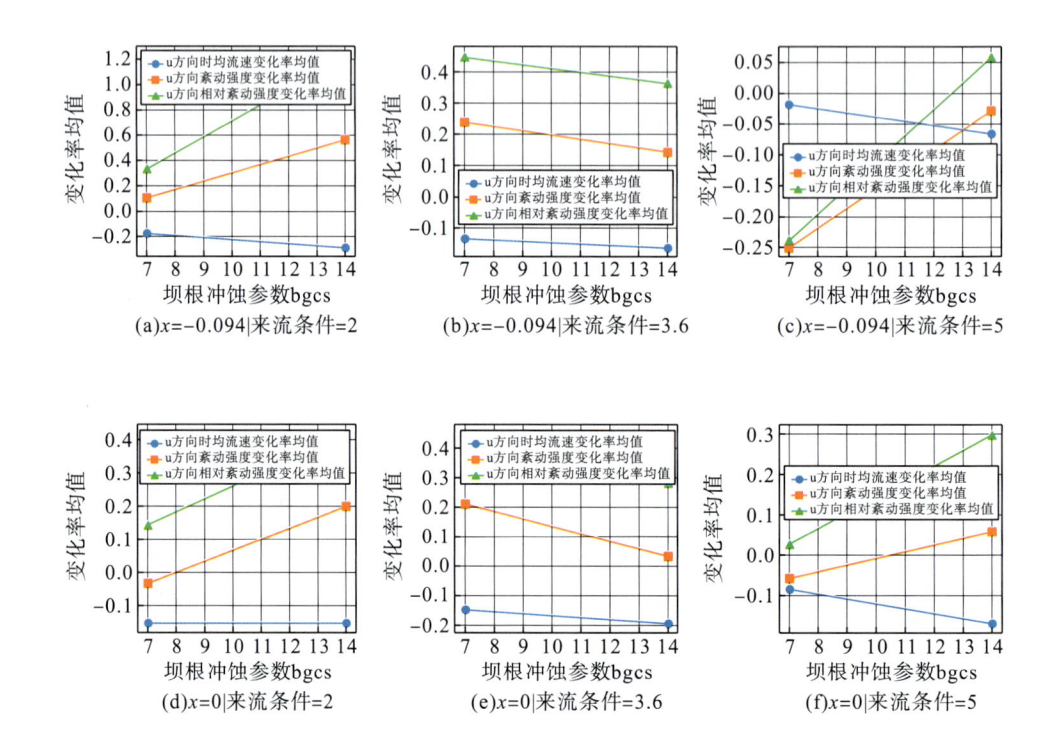

(g) $x=0$|来流条件=2　　(h) $x=0$|来流条件=3.6　　(i) $x=0$|来流条件=5

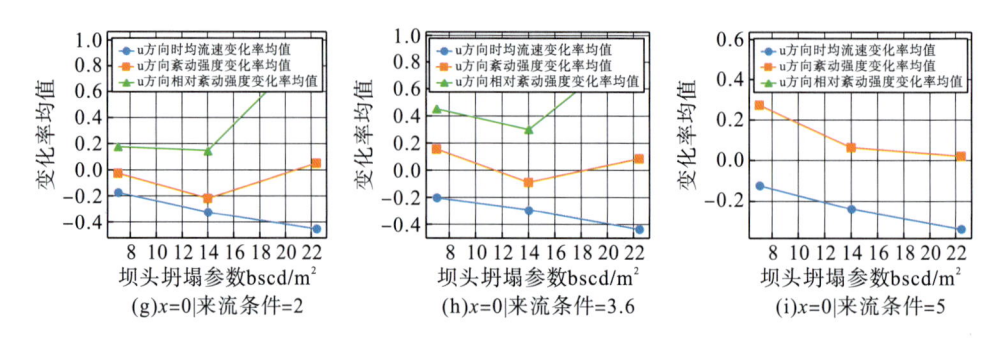

图 7-51　坝身冲断不同程度的丁坝附近航道流速特征响应

7.5.3　坝根冲蚀不同程度

由于实验水槽宽度所限，丁坝坝根部分设计尺寸较短，因此坝根损伤不同程度的测量工况只有两组，构成图中的两个数据点，从图中可以看出坝根损伤对航道流态的大致影响趋势。在坝轴线正对 $x=0$ 处，坝根损伤会导致航道流速减小，相对脉动强度增加，脉动强度的随机性增减，且流速变化率和脉动强度的变化率较小，不超过20%，相对脉动强度的变化率幅度较大，在5%~45%（图7-52）。

(a) $x=-0.094$|来流条件=2　　(b) $x=-0.094$|来流条件=3.6　　(c) $x=-0.094$|来流条件=5

(d) $x=0$|来流条件=2　　(e) $x=0$|来流条件=3.6　　(f) $x=0$|来流条件=5

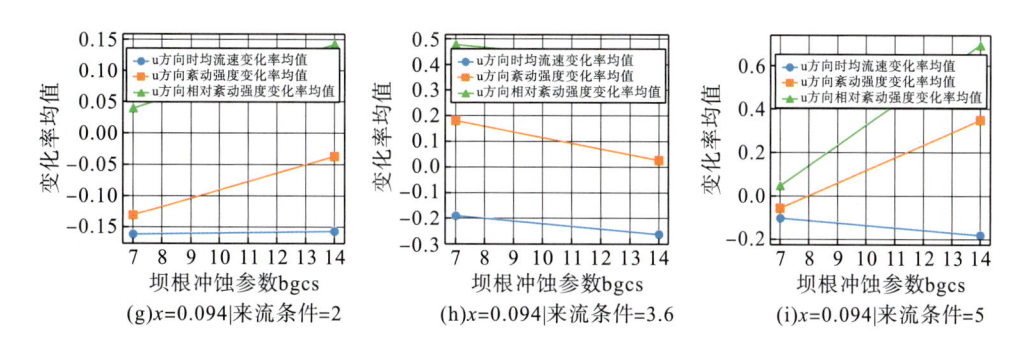

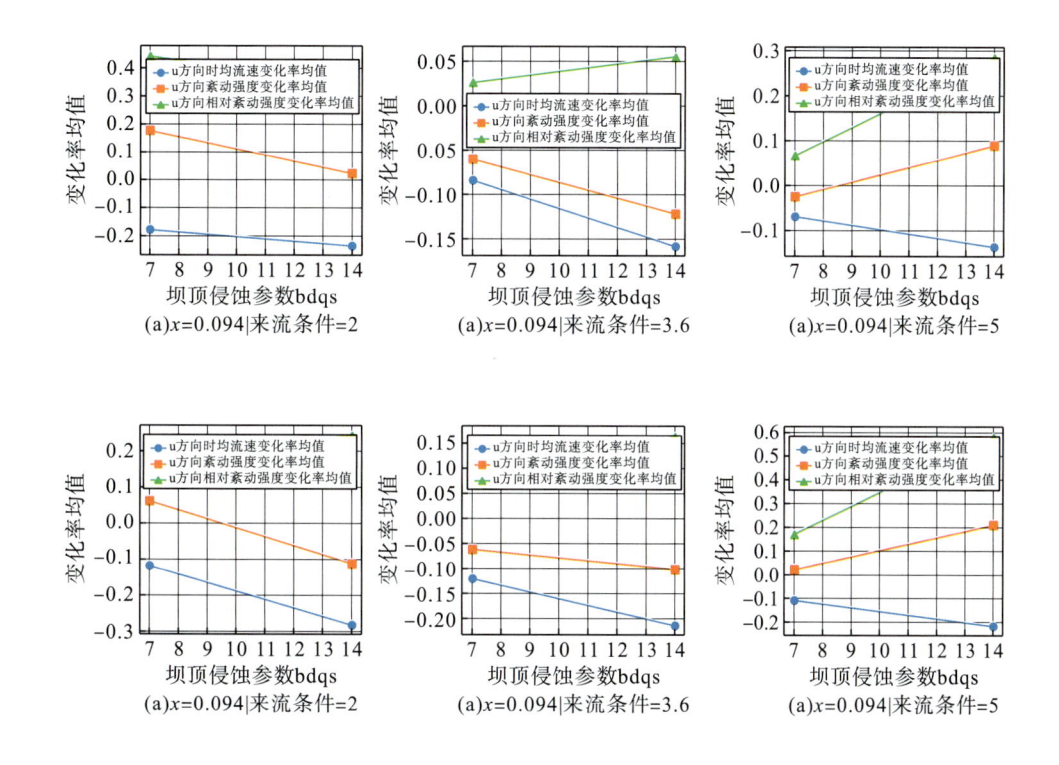

图 7-52　坝根侵蚀不同程度的丁坝附近航道流速特征响应

7.5.4　坝顶侵蚀不同程度

图 7-53 中所示为 D4 坝型和 D2 坝型分别相对于 D0 的航道流态变化率，两坝型代表相同位置的不同侵蚀程度。由图可见，流速变化率全部为负值，随着侵蚀程度增加而负向增加，相对脉动强度变化率全部为正值，多数与侵蚀程度呈正相关，脉动强度则较为随机，有正有负，整体变化规律和前面有相似之处。

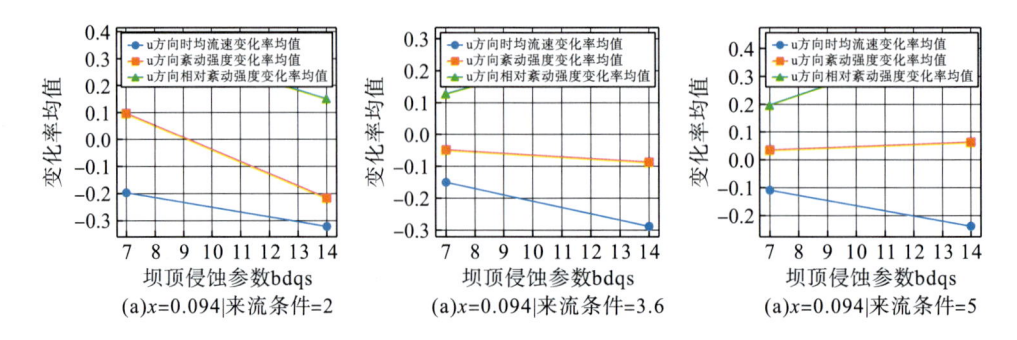

图 7-53 坝顶冲蚀不同程度的丁坝附近航道流速特征响应

7.6 多因素损伤航道流态响应规律的回归分析

7.6.1 各变量相关性分析

箱型图显示了在各变量因素的影响下航道流速特征值变化的离散程度及其位置依赖性,如图 7-54 所示。

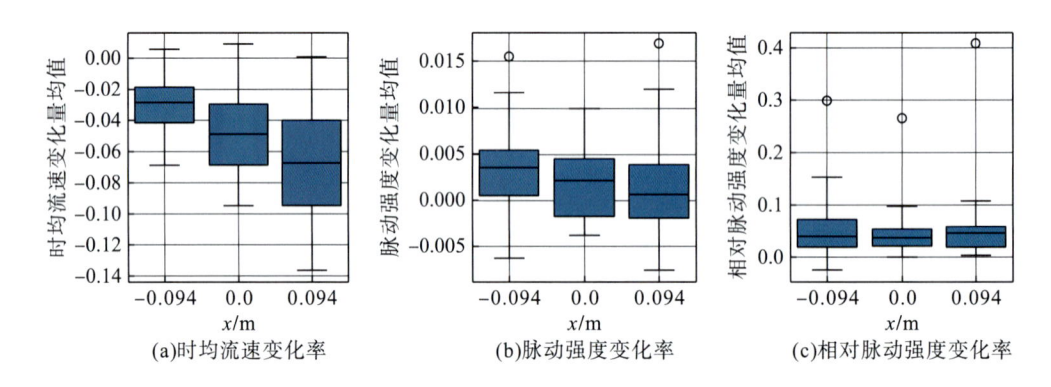

图 7-54 丁坝上、中、下游流速特征变化率统计箱型图

通过图 7-54(a)可以看出,不同 x 位置下的时均流速变化率均值变化不大,大多数数据集中在较窄的范围内,说明流速的均值变化率在不同位置上的变化不明显。由于大多数的箱型图形状类似,数据的离散性不大,表明在不同的坝型和来流条件下,时均流速变化率均值较为稳定。

图 7-54(b)显示出脉动强度变化率均值在不同 x 位置的分布更为分散,尤其在某些位置上(如 x 位置为 0)出现了更大的范围和更显著的离散性。这意味着在这些位置上,各因素的变化对脉动强度的影响更为显著。这种离散性可能反映了不同损伤坝型在面对水流冲击时,其阻抗特性差异较大。

图 7-54(c)类似于相对脉动强度变化率均值,相对脉动强度变化率均值也展示了较大的数据分布范围和一定的离散性。特别是在某些位置上,数据出现了较大的变化幅度,表

明不同丁坝损伤和来流条件下，相对脉动强度的变化有显著差异。

相关矩阵(correlation matrix)是用来衡量多个变量之间线性关系的一种工具，显示了变量之间的相关系数，可以帮助理解各变量的相互关系。计算各变量之间的皮尔逊相关系数，并做成相关矩阵图如图 7-55 所示。

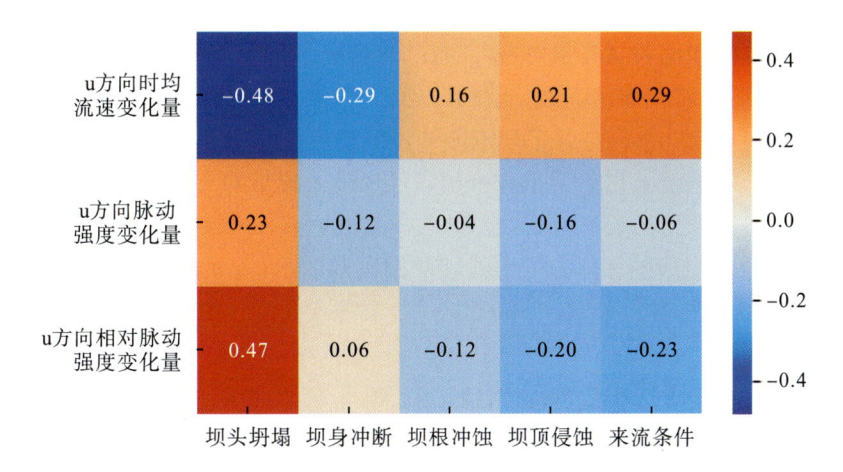

图 7-55 各变量之间的相关矩阵

图 7-55 展示了各变量之间的相关性，颜色表示了各变量之间的相关性大小，数值范围从−1 到 1。正相关性越强，数值越接近 1；负相关性越强，数值越接近−1；数值接近 0 表示相关性较弱。图中数据显示，在不同流量条件和损伤类型(bttt, bscd 等)下，特征值的变化率存在显著差异。尤其是坝头坍塌对时均流速和相对脉动强度有较强影响，坝身冲断和来流条件对时均流速有较强影响。

7.6.2 航道断面流速变化率线性回归

通过单因素分析和相关性分析发现，流量条件和损伤程度与航道的时均流速变化率有较为明显的线性关系，与脉动强度变化率的关系不够明显，带有较强的随机性，与相对脉动强度变化率则具有一定的非线性关系，不同航道位置处的损伤响应规律则具有高度相似性。

流速通常与航道的整体流动特性和大尺度的水力特性密切相关，几种流态响应参数中时均流速变化率反映了坝体损伤在不同条件下对航道平均流速的影响，线性规律性比较突出，因此首先针对这一响应参数进行拟合和预测，分析方法选用线性回归模型。坝轴线断面是丁坝对航道的直接影响断面，具有高度代表性，以 $x=0$ 处航道流态为代表，进行多因素损伤的流态变化率回归分析。

因变量为平均流速(u 方向)的变化率均值，自变量包括来流条件(lltj)、坝头坍塌(bttt)、坝身冲断(bscd)、坝根侵蚀(bgqs)和坝顶冲蚀(bdqs)五个。建立映射函数如下：

$$Y = f(X1, X2, X3, X4, X5) + \varepsilon \tag{7.7}$$

其中，Y 为流速变化率均值（u_mean）；$X1$ 为坝头坍塌参数（bttt）；$X2$ 为坝身冲断参数（bscd）；$X3$ 为坝根冲蚀参数（bgcs）；$X4$ 为坝顶侵蚀参数（bdqs）；$X5$ 为流量值（lltj）；ε 表示随机误差项。

为了消除不同变量的量纲影响，使数据标准化，对自变量进行无量纲化处理。

丁坝不同位置的损伤程度用各缺损位置占总坝体阻水面积的比值表示，丁坝坝长 14cm，高 2.8cm，阻水面积 $A = 39.2\text{cm}^2$，有：

$$X1' = X1/A, X2' = X2/A, X3' = X3/A, X4' = X4/A \tag{7.8}$$

依照工程设计惯例，选取完好丁坝刚刚淹没时的流量作为设计流量，来流流量与设计流量的比值作为上游来流条件的标准化取值，已知设计流量 Q_design = 3.6L/S，有：$X5' = X5/Q\_design$

通过最小二乘法拟合最优解，得到线性回归模型为：

$$Y = β0 + β1X1' + β2X2' + β3X3' + β4X4' + β5X5' \tag{7.9}$$

回归系数：

β1 = −0.3802（坝头坍塌参数 bttt）

β2 = −0.4720（坝身冲断参数 bscd）

β3 = −0.3954（坝根冲蚀参数 bgcs）

β4 = −0.4524（坝顶侵蚀参数 bdqs）

β5 = 0.0613（流量值 lltj）

截距：β0 = −0.1047

7.6.3 拟合结果残差分析

拟合得到 $R^2 = 0.7551$ 和 MSE = 0.0038，表明模型能够解释约 75% 的因变量变化，而且预测误差较小，说明模型对数据有较好的拟合效果。回归模型拟合效果如图 7-56。

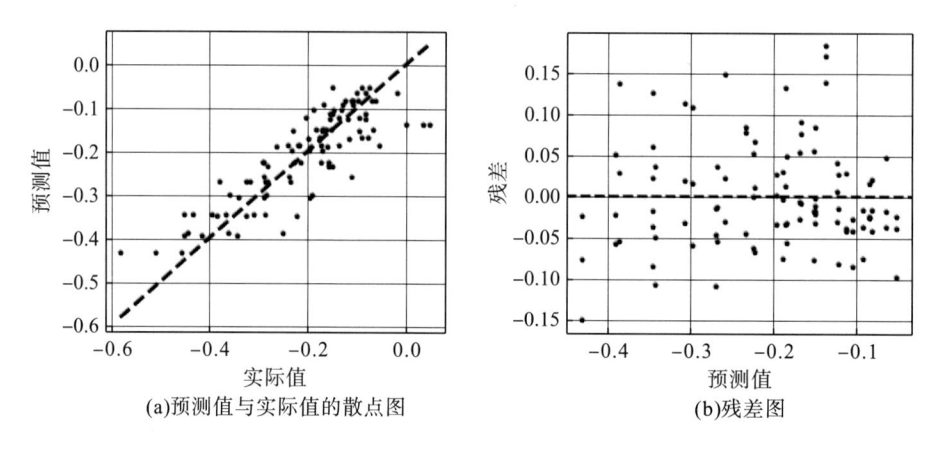

(a) 预测值与实际值的散点图

(b) 残差图

图 7-56 流速变化率回归模型拟合效果

图 7-56(a)展示了模型预测值与实际值之间的关系。红色虚线表示理想情况下预测值与实际值相等的情况。散点均比较接近这条线，说明模型的预测较为准确。

残差图[图 7-56(b)]显示残差分布较为随机，围绕零线上下波动，没有明显的模式或趋势，表明模型的假设合理且残差的方差恒定。

7.6.4 回归模型显著性检验

分别采用 F 检验法、t 值和 p 值分析法对线性回归模型进行显著性检验，得到以下结论：

(1)模型整体显著性检验

F 检验统计量：76.48

F 检验的 p 值[Prob(F-statistic)]：3.25×10^{-36}

解释：F 检验的 p 值非常小，接近于零，这意味着整体回归模型是显著的，即自变量集合(bttt, bscd, bgcs, bdqs, lltj)对因变量(u_mean 变化率均值)有显著影响。

(2)回归系数的显著性检验

对回归系数进行显著性检验，结果如表 7-4。

表 7-4　回归系数的显著性检验结果

自变量	回归系数(coef)	标准误差(std err)	t 值	p 值(p>|t|)	置信区间(95% Conf. Interval)
const	−0.1047	0.016	−6.645	0.00000	[−0.136, −0.074]
X1	−0.3802	0.024	−15.534	0.00000	[−0.429, −0.332]
X2	−0.4720	0.035	−13.602	0.00000	[−0.541, −0.403]
X3	−0.3954	0.066	−6.028	0.00000	[−0.525, −0.266]
X4	−0.4524	0.135	−3.359	0.00089	[−0.719, −0.186]
X5	0.0613	0.008	7.508	0.00000	[0.045, 0.077]

p 值解释：所有自变量的 p 值均小于 0.05，表明每个自变量对因变量都有显著影响。

$X1$ 的 p 值为 0.00000，显著性极高，表示对因变量有强烈的负面影响。

$X2$ 的 p 值为 0.00000，也显著，表示对因变量有显著的负面影响。

$X3$ 的 p 值为 0.00000，显著，表明有显著负面影响。

$X4$ 的 p 值为 0.00089，显著，虽然比其他自变量稍弱，但依然有显著影响。

$X5$ 的 p 值为 0.00000，显著，表明有显著正面影响。

综上可知，所有自变量在模型中都是显著的，说明它们各自对因变量的变化率有显著的影响。这与模型整体的显著性检验结果一致，表明该线性回归模型是合理且有效的，能够很好地描述自变量与因变量之间的关系。整体来看，模型的拟合效果和预测精度均较好，可以用作进一步的分析和研究。

对坝轴线处航道流速回归分析的结果表明，自变量(bttt, bscd, bgcs, bdqs)与因变量(u_mean 变化率均值)之间存在负相关关系，符合实际物理现象。而来流流量 lltj 对 u_mean

的影响较小且呈正相关,可能反映了不同水力条件下的微小变化。通过回归系数可以看出,丁坝局部损伤对航道流速的影响均有较高的权重,数值排序有：坝身冲断>坝顶侵蚀>坝根冲蚀>坝头坍塌,结果表明不同损伤位置对坝轴线处航道流速的影响权重比较接近。

7.7 丁坝整治功能退化评价

7.7.1 丁坝整治功能的界定与功能退化指标

山区航道的丁坝整治工程主要包含壅高水位、调整流态和束水攻沙等几种功能作用。壅水调流指的是壅高丁坝上游航道的水位,通过抬高水位、减缓流速等措施调整航道区域不良流态,使得水位较低时期(比如枯水期和中水期)能够确保安全通航的足够水深和平稳流态；束水攻沙指的是束窄河道水流,增加丁坝以下河段的局部流速,使得滩段河床得以冲刷和高程降低,消除碍航浅滩,形成枯、中水期足够的通航水深。

假设完好丁坝工况使得以上两个功能得到充分发挥,航道刚好满足了安全通航的标准,即丁坝上游沿程水位刚好满足枯水中水期的最低通航水深,丁坝下游水流携带能量与航槽底部刚好形成冲淤平衡,沿程流速特征与当地床沙的起动、止动临界值刚好相等,则丁坝损伤后一旦造成航道沿程水位和流速特征的改变,就会改变壅水挑流和束水攻沙两个功能效果的发挥,因此可以通过对比航道流态的变化分析出丁坝功能的响应规律。

通过上述分析提取出丁坝2个功能对应的航道流态指标及评判标准如下。

(1)功能A,壅水调流,对应航道要素为：丁坝上游水位,具体位置：$x=[-0.866, 0]$,退化与否评判标准：损伤坝型对比完好坝型工况相同位置的水位是否下降,下降说明功能A退化,水位不变或增高则功能不退化。

(2)功能B,束水攻沙,对应航道要素为：丁坝下游流速、相对脉动强度,具体位置：$x=[0, 3.3]$,

(3)退化与否评判标准：损伤坝型对比完好坝型工况相同位置的流速是否减小,紊动强度是否明显减弱。流速作为主要判断标准,流速减小说明功能B退化,流速不变或增高则功能不退化；紊动强度作为辅助判断标准,如果出现明显减弱也说明功能B退化。

则前面建立的航道流态特征响应的变化值、变化率等变量就可以作为丁坝功能退化的量化评价指标,通过正负号评判功能退化与否,通过数值大小来量化功能退化的程度。

7.7.2 多因素损伤条件下的丁坝功能退化评价

以坝身冲断工况为例,对丁坝的功能退化情况进行量化和评价。

1. 丁坝损伤前后航道流场的沿程变化率

以坝身损伤(D1坝型)为代表,对比丁坝损伤前后的航道沿程流态变化并进行量化分析。

水位变化率的计算和流速类似，且更加简洁，只需对比损伤前后同一位置处水位的相对差值即可，按照量化方法计算航道沿程的水位、流速和相对脉动强度变化率如图 6-20 所示。

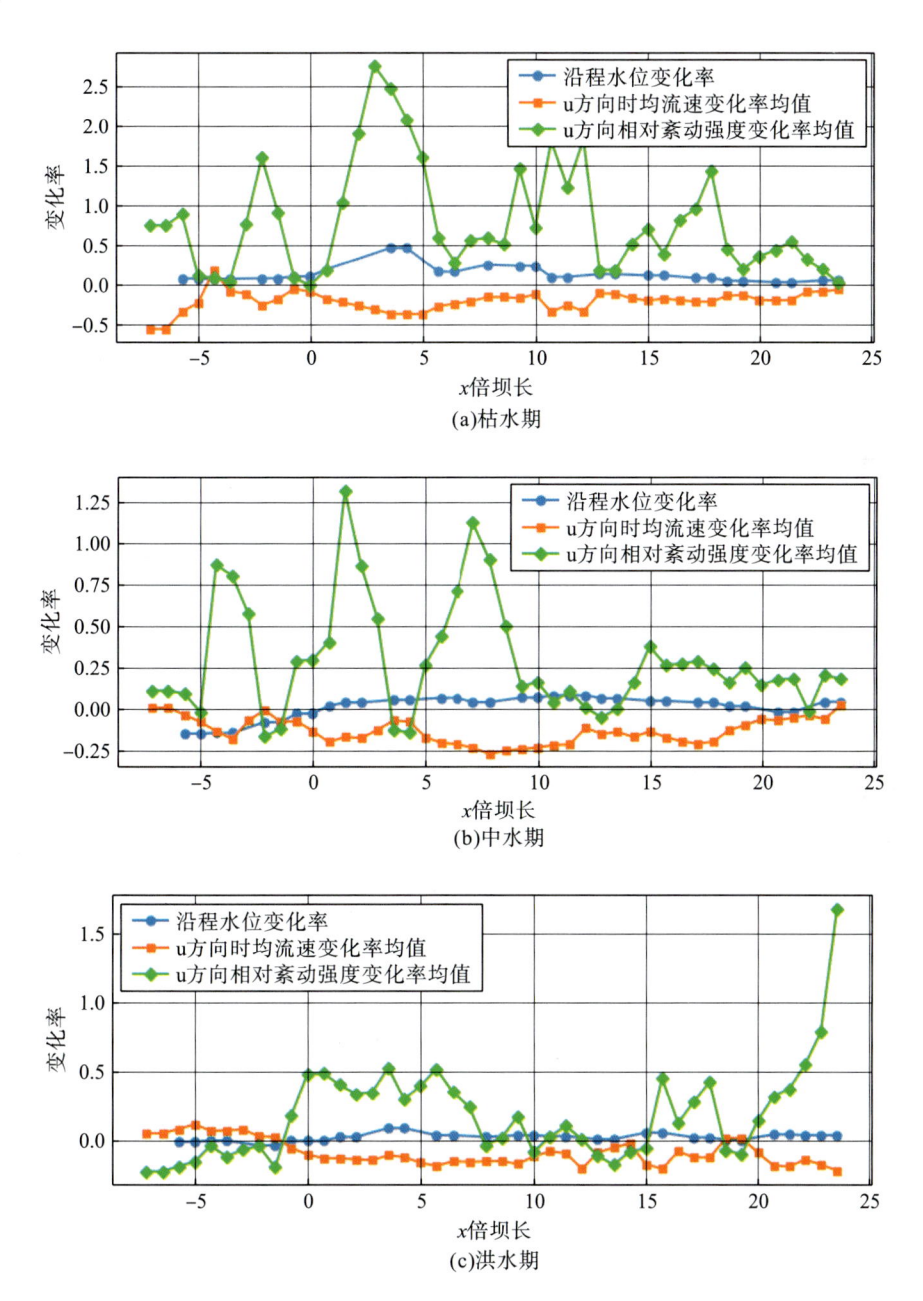

(a) 枯水期

(b) 中水期

(c) 洪水期

图 7-57　航道沿程流态变化率

注：图中红色虚线为 0 变率代表线。

从图 7-57 中可以看出，丁坝损伤会导致坝轴线下游流速普遍降低，坝轴线上游大流量时流速增加，平水期以下流量时流速有增有减，其中枯水期流速变化相对比较剧烈，坝轴线上游行近水流处减小高达 60%，有坝轴线下游有两处较明显的变化范围，分别在 3~5 倍坝长处流速降低幅度近 40%，11~13 倍坝长处降低幅度约 30%，平水期在坝下游 8~12 倍坝长之间流速减小幅度超过 20%，洪水期流速变化幅度相对较小。

丁坝损伤后相对紊动强度的变化率多数为正值，且来流流量越小沿程增加幅度越明显，枯水期流量时变幅最大，在坝下游 3 倍坝长处增长幅度达到 270%，11~13 倍坝长处增加幅度约为 150%；中水期时其次，最大增幅峰值分别位于坝下游 1 倍坝长和 7 倍坝长处，增长超过 110%；洪水期流量时增加幅度则普遍在 50%以下。

通过沿程水位变化率可以看出，丁坝损伤会导致枯水期时水位沿程增加，坝后增加幅度最为明显，最大处位于 3~4 倍坝长处，增加幅度达到 50%，中水期和洪水期水位在坝轴线上游减小，下游略有增加，变化幅度相对比较小，不超过 20%。

整体来看，航道流态变化率的沿程分布规律不明显，具有较强的随机性。枯水期三个流态参数的变幅峰值具有同点位性，水位和相对脉动强度的正向增幅最大处刚好是流速的负向增幅最大处。也进一步证明，坝后航道流速和紊动特征的变化具有负相关同步性。并且发现

2. 损伤条件下的丁坝功能退化评价

以枯水期坝身冲断为例，对丁坝的功能退化情况评价如下：功能 A，丁坝上游试验范围内，变化率均为正值，说明坝身冲断并未导致枯水期的功能 A 退化；功能 B，丁坝下游试验范围内，变化率均为负值，说明坝身冲断导致丁坝的 B 功能退化，其中最大退化量位于坝下游 4 倍坝长处，变化率为 40%，下游的平均变化率为 35%。

参 考 文 献

陈艾荣，2012. 公路桥梁混凝土结构耐久性设计指南[M]. 北京：人民交通出版社.

陈昌富，朱剑锋，龚晓南，2008. 基于响应面法和 Morgenstern-Price 法土坡可靠度计算方法[J]. 工程力学，25(10)：166-172.

陈平，吴诚鸥，刘应安，等，2008. 应用数理统计[M]. 北京：机械工业出版社.

杜斌，2006. 既有预应力混凝土桥梁结构可靠度与寿命预测研究[D]. 成都：西南交通大学.

高桂景，2006. 丁坝水力学特性研究[D]. 重庆：重庆交通大学.

高鹏，谢里阳，2010. 考虑荷载统计方法的可靠度计算模型[J]. 东北大学学报(自然科学版)，31(2)：249-252.

韩林峰，2014. 丁坝可靠度和设计使用年限研究[D]. 重庆：重庆交通大学.

韩林峰，王平义，刘怀汉，等，2013. 洪水作用下丁坝可靠度分析及剩余寿命预测. 水利水运工程学报，(6)：54-60.

韩林峰，王平义，刘怀汉，等，2014. 基于水毁体积比的抛石丁坝安全性判别分析. 武汉大学学报(工学版). 47(2)：201-206.

韩林峰，王平义，牟萍，2015. 三峡蓄水后新水沙条件下荆江河段整治建筑物损毁原因分析[J]. 科学技术与工程，15(25)：201-208，213.

何水清，王善，1993. 结构可靠性分析与设计[M]. 北京：国防工业出版社.

孔祥柏，胡美英，吴济难，等，1983. 丁坝对水流影响的试验研究[J]. 水利水运科学研究，(2)：67-77.

李典庆，唐小松，周创兵，等，2014. 基于 Copula 函数的并联结构系统可靠度分析[J]. 工程力学，31(8)：32-40.

李莹，2008. 公路钢桥疲劳性能及可靠性研究[D]. 哈尔滨：哈尔滨工业大学.

梁碧，2009. 护心滩建筑物稳定性研究[D]. 重庆：重庆交通大学.

蔺石柱，2011. 寒冷地区在役钢筋混凝土结构物 剩余寿命的仿真预测[D]. 西安：西安建筑科技大学.

刘宁，罗伯明，2000. 地基沉降的概率分析方法和可靠度计算[J]. 岩土工程学报，22(2)：143-150.

刘佩，2010. 随机地震作用下结构动力可靠度计算方法研究[D]. 北京：北京交通大学.

刘胜，2007. 丁坝结构稳定性分析[D]. 重庆：重庆交通大学.

刘晓菲，2008. 护滩建筑物破坏机理及模拟技术研究[D]. 重庆：重庆交通大学.

刘月飞，2015. 考虑失效模式和验证模式相关性的桥梁结构体系可靠性分析[D]. 哈尔滨：哈尔滨工业大学.

刘志勇，孙伟，周新刚，2006. 基于 Monte Carlo 随机计算的海工混凝土使用寿命预测[J]. 东南大学学报(自然科学版)，36(S2)：221-225.

牟萍，王平义，韩林峰，2015. 可靠性理论在丁坝稳定分析中的应用探讨[J]. 中国港湾建设，35(6)：4-8.

彭泽，2010. 结构可靠度 Metamodel 方法及其工程应用研究[D]. 长沙：中南大学.

盛骤，2001. 概率论与数理统计：第 4 版[M]. 北京：高等教育出版社.

史波，赵国藩，2007. 基于可靠度的锈蚀钢筋混凝土结构使用寿命预测[J]. 大连理工大学学报，47(1)：61-67.

苏伟，王平义，喻涛，等，2012. 不同结构形式丁坝水毁过程分析[J]. 水运工程，(11)：118-123.

孙中泉，赵建印，2010. Gamma 过程退化失效可靠性分析[J]. 海军航空工程学院学报，25(5)：581-584.

唐朝晖，柴波，刘忠臣，等，2013. 填土边坡稳定性的可靠度分析[J]. 地球科学-中国地质大学学报，38(3)：616-624.

唐夕茹，陈艳艳，段卫静，2011. 城市路网畅通可靠度计算方法及其应用[J]. 城市交通，9(2)：40-46.

万臻, 李乔, 毛学明, 2006. 基于可靠度的桥梁结构剩余使用寿命预测方法[J]. 公路交通科技, 23(9): 51-53, 62.

王浩伟, 滕克难, 盖炳良, 2018. 基于加速因子不变原则的加速退化数据分析方法[J]. 电子学报, 46(3): 739-747.

王玲, 易瑜, 2003. 长江上游寸滩水文站水沙变化分析[J]. 水利水电快报, 24(1): 14-15.

王平义, 2016. 长江上游航道整治建筑物水毁机理及监测修复技术[M]. 北京: 科学出版社.

王平义, 高桂景, 2006. 长江中游航道整治丁坝稳定性关键技术研究报告[R]. 重庆: 重庆交通大学.

王平义, 程昌华, 荣学文, 等, 2005. 航道整治建筑物水毁理论及模拟技术[M]. 北京: 人民交通出版社.

王平义, 李晶, 刘怀汉, 等, 2009. 长江上游泸渝段航道整治建筑物水毁统计分析[R]. 重庆: 重庆交通大学.

王平义, 杨成渝, 喻涛, 等, 2016. 长江中游航道整治建筑物稳定性研究[M]. 北京: 科学出版社.

王旭亮, 2009. 不确定性疲劳寿命预测方法研究[D]. 南京: 南京航空航天大学

吴世伟, 1990. 结构可靠度分析[M]. 北京: 人民交通出版社.

解中柱, 2014. 提升长江干线泸州至重庆河段航道等级研究[D]. 重庆: 重庆交通大学.

徐金环, 2011. 航道整治[M]. 北京: 人民交通出版社.

杨杰, 2012. 结构可靠度计算方法及灵敏度分析研究[D]. 大连: 大连理工大学.

杨绿峰, 李朝阳, 杨显峰, 2012. 结构可靠度分析的向量型层递响应面法[J]. 土木工程学报, 45(7): 105-110.

余建星, 2013. 工程结构可靠性原理及其优化设计[M]. 北京: 中国建筑工业出版社.

喻涛, 2013. 非恒定流条件下丁坝水力特性及冲刷机理研究[D]. 重庆: 重庆交通大学.

詹道江, 徐向阳, 陈元芳, 2010. 工程水文学. 第4版[M]. 北京: 中国水利水电出版社.

张道兵, 杨小礼, 朱川曲, 2013. 多失效模式相关下的结构系统可靠性计算研究[J]. 采矿与安全工程学报, 30(1): 100-106.

张帆, 2014. 非恒定流作用下丁坝水沙运动及水毁特征数值模拟[D]. 重庆: 重庆交通大学.

张玮, 瞿凌锋, 徐金环, 2003. 山区河流散抛石坝水毁原因分析[J]. 水运工程, (4): 10-12.

张秀芳, 2012. 非恒定流作用下丁坝水毁试验研究[D]. 重庆: 重庆交通大学.

郑淳, 2013. 基于断裂力学的公路钢桥疲劳寿命可靠性方法研究[D]. 广州: 华南理工大学.

中华人民共和国国家标准, 1984. 建筑结构设计统一标准(GBJ 68-84)[S]. 北京: 中国计划出版社.

中华人民共和国国家标准, 1992. 港口工程结构可靠性设计统一标准(GB 50158-92)[S]. 北京: 中国计划出版社.

中华人民共和国国家标准, 1992. 工程结构可靠度设计统一标准(GB 50153-92)[S]. 北京: 中国计划出版社.

中华人民共和国国家标准, 1994. 水利水电工程结构可靠度设计统一标准(GB 50199-94)[S]. 北京: 中国计划出版社.

中华人民共和国国家标准, 1994. 铁路工程局结构可靠度设计统一标准(GB 5016-94)[S]. 北京: 中国计划出版社.

中华人民共和国国家标准, 1999. 公路工程结构可靠度设计统一标准(GB/T 50283-1999)[S]. 北京: 中国计划出版社.

Ahmad S, Bhattacharjee B, 2017. A simple arrangement and procedure for *in-situ* measurement of corrosion rate of rebar embedded in concrete[J]. Uorrosion Science, 37(5): 781-791.

Azinfar H, Kells J A, 2008. Backwater prediction due to the blockage caused by a single, submerged spur dike in an open channel[J]. Journal of Hydraulic Engineering, 134(8): 1153-1157.

Azinfar H, Kells J A, 2009. Flow resistance due to a single spur dike in an open channel[J]. Journal of Hydraulic Research, 47(6): 755-763.

Beeby A W. Cracking. Cover and Corrosion of Reinforcement[J]. Concrete International, 1983, 5(2): 35-40.

Chan H Y, Melchers R E, 1995. Time-dependent resistance deterioration in probabilistic structural systems[J]. Civil Engineering Systems, 12(2): 115-132.

Chan P, 1961. A contribution to a practical approach to corrosion protection and coating maintenance of steel bridge structures[J].

Enright M P, 1998. Time-variant reliability of reinforced concrete bridges under environmental attack[D]. Boulder: University of Colorado.

Freudenthal A M, 1947. The safety of structures[J]. Transactions of the American Society of Civil Engineers, 112(1): 125-159.

Giménez-Curto L A, Corniero M A, 2012. Discussion of "evaluation of flow resistance in smooth rectangular open channels with modified prandtl friction law" by Nian-Sheng Cheng, hoai thanh nguyen, kuifeng zhao, and Xiaonan Tang[J]. Journal of Hydraulic Engineering, 138(3): 306-307.

Kuhnle R A, Jia Y E, Alonso C V, 2008. Measured and simulated flow near a submerged spur dike[J]. Journal of Hydraulic Engineering, 134(7): 916-924.

Murthy D N P, Bulmer M, Eccleston J A, 2004. Weibull model selection for reliability modelling[J]. Reliability Engineering & System Safety, 86(3): 257-267.

Rostam S, 2003. Reinforced concrete structures-shall concrete remain the dominating means of corrosion prevention?[J]. Materials and Corrosion, 54(6): 369-378.

Sharma K, Mohapatra P K, 2012. Separation zone in flow past a spur dyke on rigid bed meandering channel[J]. Journal of Hydraulic Engineering, 138(10): 897-901.

Tao Z W, Corotis R B, Ellis J H, 1995. Reliability-based structural design with Markov decision processes[J]. Journal of Structural Engineering, 121(6): 971-980.

Tseng S T, Balakrishnan N, Tsai C C, 2009. Optimal step-stress accelerated degradation test plan for gamma degradation processes[J]. IEEE Transactions on Reliability, 58(4): 611-618.